Manual de Contabilidade e Análise de Custos

O GEN | Grupo Editorial Nacional – maior plataforma editorial brasileira no segmento científico, técnico e profissional – publica conteúdos nas áreas de ciências sociais aplicadas, exatas, humanas, jurídicas e da saúde, além de prover serviços direcionados à educação continuada e à preparação para concursos.

As editoras que integram o GEN, das mais respeitadas no mercado editorial, construíram catálogos inigualáveis, com obras decisivas para a formação acadêmica e o aperfeiçoamento de várias gerações de profissionais e estudantes, tendo se tornado sinônimo de qualidade e seriedade.

A missão do GEN e dos núcleos de conteúdo que o compõem é prover a melhor informação científica e distribuí-la de maneira flexível e conveniente, a preços justos, gerando benefícios e servindo a autores, docentes, livreiros, funcionários, colaboradores e acionistas.

Nosso comportamento ético incondicional e nossa responsabilidade social e ambiental são reforçados pela natureza educacional de nossa atividade e dão sustentabilidade ao crescimento contínuo e à rentabilidade do grupo.

JOEL JOSÉ SANTOS

Manual de Contabilidade e Análise de Custos

7ª Edição

Gerenciamento do lucro (*mix*)
Estratégias para Redução de Custos
Gestão de Custos de Projetos
Cálculos de Encargos Sociais
ABC – Custeio Baseado em Atividades
Estudos de caso propostos e resolvidos

O autor e a editora empenharam-se para citar adequadamente e dar o devido crédito a todos os detentores dos direitos autorais de qualquer material utilizado neste livro, dispondo-se a possíveis acertos caso, inadvertidamente, a identificação de algum deles tenha sido omitida.

Não é responsabilidade da editora nem do autor a ocorrência de eventuais perdas ou danos a pessoas ou bens que tenham origem no uso desta publicação.

Apesar dos melhores esforços do autor, do editor e dos revisores, é inevitável que surjam erros no texto. Assim, são bem-vindas as comunicações de usuários sobre correções ou sugestões referentes ao conteúdo ou ao nível pedagógico que auxiliem o aprimoramento de edições futuras. Os comentários dos leitores podem ser encaminhados à **Editora Atlas Ltda.** pelo e-mail editorialcsa@grupogen.com.br.

Direitos exclusivos para a língua portuguesa
Copyright © 2017 by
Editora Atlas Ltda.
Uma editora integrante do GEN | Grupo Editorial Nacional

As quatro primeiras edições deste livro traziam o título *Análise de custos*.
A quinta edição e a sexta edição deste livro traziam o título *Contabilidade e análise de custos*.
7. ed. 2017

Reservados todos os direitos. É proibida a duplicação ou reprodução deste volume, no todo ou em parte, sob quaisquer formas ou por quaisquer meios (eletrônico, mecânico, gravação, fotocópia, distribuição na internet ou outros), sem permissão expressa da editora.

Rua Conselheiro Nébias, 1384
Campos Elísios, São Paulo, SP – CEP 01203-904
Tels.: 21-3543-0770/11-5080-0770
editorialcsa@grupogen.com.br
www.grupogen.com.br

Designer de capa: Caio Cardoso
Imagem: from2015|iStockphoto
Projeto Gráfico: MSDE|MANU SANTOS Design
Editoração Eletrônica: Tarumã Editoração Gráfica

CIP-BRASIL. CATALOGAÇÃO NA PUBLICAÇÃO.
SINDICATO NACIONAL DOS EDITORES DE LIVROS, RJ

Santos, Joel José
Manual de contabilidade e análise de custos / Joel José Santos. – 7. ed. – São Paulo: Atlas, 2017.

Inclui bibliografia

ISBN: 978-85-97-01011-4

1. Contabilidade. I. Título.

17-39036
CDD: 657
CDU: 657

Agradecimentos

A Deus por mais um dia de vida.
A minha esposa, Lena, pela paciência e tolerância para que
este livro pudesse ser escrito.
Aos meus filhos, Claudia Kamilla e Regis Henrike, e a norinha Yara, pelo
incentivo.
Agradeço aos demais amigos e colaboradores que sempre me incentivaram
para que esta obra fosse desenvolvida.
Aos meus pais, irmãos e amigos (in memoriam).
Ao sr. Fernando Monteiro Morais, responsável pela gestão corporativa da
empresa Móveis Esplanada Ltda., pela receptividade e pelo aprendizado
obtido.

"À medida que diminuímos nossa ignorância concomitantemente aumentamos nosso grau de sofrimento."
A.D.

"Deus não prometeu dias sem dor. Risos sem sofrimentos. Sol sem chuva. Ele prometeu força para o dia, conforto para as lágrimas e luz para o caminho."
A.D.

"Os homens úteis que fazem algo útil não se incomodam de serem tratados como inúteis. Mas os inúteis sempre se julgam importantes e escondem toda a sua incompetência atrás da autoridade."
A.D.

*"Disseram-vos que a vida é escuridão; e no vosso cansaço, repetis o que os cansados vos disseram.
E eu vos digo que a vida é realmente escuridão, exceto quando há impulso.
E todo impulso é cego, exceto quando há saber.
E todo saber é vão, exceto quando há trabalho.
E todo trabalho é vazio, exceto quando há amor.
E quando trabalhais com amor, vós vos unis a vós próprios, e uns aos outros, e a Deus."*

Gibran Khalil Gibran
O Profeta – 1923

Sumário

PREFÁCIO À 7ª EDIÇÃO, XIX
PREFÁCIO À 1ª EDIÇÃO, XXI

1 CONCEITOS BÁSICOS DE CONTABILIDADE, 1
    1.1 Definição, 1
    1.2 Campo de aplicação da contabilidade, 4
    1.3 Método das partidas dobradas, 4
    1.4 Aplicação prática do método das partidas dobradas, 6
    1.5 Composição do capital de giro e liquidez corrente, 11
    1.6 Exercícios propostos e resolvidos, 11

2 ORIGEM DOS CUSTOS, 18
    2.1 O custo como instrumento de controle, 20
    2.2 Exercícios propostos e resolvidos, 20

3 PRINCÍPIOS, CONVENÇÕES E TERMOS APLICADOS EM CUSTOS, 23

4 OBJETIVOS DA ANÁLISE DE CUSTOS, 25
    4.1 Exemplo ilustrativo de análise de custos e resultados, 26
    4.2 Análise de resultado diário de vendas, 27
    4.3 Estudo de caso proposto e resolvido, 30

5 CLASSIFICAÇÃO DOS CUSTOS E DAS DESPESAS, 32
    5.1 Classificação dos custos para atender à contabilidade societária e fiscal, 32
        5.1.1 Custos de produção, 32
        5.1.2 Despesas operacionais, 33
        5.1.3 Outras considerações sobre custos e despesas, 34

- 5.2 Classificação dos custos para atender à contabilidade gerencial, 35
  - 5.2.1 Custos marginais (CM), 35
  - 5.2.2 Custos Estruturais Fixos (CEF), 36
  - 5.2.3 Custos Semivariáveis, 37
  - 5.2.4 Custos semifixos, 38
  - 5.2.5 Aplicação prática do sistema de custeio marginal, 39
- 5.3 Estudos de casos propostos e resolvidos, 43

6 ANÁLISE DO PONTO DE EQUILÍBRIO, 48

- 6.1 Introdução, 48
- 6.2 Contribuição marginal (CM), 49
- 6.3 Objetivos da análise do ponto de equilíbrio, 51
- 6.4 Condições para a aplicação da análise do ponto de equilíbrio, 52
- 6.5 Limitações da análise do ponto de equilíbrio, 55
- 6.6 Aplicação prática da análise do ponto de equilíbrio, 55
- 6.7 Ponto de equilíbrio econômico, 57
- 6.8 Margem de segurança operacional, 58
- 6.9 Ponto de equilíbrio de produtos com lucro marginal diferente, 60
- 6.10 Questões propostas e resolvidas, 63

7 RELAÇÕES DO CUSTO COM O VOLUME E O LUCRO, 66

- 7.1 Introdução, 66
- 7.2 Reflexos no lucro em decorrência de mudanças no preço, no volume e nos custos, 67
- 7.3 Casos propostos e resolvidos, 71

8 ANÁLISE DOS CUSTOS INDIRETOS, 74

- 8.1 Várias definições de custos indiretos, 74
- 8.2 Classificação dos custos indiretos de produção, 74
  - 8.2.1 Em relação ao volume de produção/venda, 75
  - 8.2.2 Em relação ao controle, 75
  - 8.2.3 Em relação aos departamentos, 76
  - 8.2.4 Composição dos custos indiretos de produção, 76
- 8.3 Separação dos componentes fixos e variáveis dos custos indiretos, 77
  - 8.3.1 Método dos pontos máximos e mínimos, 77
  - 8.3.2 Método dos mínimos quadrados, 79
- 8.4 Taxas de custos indiretos de produção, 82
- 8.5 Contabilização e análise das variações dos custos indiretos, 83

8.5.1 Registro dos custos indiretos variáveis, 83
8.5.2 Análise das variações dos custos indiretos, 83
8.6 Questões propostas e resolvidas, 85

9 SISTEMAS DE CUSTEIO, 87
9.1 Custeio pelo método por absorção, 87
9.2 Custeio pelo método marginal, 91
9.2.1 Custo como instrumento de planejamento do lucro, 93
9.2.2 Custo como instrumento de controle, 93
9.3 Comparação entre os métodos de custeio por absorção e marginal, 94
9.4 Restrições quanto à aplicação do método de custeamento marginal, 97
9.5 Questões propostas e resolvidas, 98

10 SISTEMAS DE PRODUÇÃO POR PROCESSO E POR ENCOMENDA, 99
10.1 Sistema de produção por processo, 99
10.1.1 Principais características da produção por processo, 99
10.1.2 Metodologia de apuração de custos, 100
10.1.3 Fluxo geral de contabilização, 101
10.2 Sistema de produção por ordem, 101
10.2.1 Principais características da produção por ordem, 102
10.2.2 Metodologia tradicional de apuração de custos, 102
10.2.3 Fluxo geral de contabilização, 105
10.3 Questões propostas e resolvidas, 105

11 CUSTOS DE TRIBUTOS EMBUTIDOS NOS PREÇOS DE COMPRAS E DE VENDAS, 107
11.1 Introdução, 107
11.2 Tributos embutidos nos preços de compras, 108
11.3 O "substituto tributário" do ICMS, 109
11.4 Crédito do ICMS – Simples Nacional, 109
11.5 Créditos do ICMS (Imposto sobre Circulação de Mercadorias e Serviços), 110
11.5.1 Introdução, 110
11.5.2 Da não cumulatividade do ICMS, 110
11.5.3 Do crédito do imposto, 111
11.5.4 Da vedação do crédito, 112
11.5.5 Da apuração do ICMS, 113

11.5.6 Caso simplificado de créditos e débitos do ICMS, 113
11.6 **Créditos do IPI (Imposto sobre Produtos Industrializados) – Decreto nº 2.367, de 25-6-98, 114**
11.6.1 Da "não cumulatividade" do IPI, 114
11.6.2 Dos créditos básicos do IPI, 114
11.6.3 Caso simplificado de créditos e débitos do IPI e do ICMS, 115
11.7 **Operações de compra e venda em empresa industrial, 116**
11.8 **"Não cumulatividade" do PIS (Programa de Integração Social) e da Cofins (Contribuição para o Financiamento da Seguridade Social), 120**
11.8.1 Das alíquotas, 120
11.8.2 Créditos a descontar, 121
11.8.3 Sem direito a crédito, 121
11.8.4 Contribuintes do PIS e da Cofins, 121
11.8.5 Não aplicação das regras – "não cumulativa", 122
11.8.6 Contabilização do PIS/Pasep e da Cofins não cumulativa, 122
11.9 **Estudo de caso proposto e resolvido, 123**
11.10 **Jurisprudência sobre o creditamento das contribuições do PIS e da COFINS, 124**
11.10.1 Controvérsias sobre o creditamento de PIS e da COFINS sobre despesas operacionais, 124

12 MÉTODOS UTILIZADOS NA AVALIAÇÃO DE ESTOQUES, 125

12.1 Introdução, 125
12.2 Método PEPS, 126
12.3 Método UEPS, 126
12.4 Método da média ponderada, 126
12.5 Método da média mensal, 126
12.6 Método do preço corrente, 127
12.7 Método do preço de reposição, 127
12.8 Aplicação prática dos métodos, 127
12.9 Questões propostas e resolvidas, 129

13 CÁLCULOS DO CUSTO DE DEPRECIAÇÃO, 130

13.1 Introdução, 130
13.2 Métodos de depreciação, 131
13.2.1 Método de depreciação pelas "quotas constantes ou lineares", 131

13.2.2 Método de depreciação pelas "somas dos dígitos dos anos", 131
13.2.3 Método de depreciação pelas "horas de trabalho", 132
13.2.4 Comparativo entre os métodos de depreciação, 132
13.3 Depreciação de equipamento comprado usado, 133
13.4 Depreciação de equipamento reavaliado a valor de mercado, 133
13.5 Depreciação de equipamento comprado novo, 133
13.6 Fluxo de contabilização das depreciações, 134
13.7 Aspectos da depreciação segundo o IRPJ, 135
13.7.1 Dedutibilidade, 135
13.7.2 Bens depreciáveis, 136
13.7.3 Quota de depreciação, 136
13.7.4 Taxa anual de depreciação, 136
13.7.5 Adoção de taxas diferentes de depreciação, 137
13.7.6 Depreciação de bens usados, 137
13.7.7 Conjuntos de instalações e equipamentos, 138
13.7.8 Bens do imobilizado utilizados na exploração mineral ou florestal, 138
13.7.9 Depreciação acelerada contábil, 138
13.7.10 Periodicidade da contabilização, 138
13.7.11 Bens dispensados de imobilização, 138
13.8 Questões propostas e resolvidas, 139

14 TRATAMENTO DOS CUSTOS DE ENCARGOS SOCIAIS INCIDENTES SOBRE FOLHA DE SALÁRIOS, 140
14.1 Exemplo de cálculos para empresas em geral, 140
14.2 Exemplo de cálculos para empresas enquadradas no sistema de tributação simples-federal, 142
14.3 Considerações adicionais sobre encargos sociais, 144
14.3.1 Depósito por conta do FGTS, 144
14.3.2 Multa do FGTS por rescisão contratual, 144
14.3.3 Aviso-prévio Indenizado, 145
14.3.4 Vale-transporte 145
14.3.5 Risco ambiental do trabalho (RAT), 145
14.4 Contabilização da folha de salários e encargos, 145
14.4.1 Análise dos salários e encargos, 145
14.4.2 Contabilização dos salários mensais e respectivos encargos, 146
14.5 Questões propostas e resolvidas, 149

15 RECONHECIMENTO DOS CUSTOS CONJUNTOS, 152
15.1 Introdução, 152

15.2 Definição de custos conjuntos, 152
15.3 Diferença entre custos comuns e custos conjuntos, 153
15.4 Métodos para distribuição dos custos conjuntos, 153
   15.4.1 Método do valor de mercado ou de venda, 153
   15.4.2 Método da unidade quantitativa, 155
   15.4.3 Método da média ponderada, 155
   15.4.4 Comparação dos métodos de distribuição dos custos em valores absolutos (em R$), 156
   15.4.5 Comparação dos métodos de distribuição dos custos em valores relativos, 156
15.5 Distinção entre sucata, coprodutos e subprodutos, 157
   15.5.1 Sucatas, 157
   15.5.2 Coprodutos, 157
   15.5.3 Subprodutos, 157
   15.5.4 Formas de apropriação do custo dos subprodutos, 157
   15.5.5 Considerações sobre a produção conjunta, 158

16 ANÁLISE DE CASOS DE PREÇOS DE VENDA, 160
   16.1 Introdução, 160
   16.2 Fatores que interferem na formação do preço de venda, 160
   16.3 Formação do *mark up*, 161
      16.3.1 Definição do *mark up*, 161
      16.3.2 Objetivo do *mark up*, 161
   16.4 Lucro da operação, 161
      16.4.1 Casos ilustrativos de análise de preços, 161
      16.4.2 Caso da Empresa de Bicicletas Velozes (EBV), 165

17 A MARGEM DE LUCRO EMBUTIDA NOS PREÇOS, 169
   17.1 Introdução, 169
   17.2 Caso ilustrativo da Empresa Emisa, 170

18 A MEDIDA DO LUCRO E DOS JUROS EMBUTIDOS NOS PREÇOS, 173
   18.1 Introdução, 173
   18.2 As variações de preços, 174
   18.3 O significado da correção monetária, 175
   18.4 Juros financeiros incidentes sobre impostos e taxas de vendas, 178
   18.5 Operação de compra de mercadoria financiada para pagamento a prazo, 181

18.6 Operação de venda de mercadoria financiada para recebimento a prazo, 183

19 ANÁLISE DO CUSTO DE TRANSFORMAÇÃO, 186

19.1 Definição do custo de transformação (CT),186
19.2 Aplicação da metodologia do custo de transformação, 186
19.3 Primeiro caso ilustrativo, 187
19.4 Segundo caso ilustrativo, 188

20 ANÁLISE DA PRODUTIVIDADE DA MÃO DE OBRA, 190

20.1 Introdução, 190
20.2 Nova ótica de análise da mão de obra, 190
20.3 Controle de produtividade, 192
20.4 Classificação da mão de obra, 193
20.5 Lotação de pessoal por área, 193
20.6 Cartão de ponto, 194
20.7 Horas contratadas, 195
20.8 Horas produtivas, 195
20.9 Horas improdutivas, 196
20.10 Sistema decimal para o cômputo das horas, 197
20.11 Eficiência das horas produtivas, 197

21 ANÁLISE DO CUSTO-PADRÃO, 200

21.1 Introdução, 200
21.2 Modelo de análise das variações, 201
21.3 Análise do desempenho de matéria-prima, 202
21.4 Análise do desempenho de mão de obra, 207
21.5 Reconhecimento e contabilização das variações, 210

22 ANÁLISE DIFERENCIAL DE CUSTOS, 215

22.1 Introdução, 215
22.2 Aceitação de pedido adicional, 215
22.3 Eliminação de um produto da linha de fabricação, 217
22.4 Comprar ou produzir, 218

23 GERENCIAMENTO DO LUCRO MARGINAL DE PRODUTOS (*MIX*), 220

23.1 Introdução, 220

23.2 Lucro marginal unitário, 221
23.3 Fatores restritivos do lucro marginal unitário, 224

24 CUSTEIO BASEADO EM ATIVIDADES (*ACTIVITY BASED COSTING – ABC*), 227

24.1 Objetivos básicos, 227
24.2 Histórico do modelo "ABC", 227
24.3 Análises das atividades, 228
24.4 Desenho de um modelo, 234
24.5 ABC e a contabilidade de custos tradicional, 247

25 RELATÓRIO DE ANÁLISE DO DESEMPENHO DE UM NEGÓCIO, 250

25.1 Objetivo do relatório de desempenho, 250
25.2 Fluxo da decisão, 250
25.3 Ciclo da decisão, 251
25.4 Abrangência do relatório, 251
25.5 Relatório de desempenho mensal, 251
25.6 Análise do resultado, 253
25.7 Análise do *mix* de venda, 253
25.8 Detalhes do custo marginal por produto, 255
25.9 Detalhes do custo estrutural fixo, 256

26 GERENCIAMENTO DE CUSTOS DE PROJETOS, 258

26.1 Conceitos, 258
26.2 Aspectos gerais do gerenciamento do custo, 258
26.3 Métodos de seleção de projetos, 259
26.4 Análises econômico-financeiras de projetos, 259
26.5 Custo de oportunidade, 262
26.6 Custos afundados (*sunk cost*), 262
26.7 Depreciação (linear e acelerada), 263
26.8 Custos do ciclo de vida dos projetos, 263
26.9 Estimativas de custos, 264
26.10 Informações históricas na estimativa de custos, 265
26.11 Riscos e níveis de precisão de estimativa de custos, 265
26.12 Algumas técnicas e ferramentas de estimativas de custos, 266
26.13 Elaboração do Orçamento, 268
26.14 Controle de Custos, 269
26.15 Análise de medição de desempenho (*Earned Value Technique*), 269

26.16 Seleção de projetos, 271
    26.16.1 Estimativa preliminar de custos na fase de viabilidade técnica e econômica, 272
    26.16.2 Técnica do valor agregado, 273
    26.16.3 Cálculo do custo fixo e custo marginal, 274

27 CUSTEIO-ALVO OU *TARGET COSTING*: DEFINIÇÃO DE PREÇO COM LUCRO, 276

27.1 Concorrência internacional – custeio-alvo, 276
27.2 Objetivos de longo prazo do custeio-alvo, 278
27.3 Definir o preço de venda pretendido, 278
27.4 Definir a margem de lucro pretendida, 279
27.5 Calcular o custo admissível, 281
27.6 Custo-alvo do produto, 282
27.7 Redução de custo estratégica, 282
27.8 Atingir o custo-alvo, 284
27.9 Decompor os custos-alvo das principais funções, 284

28 GESTÃO DO TEMPO DE PROJETO, 286

28.1 Introdução, 286
28.2 Determinação da dependência, 288
28.3 Métodos de diagramação de redes, 288
28.4 Metodologia de cálculo de redes, 289
28.5 Método do caminho crítico, 291
28.6 Folgas, 291
28.7 Outros recursos de programação, 292
28.8 Redução dos prazos, 293
28.9 Estimativas da duração das atividades, 293
28.10 Estimativas dos recursos das atividades, 294
28.11 Nivelamento de Recursos, 294
28.12 Métodos de otimização de utilização de recursos, 294
28.13 Gráfico de barras (*Gantt*), 295
28.14 Marcos, 295
28.15 Análise de variâncias, 295
28.16 Plano de Gerenciamento do Cronograma, 296
28.17 Estudos de casos propostos e resolvidos, 296

29 CONSIDERAÇÕES FINAIS ACERCA DE ESTRATÉGIAS DE REDUÇÃO DE CUSTOS E ADEQUAÇÃO DE PREÇOS, 300

29.1 Introdução, 300

29.2 A base da pesquisa, 301
29.3 Quem são os usuários responsáveis pela redução de custos e adequação de preços, 302
29.4 Perfil do gerente de custos, 302
29.5 Estratégia e diagnóstico de custos, 303
29.6 Giro e controle de estoques, 303
29.7 Gerenciar e cortar custos de forma inteligente, 304
29.8 Tecnologia e produtividade, 305
29.9 O mínimo de funcionários, 306
29.10 Subcontratação, 306
29.11 A essência da terceirização, 306
29.12 O caso dos custos de fornecedores, 307
    29.12.1 O equilíbrio de forças entre o comprador e o vendedor, 308
    29.12.2 Concentre em poucos e melhores fornecedores, 308
29.13 Custos de fretes, 309
29.14 Custo em marketing, 310
29.15 Um estudo de caso sobre redução de custos, 310
29.16 Custo da comissão de venda, 311
29.17 Custo de filial, 314
29.18 O custo da compra centralizada, 316
29.19 Custo de abate de boi, 317
29.20 O custo do *mix*, 317
29.21 Custo da concorrência e do preço, 320
29.22 Custo do tributo sobre o lucro, 325
29.23 O custo do "lucro presumido", 328

CONCLUSÃO, 331
BIBLIOGRAFIA, 333

Prefácio à 7ª edição

Este livro está, felizmente, esgotado já algum tempo. Tal atraso cremos que está sendo compensado com uma profunda mudança e reformulação de seus capítulos com o que julgamos existir de melhor em conceitos, técnicas e práticas de custos para o gerenciamento de um negócio.

Nessa mudança incorporamos novos capítulos, além de experiência prática em consultoria de empresas, novas pesquisas e estudos de casos propostos e resolvidos utilizados em programas de graduação e pós-graduação em instituição de ensino, além de cursos ministrados *in company*.

Cremos ter contribuído para evolução da Ciência Contábil como um todo e especialmente facilitando a vida dos colegas professores, consultores, alunos e empresários em assuntos de contabilidade de custos e de controladoria de empresas em geral.

O livro que ressurgiu como manual devido aos seus 29 capítulos tem como destaque os seguintes assuntos:

- custos de tributos embutidos nos preços de compras e de vendas;
- tratamento dos custos de encargos sociais incidentes sobre folha de salários;
- a margem de lucro embutida nos preços;
- gerenciamento do lucro marginal de produtos (*mix*);
- custeio baseado em atividades (*Activity based costing – ABC*);
- relatório de análise do desempenho de um negócio;
- gerenciamento de custos de projetos;
- custeio-alvo ou *target costing*;
- gestão do tempo de projeto; e
- considerações acerca de estratégias de redução de custos e adequação de preços.

Boa leitura!

Jundiaí, SP, janeiro de 2017
JOEL JOSÉ SANTOS
joel@plantercost.com.br

Telefone: (11) 3963-0666

Prefácio à 1ª edição

Esta edição de *Análise de custos: um enfoque gerencial* vem trazer aos estudantes, aos professores e aos demais profissionais que "trilham no caminho" da ciência contábil um conjunto de conhecimentos modernos como instrumento de gestão para o gerenciamento de negócios empresariais.

O livro é essencialmente prático, baseado em casos tirados do dia a dia das empresas. Acreditamos, pela forma em que seus capítulos foram desenvolvidos e exemplificados, que os objetivos com relação à compreensão e praticabilidade sejam atingidos.

O enfoque que norteou a Análise de Custos voltou-se para a contabilidade do dono da empresa, isto é, a gerencial, porque se utiliza do princípio básico que é a rapidez e a simplicidade no processamento das informações gerenciais para avaliação de desempenho. De posse desses dados, o empresário decide e assume riscos, visando à maximização de resultados e prosperidade dos negócios.

Enfatizamos de maneira especial o método de custeamento marginal (lucro marginal), por propiciar meios de analisar os custos e os resultados de forma objetiva e transparente, e desprezamos os resultados de venda apurados com base nos subjetivismos e arbitrariedades provocados pelos "rateios" dos chamados custos fixos aos bens ou serviços vendidos, da forma tradicional.

A modéstia, a humildade, a capacidade de ouvir e o bom-senso, entre outros atributos, caracterizam as maiores virtudes de um homem. Por essa razão, qualificamos este trabalho de modesto, por não se constituir de descobertas inéditas sobre o assunto; é, porém, o resultado de uma pesquisa do que julgamos melhor existir sobre a matéria, especialmente as conclusões e observações tiradas na atividade de consultoria empresarial.

Esperamos que este livro sobre análise de custos venha contribuir de alguma forma para o enriquecimento e aperfeiçoamento do sistema de informações gerenciais brasileiro e da Ciência Contábil como um todo, e que o Leitor nos perdoe por falhas e impropriedades eventualmente cometidas, dando o necessário apoio no tocante a críticas e sugestões para que este livro possa ser melhorado numa próxima edição.

São Paulo, julho de 1987
Joel J. Santos

Conceitos Básicos de Contabilidade

1.1 Definição

A contabilidade é um sistema de contas composto por normas, regras e princípios para a acumulação, geração e análise de dados para atender a necessidades internas e externas de uma empresa. Na interna, à própria administração do negócio e, na parte externa, às necessidades de acionistas, investidores, emprestadores de dinheiro, tributação do lucro pelo Estado etc.

A contabilidade é um ramo do conhecimento necessário como eficiente instrumento de controle, planejamento e gestão de um negócio com ou sem finalidades lucrativas.

A conceituação pelo princípio das partidas dobradas propicia a construção de uma imagem segura do equilíbrio entre os valores das contas que integram o patrimônio de qualquer entidade.

Através de um Sistema de Contabilidade implantado e atualizado com informações de qualidade você pode ter respostas, entre outras, para as seguintes perguntas:

- Os custos tenderão a aumentar ou diminuir?
- O patrimônio comparado entre períodos aumentou ou diminuiu?
- A operação comercial de compra e venda deu lucro ou prejuízo?
- As dívidas entre períodos aumentaram ou diminuíram?
- Os produtos vendidos e embarcados no dia de hoje quanto deram de lucro?

De forma simplista, ilustramos a aplicação da Ciência da Contabilidade na apuração do Balanço de um cidadão, pessoa física, aqui chamado de Sr. José Maria. O seu Balanço inicial corresponde aos seus bens, direitos e obrigações no início do mês, e obteve ainda "ganho" e "gasto" no corrente mês, assim descritos:

No bolso de sua calça ele carrega uma carteira com R$ 50,00; possui depositado em conta bancária o valor de R$ 750,00 e na despensa de sua residência tem mercadorias no valor de R$ 200,00. Além disso, possui um automóvel avaliado em R$ 5.000,00 e um imóvel, onde reside com a sua família, que vale R$ 44.000,00, totalizando seus bens e direitos o montante de R$ 50.000,00.

Do total de seus bens e direitos, há uma dívida com seu imóvel, a ser paga no montante de R$ 20.000,00, cujo Balanço Patrimonial inicial pode ser assim demonstrado:

BALANÇO PATRIMONIAL DO SR. JOSÉ MARIA

(Balanço inicial) (EM R$)

ATIVO (bens e direitos)		PASSIVO E PATRIMÔNIO LÍQUIDO (PL)	
ATIVO CIRCULANTE (AC)		PASSIVO CIRCULANTE (PC)	
Saldo de caixa	50	Saldo de dívidas correntes	0
Saldo em banco	750	Saldo de dívida imóvel	20.000
Contas a receber	0	**Total do PC**	**20.000**
Saldo mercadorias em estoque	200		
TOTAL DO AC	**1.000**	PASSIVO NÃO CIRCULANTE	
ATIVO NÃO CIRCULANTE			
ATIVO IMOBILIZADO (AI)		PATRIMÔNIO LÍQUIDO (PL)	
Automóvel	5.000	Capital	30.000
Imóvel	44.000	Lucros Acumulados	0
TOTAL DO AI	**49.000**		
TOTAL DO ATIVO	**50.000**	**TOTAL DO PASSIVO E PL**	**50.000**

Durante o mês corrente, ora encerrado, o Sr. José Maria tem um salário a receber no montante de R$ 3.000,00 e seus gastos a pagar do mês de R$ 2.000,00.

De repente, perguntamos: qual é o novo Patrimônio Líquido do Sr. José Maria?

Se pegarmos os bens e direitos que ele possuía, no valor de R$ 50.000,00, e deduzirmos as suas dívidas, correspondentes a R$ 20.000,00, constatamos que o Patrimônio Líquido dele equivale a R$ 30.000,00 de seu Balanço no início do mês, conforme demonstrado acima.

Qual é a "sobra" obtida pelo Sr. José Maria, no mês, considerando o que ele vai receber de salário e o que ele gastou no mês?

Ele vai receber R$ 3.000,00 e gastou, ainda a pagar, o valor de R$ 2.000,00, cuja sobra (lucro) é de R$ 1.000,00.

Vamos pegar os bens e direitos, as dívidas e a "sobra" do salário do Sr. José Maria e enquadrá-los no linguajar da Ciência da Contabilidade, em que teremos os seguintes relatórios:

Conceitos Básicos de Contabilidade

Os bens e direitos possuídos pelo Sr. José Maria, por exemplo, o dinheiro no bolso de sua calça, vamos classificá-los como "saldo em caixa"; o dinheiro depositado em conta bancária, como "saldo em banco"; dinheiro a receber de seu salário, como "saldo de contas a receber"; as mercadorias em sua despensa, como "saldo de mercadorias em estoque" – todos do grupo do **Ativo** (bens e direitos), que correspondem à "aplicação de recursos" do subgrupo do **Ativo Circulante**, e o imóvel de sua residência, em outro subgrupo do Imobilizado, que corresponde a **Ativo Não Circulante**.

As suas dívidas existentes, no final do mês, vamos classificá-las como PASSIVO (obrigações), correspondentes à dívida com a compra do imóvel e contas a pagar como "fonte de recursos" de terceiros, que totalizam, respectivamente, R$ 20.000,00 com o imóvel e R$ 2.000,00 com gastos mensais.

Para a geração do BALANÇO PATRIMONIAL do Sr. José Maria, necessitamos, ainda, possuir uma conta para registrar o seu PATRIMÔNIO LÍQUIDO, que é composto da diferença entre o ATIVO menos o PASSIVO; nesse caso teremos de forma simplificada:

BALANÇO PATRIMONIAL DO SR. JOSÉ MARIA

(No final do período) (EM R$)

ATIVO (bens e direitos)		PASSIVO E PATRIMÔNIO LÍQUIDO	
ATIVO CIRCULANTE (AC)		PASSIVO CIRCULANTE (PC)	
Saldo de caixa	50	Saldo de dívidas correntes	2.000
Saldo em banco	750	Saldo de dívida imóvel	20.000
Contas a receber	3.000	**Total do PC**	**22.000**
Saldo mercadorias em estoque	200		
TOTAL DO AC	**4.000**	PASSIVO NÃO CIRCULANTE	
ATIVO NÃO CIRCULANTE			
ATIVO IMOBILIZADO (AI)		PATRIMÔNIO LÍQUIDO (PL)	
Automóvel	5.000	Capital	30.000
Saldo da conta imóvel	44.000	Lucros Acumulados	1.000
TOTAL DO AI	**49.000**	**TOTAL DO PL**	**31.000**
TOTAL DO ATIVO	53.000	TOTAL DO PASSIVO E PL	53.000

Capítulo I

1.2 Campo de aplicação da contabilidade

Todo e qualquer negócio, com finalidade lucrativa ou não, requer informação. Todo DADO que é mensurado monetariamente necessita ser organizado, classificado e transformado em INFORMAÇÃO contábil a fim de servir de "combustível" para apoiar e subsidiar a tomada de decisão por parte de administradores, gestores e executivos do negócio.

A Contabilidade Financeira como ciência da informação serve também para informar os sócios, acionistas e investidores que se mantêm afastados da empresa sobre a rentabilidade e segurança dos negócios através dos relatórios gerados especialmente pela Demonstração do Resultado de um Exercício (DRE), bem como o respectivo Balanço Patrimonial.

A Contabilidade Financeira tem por finalidade, ainda, atender exigências de órgãos governamentais, pois é baseado nas informações da contabilidade que o Poder Público tributa e arrecada imposto.

Os economistas se valem da contabilidade para obter dados de atividades da economia, a fim de elaborar estatísticas e fornecer dados para o próprio Governo e uso da sociedade como um todo. A contabilidade serve também para auxiliar as pessoas físicas na gestão de suas contas particulares.

Não podemos deixar de lado o uso da Contabilidade como instrumento de controle e de planejamento.

Por último, servir de instrumento para o gerenciamento e "apuração do lucro instantâneo", dentro do contexto da Contabilidade de Custos como instrumento eficaz para monitorar e alterar políticas de compras, vendas, preços, marketing, lançamentos de produtos etc.

1.3 Método das partidas dobradas

Em toda a empresa as operações se sucedem instantaneamente e há a necessidade de um processo de registro que permita a apresentação instantânea de seus respectivos resultados, por isso que a ideia de "apuração do lucro instantâneo" tem lá sua grande validade para acompanhar o avanço e desenvolvimento gerencial de nossa sociedade.

A equação patrimonial é composta pelo total do ATIVO (A) que é igual à soma do PASSIVO (P) mais o PATRIMÔNIO LÍQUIDO (PL). Portanto, a igualdade patrimonial é formada por A = P + PL.

As transações realizadas por uma empresa geram aumentos ou diminuição nas contas patrimoniais do A, P e PL, cuja movimentação se dá através de CONTA CORRENTE que pode ser assim exemplificada:

Nome e código da CONTA, conforme o PLANO DE CONTAS

DATA	HISTÓRICO DAS TRANSAÇÕES	DÉBITO	CRÉDITO	SALDO	D/C

seu lado esquerdo | seu lado direito

A representação gráfica acima é chamada de conta em T ou mais comumente denominada de razonete, onde em seu "lado esquerdo" é registrado o valor da contrapartida a DÉBITO de uma conta e no seu "lado direito" é registrado o valor da contrapartida de uma conta a CRÉDITO.

Nos registros de valores contábeis registrados através da conta T, quando os valores dos débitos forem superiores aos valores dos créditos, teremos saldos devedores, se credor superior aos devedores teremos saldos credores.

Resumindo, o princípio das "partidas dobradas" desenvolvido pelo matemático italiano Luca Paciolo, em 1494, é um sistema de contas absolutamente, permitam o termo, perfeito a título de segurança, pois cada CONTA DEVEDORA tem que funcionar junto com sua co-irmã siamesa CONTA CREDORA, bem como cada CONTA CREDORA tem que ter a sua contrapartida CONTA DEVEDORA, isto é, para cada conta devedora tem que ter uma credora, toda credora tem que ter uma devedora ou ainda uma conta devedora para várias credoras ou uma credora para várias devedoras.

Além da importância da conta T, representada por um razonete, que é a expressão de uma conta do razão, a vogal **"a"** tem uma função especial no registro das operações contábeis, pois representa a conta "credora". Por exemplo, obtenção de empréstimo de capital recebido em dinheiro, no valor simbólico de dez reais, terá os seguintes lançamentos:

DÉBITO: Conta Caixa
CRÉDITO: Conta Emprestador de Capital X
VALOR: R$ 10,00

Ou assim representado pelos razonetes em contas "T":

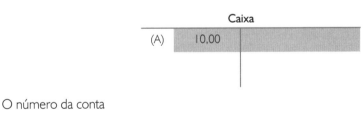

Embora não seja o objetivo deste livro aprofundar sobre a Contabilidade Básica, julgamos importante, pelo menos em sua parte introdutória, dar os conceitos fundamentais para as pessoas e os profissionais não familiarizados com essa fantástica CIÊNCIA DA CONTABILIDADE...

As operações acima ainda podem ser representadas, utilizando-se da expressão "a" com alusão ao crédito da operação da seguinte maneira:
CAIXA
a EMPRESTADOR DE CAPITAL
Histórico e valor do empréstimo de R$ 10,00.

Essa operação inicial utiliza do principal relatório contábil de uma empresa, que é o BALANÇO PATRIMONIAL, cuja conta T aparece de forma ampliada, também simbolizando o saldo das contas do ATIVO onde se registra, do lado esquerdo do balanço, as contas que representam a "aplicação de recursos" em bens e direitos.

A contrapartida do valor das contas do ATIVO são oriundas da "origem de recursos", que podem ser tanto de terceiros como provenientes de capital próprio dos sócios do negócio, assim demonstrado apenas com a operação anteriormente exemplificada:

BALANÇO PATRIMONIAL			
ATIVO (Bens e direitos)		PASSIVO E PATRIMÔNIO LÍQUIDO (PL) (Obrigações)	
Caixa	10,00	Emprestador de capital	10,00
TOTAL DO ATIVO	10,00	TOTAL DO PASSIVO E PL	10,00

Lembramos que o saldo das contas do ATIVO é normalmente DEVEDOR e as contas do PASSIVO e PATRIMÔNIO LÍQUIDO são representadas por contas com o saldo credor.

É no PASSIVO que se registra o **crédito** do fornecedor, do banco por empréstimo de dinheiro. É no grupo do PATRIMÔNIO LÍQUIDO que se credita o capital de risco injetado pelos sócios no negócio, por exemplo.

É no ATIVO que se registra o **débito** do cliente pelo fato da empresa ter financiado as vendas para o recebimento a prazo e na conta devedora de "estoques" que se registra o dinheiro aplicado na compra de mercadorias para revenda, por exemplo.

1.4 Aplicação prática do método das partidas dobradas

A seguir, para ilustrar as operações caracterizando-se o MÉTODO DAS PARTIDAS DOBRADAS, vamos partir de um exemplo de constituição da empresa hipotética X, que além do capital aplicado pelos sócios nos negócios realizou as seguintes operações, em determinado exercício:

(Em R$)

1)	Capital aplicado pelos sócios em dinheiro:	10.000
2)	Transferência de R$ 5.000 do saldo em caixa para a conta bancária, valor de:	5.000
3)	Compra de 02 unidades de mercadorias para revenda, a prazo pelo custo total de:	2.000
4)	Venda de 01 unidade de mercadoria, a vista, adquirida por R$ 1.000 por:	2.000
5)	Despesas operacionais à vista	500

O Sistema de Contabilidade precisa ser regido por um *Plano de Contas*, que pode de forma simplificada ser assim desenhado, a fim de suportar os lançamentos contábeis exemplificados como segue:

1. ATIVO
   - 1.1 Ativo Circulante
     - 1.1.1 – Caixa
     - 1.1.2 – Bancos
     - 1.1.3 – Contas a receber
     - 1.1.4 – Estoque de mercadorias
2. PASSIVO E PATRIMÔNIO LÍQUIDO (PL)
   - 2.1 Passivo Circulante
     - 2.1.1 – Fornecedores a pagar
   - 2.2 Passivo Não Circulante/Patrimônio Líquido
     - 2.2.1 – Capital
     - 2.2.2 – Lucros acumulados
3. CONTAS DE RESULTADO
   - 3.1.1 – Receitas de venda de mercadorias
   - 3.2.1 – CMV (Custo das mercadorias vendidas)
   - 3.3.1 – Lucro bruto
   - 3.4.1 – Despesas operacionais
   - 3.5.1 – Lucro operacional

LANÇAMENTOS CONTÁBEIS:

1º LANÇAMENTO

1.1.1 *Débito*: Conta Caixa
2.2.1 *Crédito*: Conta Capital
Histórico: Capital em dinheiro aplicado pelos sócios no negócio.
Valor: R$ 10.000,00

2º LANÇAMENTO

1.1.2 *Débito*: Conta Bancos
1.1.1 *Crédito*: Conta Caixa
Histórico: Transferência de dinheiro do caixa para conta bancária.
Valor: R$ 5.000,00

3º LANÇAMENTO

1.1.4 *Débito:*   Conta Estoque de Mercadorias
2.1.1 *Crédito:* Conta Fornecedores a Pagar
   Histórico: Mercadorias adquiridas financiadas para pagamento a prazo.
   Valor: R$ 2.000,00

4º LANÇAMENTO

1.1.1 *Débito:*   Conta Caixa
3.1.1 *Crédito:* Receitas de venda de mercadorias
   Histórico: Venda realizada de 1 (uma) unidade de mercadoria.
   Valor: R$ 2.000,00

APURAÇÃO DO RESULTADO

5º LANÇAMENTO

3.4.1 *Débito:*   Despesas operacionais (D.O.)
1.1.1 *Crédito:* Caixa
   Histórico: Pagamento de D.O. (salários, tributos, aluguel, água, Luz etc.).
   Valor: R$ 500,00

6º LANÇAMENTO

3.2.1 *Débito:*   CMV (Custo das mercadorias vendidas)
1.1.4 *Crédito:* Estoque de mercadorias
   Histórico: Baixa do estoque de 1 (uma) unidade de mercadoria vendida pelo preço de custo de compra.
   Valor: R$ 1.000,00

7º LANÇAMENTO

3.1.1 *Débito:*   Receita de venda de mercadorias
3.3.1 *Crédito:* Lucro bruto
   Histórico: Transferência da receita de vendas para apuração do lucro bruto.
   Valor: R$ 2.000,00

8º LANÇAMENTO

- 3.3.1 *Débito*: Lucro bruto
- 3.2.1 *Crédito*: CMV (Custos das mercadorias vendidas)

    Histórico: Transferência do saldo da conta CMV para apuração do lucro bruto.

    Valor: R$ 1.000,00

9º LANÇAMENTO

- 3.3.1 *Débito*: Lucro bruto
- 3.5.1 *Crédito*: Lucro operacional

    Histórico: Transferência do saldo credor da conta de lucro bruto para apuração do lucro operacional.

    Valor: R$ 1.000,00

10º LANÇAMENTO

- 3.5.1 *Débito*: Lucro operacional
- 3.4.1 *Crédito*: Despesas operacionais

    Histórico: Transferência do saldo da conta de despesas para apuração do lucro operacional.

    Valor: R$ 500,00

11º LANÇAMENTO

- 3.5.1 *Débito*: Lucro operacional
- 2.2.2 *Crédito*: Lucros acumulados

    Histórico: Transferência do saldo da conta de lucro operacional/lucro líquido para a conta de "Lucros Acumulados", pertencente ao grupo do patrimônio líquido.

    Valor: R$ 500,00

Notas
1. É fácil observar que as contas de resultado foram "zeradas" no final do período para a apuração do lucro.
2. Do lucro operacional devem ser deduzidos os tributos sobre o lucro (IRPJ – Imposto sobre a Renda da Pessoa Jurídica e da CSLL – Contribuição Social do Lucro Líquido) para a consequente apuração do Lucro Líquido, que por sua vez tem transferido seu saldo para a conta de Lucros Acumulados, que no fundo representa a remuneração do capital investido no negócio.

REPRESENTAÇÃO GRÁFICA DOS LANÇAMENTOS ATRAVÉS DE RAZONETES E LEGENDAS DE CONTRAPARTIDAS RESPECTIVAS

CONTAS DO ATIVO

CAIXA				BANCOS		ESTOQUE MERC.	
(1) 10.000	5.000 (2)		(2) 5.000		(3) 2.000	1.000 (6)
(4) 2.000	500 (5)					
12.000	5.500					
saldo 6.500						

CONTAS DO PASSIVO E PL

FORNECEDOR A PAGAR	CAPITAL	LUCRO ACUMULADO
2.000 (3)	10.000 (1)	500

CONTAS DE RESULTADO

RECEITAS VENDAS		CUSTO MERC. VEND.		DESP. OPERACIONAIS	
(7) 2.000	2.000 (4)	(7) 1.000	1.000	(5) 500	500 (10)

LUCRO BRUTO		LUCRO OPERAC.		LUCRO ACUMULADO
(8) 1.000	2.000 (7)	(10) 500	1.000 (9)	500 (11)
(9) 1.000		(11) 500		

DEMONSTRAÇÃO DO RESULTADO DO EXERCÍCIO (DRE) R$ 1,00

CONTAS	VALOR	%
RECEITAS BRUTAS	2.000	100%
CMV – CUSTO MERCADORIA VENDIDA	– 1.000	– 50%
LUCRO BRUTO	1.000	50%
DESPESAS OPERACIONAIS	– 500	– 25%
LUCRO OPERACIONAL	500	25%

BALANÇO PATRIMONIAL FINAL DO CASO EXEMPLIFICADO

ATIVO (Aplicação de recursos)		PASSIVO E PL (Origem de recursos)	
Ativo Circulante (AC)		Passivo Circulante (PC)	
Caixa	6.500	Fornecedores a pagar	2.000
Bancos	5.000		
Estoque de mercadorias	1.000	Total do PC	2.000
		Passivo não Circulante	
Total do AC	12.500	Patrimônio Líquido (PL)	
		Capital inicial	10.000
		Lucro acumulado	500
		Total do PL	10.500
TOTAL DO ATIVO	12.500	TOTAL DO PASSIVO E PL	12.500

1.5 Composição do capital de giro e liquidez corrente

A estrutura de capital de giro de uma empresa é formada por recursos financeiros obtidos de terceiros e de seus sócios capitalistas e acionistas, cuja composição de 100% do capital total está assim formada, conforme balanço do item anterior.

    CAPITAL PRÓPRIO   84%
    CAPITAL TERCEIRO   16%

O índice de liquidez corrente é calculado pela divisão do AC pelo PC, que resulta em R$ 12.500 divididos por R$ 2.000, cujo resultado é de:

    LIQUIDEZ CORRENTE   6,25

Esse indicador financeiro mostra quanto a empresa tem de recursos financeiros para suportar cada real de dívida. No caso exemplificado a empresa possui R$ 6,25 para cada correspondente de R$ 1,00 de dívida.

1.6 Exercícios propostos e resolvidos

    a) Questões
        1. Qual é o objetivo da Ciência Contábil?
        2. Para que serve o Balanço Patrimonial?
        3. Para que serve a Demonstração do Resultado do Exercício (DRE)?
        4. Definir "Método das Partidas Dobradas".
        5. Para que serve o Plano de Contas?

Capítulo 1

6. Loja lucrativa Ltda. com Balanço inicial no início do mês de junho/XX, assim demonstrado:

BALANÇO PATRIMONIAL INICIAL (EM R$ 1,00)

ATIVO		PASSIVO E PL	
ATIVO CIRCULANTE		PASSIVO CIRCULANTE	
Saldo da conta caixa	100.000	Saldo da conta de Fornecedores	0
Saldo da conta estoque	0		
TOTAL DO ATIVO CIRCULANTE	100.000	TOTAL DO PASSIVO CIRCULANTE	0
ATIVO NÃO CIRCULANTE		PASSIVO NÃO CIRCULANTE	
		PATRIMÔNIO LÍQUIDO (PL)	
Saldo conta de Imobilizado	900.000	Saldo da conta de Capital	1.000.000
		Saldo da conta de Lucros	
TOTAL DO ATIVO	1.000.000	TOTAL DO PASSIVO E PL	1.000.000

Transações realizadas durante o mês Junho/XX, em R$ 1,00, como segue:

- Compra de "lote" de mercadorias no valor de R$ 500.000 com os seguintes tributos incluídos, por ocasião da emissão da NF-e: PIS de 1,65%, COFINS 7,6% e ICMS 18,0%, financiada para pagamento a prazo;
- Venda de 50% do lote anteriormente adquirido por R$ 500.000 com recebimento à vista, sendo, também incluídos no preço os respectivos tributos sobre a venda, tais como ICMS, PIS E COFINS, dentro do princípio da "não cumulatividade" e de apuração do "lucro real";
- Despesas operacionais desembolsadas e necessárias para a realização das vendas, tais como aluguéis, fretes e outras despesas dedutíveis do PIS e COFINS, totalizando o montante de R$ 85.000, pagas à vista.
- Pede-se:
    a. Lançamentos contábeis de débitos e créditos na forma de razonetes;
    b. DRE;
    c. Balanço Patrimonial;
    d. Porcentagem de lucro líquido;
    e. Porcentagem de retorno sobre o capital investido no negócio;
    f. Cálculo e finalidade do índice de liquidez corrente; e
    g. Cálculo e finalidade do índice de liquidez seca.

b) Soluções prováveis

1. **Objetivo da ciência contábil:** É uma ciência, como outra qualquer, dotada de regras, normas e princípios, cujo objetivo principal é controlar todos os eventos monetários de negócios realizados através de fatos contábeis permutativos e modificativos do "patrimônio", com o propósito fundamental de municiar as pessoas internas da empresa e do mercado externo com informações para auxiliar no processo de tomada de decisão. O processo decisório pode envolver o realinhamento de negócios, aplicação em bolsa de valores, aquisição de negócios, fusão, cisão, incorporação etc.

2. **Balanço patrimonial:** É o principal relatório de uma entidade, que em vista da evolução da tecnologia da informação pode ser atualizado instantaneamente, isto é, à medida que as transações de compras, vendas e contratação de despesas e outras receitas ocorrem. O seu conteúdo mostra, do lado esquerdo da conta "T", tomando o seu centro, os valores de bens e direitos tradicionalmente conhecidos como o seu ATIVO, ou seja, onde os recursos são aplicados. Do lado direito da conta "T", são concentrados todos os recursos monetários obtidos junto a terceiros e dos próprios sócios investidores do negócio.

    Nos dias atuais, o Balanço Patrimonial também ganhou notoriedade para gestão de bens, direitos e obrigações de órgãos governamentais.

3. **DRE:** A Demonstração de resultado do exercício é utilizada para demonstrar os resultados de cada período, que podem ser superavitário (lucro) ou deficitário (prejuízo). Normalmente, parte-se da receita bruta obtida pelo negócio e vai-se deduzindo todos os gastos necessários para à obtenção da própria receita, até chegar ao "lucro líquido" de cada exercício.

4. **Método das "Partidas Dobradas":** É um método desenvolvido pelo Pe. Franciscano, Luca Paciolo, em 1494, que contempla no princípio, que **todo** lançamento contábil precisa ter para **cada débito** um **crédito correspondente** e vice-versa, ou ainda podemos ter um débito, por exemplo, de R$ 1.000,00 para vários créditos de valores menores até esse limite.

    Ou ainda: um crédito de R$ 1.000,00 para vários débitos correspondentes, que no total limita-se a esse valor.

5. **Plano de contas:** Tem por objetivo planejar as contas que serão utilizadas, dentro dos princípios básicos que regem a ciência da contabilidade, em cada negócio, atualmente contemplados nas Leis nº 6.404/76, e mais recentemente com alterações introduzidas pelas Leis nºs 11.638/07 e 11.941/09 para unificar com padrões internacionais de contabilidade.

6. **Empresa Comercial Lucrativa Ltda.**
a) Lançamentos contábeis de débito e crédito no formato de "razonetes" ou conta T.

CONTAS DO ATIVO

CAIXA	
100.000	85.000 (2)
(4) 500.000	
600.000	85.000
515.000	

BENS IMOBILIZADOS LÍQUIDOS	
900.000	

ESTOQUE MERCADORIA	
(1) 363.750	181.875 (9)
181.875	

ICMS A RECUPERAR	
(1) 90.000	

COFINS A RECUPERAR	
(1) 38.000	
(3) 6.460	
44.460	

PIS A RECUPERAR	
(1) 8.250	
(3) 1.402	
9.652	

CONTAS DO PASSIVO CIRCULANTE (PC)

FORNECEDORES	
	500.000 (1)

ICMS A RECOLHER	
	90.000 (5)

COFINS A RECOLHER	
	38.000 (6)

PIS A RECOLHER	
	8.250 (7)

IRPJ A RECOLHER	
	15.711 (13)
	8.474 (14)
	24.185

CSLL A RECOLHER	
	9.426 (15)

CONTAS DO PASSIVO NÃO CIRCULANTE (PNC)

CAPITAL	LUCROS ACUMULADOS
1.000.000	71.106 (16)

CONTAS DE RESULTADO

DESPESAS OPERACIONAIS

(2) 85.000	6.460 (3)
	1.402 (3)
85.000	7.862
	77.138 (17)

RECEITAS DE VENDAS

(5) 90.000	500.000 (4)
(6) 38.000	
(7) 8.250	
136.250	500.000
(8) 363.750	

CUSTO MERC. VENDIDA

(9) 181.875	181.875 (10)

LUCRO BRUTO

(10) 181.875	363.750 (8)
(11) 181.875	

LUCRO OPERACIONAL

(17) 77.138	181.875 (11)
(12) 104.737	

LUCRO LÍQUIDO

(13) 15.711	104.737 (12)
(14) 8.474	
(15) 9.426	
33.611	104.737
(16) 71.126	

b) DRE, assim demonstrada:

DRE – DEMONSTRAÇÃO DO RESULTADO DO EXERCÍCIO BASE: JUNHO/XX (EM R$ 1,00)		
RECEITAS BRUTAS DE VENDAS		500.000
(-) TRIBUTOS S/ VENDAS		
ICMS	- 90.000	
COFINS	- 38.000	
PIS	- 8.250	- 136.250
RECEITAS LÍQUIDAS		**363.750**
(-) CUSTO MERCADORIA VENDIDA		- 181.875
LUCRO BRUTO		**181.875**
(-) DESPESAS OPERACIONAIS LÍQUIDAS		- 77.138
LUCRO OPERACIONAL		**104.737**
(-) IRPJ		- 15.711
(-) ADICIONAL IRPJ		- 8.474
(-) CSLL		- 9.426
LUCRO LÍQUIDO		**71.126**
% LUCRO LÍQUIDO		14,2%
% RETORNO S/ CAPITAL APLICADO		7,1%

c) Balanço Patrimonial, assim demonstrado:

EMPRESA COMERCIAL LUCRATIVA LTDA. – JUNHO/XX

BALANÇO PATRIMONIAL (em R$ 1,00)

ATIVO			PASSIVO E PL		
ATIVO CIRCULANTE (AC)			**PASSIVO CIRCULANTE (PC)**		
CAIXA		515.000	FORNECEDORES		500.000
ESTOQUE MERCADORIAS		181.875	TRIBUTOS A RECOLHER:		
TRIBUTOS A RECUPERAR:			ICMS	90.000	
ICMS	90.000		COFINS	38.000	
COFINS	44.460		PIS	8.250	
PIS	9.652	144.112	IRPJ	24.185	
			CSLL	9.426	169.861
TOTAL AC		840.987	**TOTAL PC**		669.861
ATIVO NÃO CIRCULANTE			**PASSIVO NÃO CIRCULANTE**		
IMOBILIZADO LÍQUIDO		900.000	**PATRIMÔNIO LÍQUIDO (PL)**		
			CAPITAL		1.000.000
			LUCROS ACUMULADOS		71.126
TOTAL DO ATIVO		1.740.987	**TOTAL DO PASSIVO E PL**		1.740.987

d) A porcentagem do lucro líquido sobre as vendas brutas foi de 14,2%.

e) A porcentagem de retorno sobre o capital investido foi de 7,1%.

f) A liquidez corrente é obtida pela divisão do total do ativo circulante pelo total do passivo circulante (R$ 840.987/R$ 669.861), representando o índice que indica que para cada R$ 1,00 de dívida corrente a empresa dispõe de R$ 1,26. Logicamente, quanto maior melhor.

g) A liquidez seca é obtida pelo total do ativo circulante menos o valor dos estoques dividido pelo total do passivo circulante, que corresponde ao indicador de R$ 0,98. Isto quer dizer que a disponibilidade da empresa não é suficiente para cobrir as dívidas do passivo circulante.

2

Origem dos Custos

A necessidade do controle fez com que a apuração de custos ganhasse importância desde o início do Capitalismo. Era por meio da contabilidade de custos que o comerciante tinha resposta se estava lucrando com o seu negócio, pois bastava confrontar as receitas com as despesas do mesmo período.

A contabilidade de custos era usada como um instrumento seguro para controlar as variações de custos e de vendas e também para avaliar o crescimento ou o retrocesso do negócio.

A evolução da atividade econômica exigiu registros mais precisos para escriturar as operações da atividade mercantilista.

No século XX, segundo Catelli, surgiram várias obras que contribuíram para enriquecer os métodos de apuração de custos e resultados. Tal crescimento deu-se a partir da metade do século XX para cá, pois havia grande procura por literaturas contábeis, especialmente voltadas para apuração e análise de custos que pudessem auxiliar o administrador na gestão do negócio.

As literaturas publicadas naquela época enalteciam o sistema que surgiu na era mercantilista, cujo mecanismo usado para apuração do lucro ou prejuízo de transações comerciais era muito simples.

O lucro bruto era obtido pela diferença entre receitas totais deduzidas dos custos das mercadorias vendidas.

O custo das mercadorias vendidas era apurado pelo chamado inventário esporádico, levantado por diferenças entre estoques finais e iniciais, do período de tempo objeto da análise e acrescido das compras do mesmo período.

O custo das mercadorias vendidas pode ser obtido considerando a equação, que é igual ao estoque inicial, do início do período adicionado das compras do período e deduzido do estoque final do mesmo período.

Do lucro bruto deduzem-se as chamadas despesas administrativas, financeiras e de vendas para a obtenção do lucro operacional.

Do lucro operacional é deduzido o Imposto de Renda incidente sobre o lucro da empresa, para obter o chamado lucro líquido, além da contribuição social.

O modelo de demonstração de resultados preconizado no início da era do capitalismo é o mesmo recomendado pelas leis comerciais e normas que regem a contabilidade societária das empresas brasileiras. Talvez a mudança mais profunda seja a de usar o conceito do inventário permanente custeando cada unidade vendida, à medida que as receitas são realizadas com a entrega das mercadorias para os compradores.

Origem dos Custos

O modelo básico para a apuração de resultados acabou sofrendo alguns ajustes para adaptar-se ao ramo industrial e à prestação de serviços.

O termo *mercadoria* derivou-se da atividade mercantilista. Já na indústria, o termo *produto*, oriundo da transformação de várias matérias-primas, quando comercializado, é chamado, no comércio, de mercadoria.

Por ocasião da apuração do resultado de produtos industrializados, costuma-se deduzir das receitas brutas de vendas os chamados "custos de produtos vendidos" para obtenção do lucro bruto.

Quando se tratar da apuração do resultado de serviços, costuma-se deduzir das receitas brutas dos serviços vendidas os custos dos serviços vendidos.

Na apuração do "custo dos serviços vendidos", se os estoques de início e final de período forem de valores expressivos (por exemplo: acima de 5% das receitas), a metodologia de apuração segue o mesmo raciocínio das mercadorias vendidas, ou seja, considera-se o estoque inicial de materiais do início do período, acrescentam-se as compras do período, deduzindo-se o que restar no final do período. A equação do custo da venda de serviço é estoque inicial mais compras menos estoque final. Vale observar que a equação serve quando houver aplicação de material para prestar o serviço.

Quando se tratar da venda de produtos industriais, a apuração dos custos dos produtos vendidos segue o mesmo raciocínio, todavia temos que considerar outras variáveis, pois, além do produto acabado, é comum no início e no final de cada período deparar-se com estoque de produtos semiacabados.

O lucro bruto do produto industrializado vendido é obtido, no início do período, pelo valor do estoque inicial de matérias-primas, produtos acabados e semiacabados adicionado de todas as compras de matérias-primas do período menos o estoque de matérias-primas, produtos acabados e em elaboração do final de período.

Todo lucro bruto apurado tanto de mercadorias, como de produtos e de serviços vendidos, após a dedução das chamadas despesas administrativas, financeiras e de vendas, dará origem ao lucro das operações, que, após a dedução do Imposto sobre a Renda e contribuição social do lucro, originar-se-á no lucro líquido que ficará à disposição dos acionistas da empresa para darem o destino que desejarem.

Na atualidade, graças ao estágio de desenvolvimento atingido pelos vários países, inclusive o Brasil, já se exigem registros e controles mais completos, e de outro lado mais simples, em razão de muitos segmentos de negócios trabalharem com margens reduzidas de lucros para sobreviverem.

Para os mercados em que preponderam vários concorrentes vendendo o mesmo produto, a administração da empresa precisa municiar-se de informações e profissionais talentosos para definir e acompanhar políticas de preços, lucro marginal por produto (e seu peso no *mix*), análise das relações custo, volume e lucro, custo estrutural fixo, maximização de lucros com combinação de *mix*, apuração do custo das várias atividades do processo, formação do preço ideal de venda. Tudo isso dentro do contexto do planejamento das atividades empresarias, a fim de que as empresas, que têm significativo papel social na geração de empregos, sobrevivam e prosperem nos negócios.

Capítulo 2

2.1 O custo como instrumento de controle

Certa vez, ouvi uma máxima que dizia que o "coração estava para a vida do corpo, assim como o controle do custo estava para a vida da empresa".

Qualquer atividade que manipule valores e volumes necessita de controle de custo, que nada mais é do que a verdadeira contabilidade.

A pequena, a média e a grande empresa necessitam do controle e análise de custos. A análise foi colocada de propósito, pois não basta controle sem a respectiva análise, a fim de se concluir e avaliar o desempenho como subsídio para novas decisões.

O lucro, necessário para sobreviver no regime capitalista, é apurado do excedente de receitas totais sobre os custos totais. Se o empresário não souber nos dias atuais, e de forma instantânea, se os negócios estão sendo realizados com lucro, certamente, no mesmo momento acionará outros instrumentos gerenciais para imediatamente incrementar as vendas ou tomará decisões drásticas para a redução de custos.

Existem empresas que participam de mercados altamente competitivos, onde elas individualmente não têm forças para manipular os preços de mercado. Mesmo assim, há necessidade de controlar os custos, porque cada empresa possui estruturas de custos diferentes.

Na maioria das empresas, os preços de vendas são calculados antecipadamente. Faz parte integrante do preço de venda a parcela do lucro que apenas será obtida a partir do "fenômeno" do ponto de equilíbrio, isto é, a partir do momento em que as receitas líquidas totais de vendas superarem os custos totais incorridos no período.

2.2 Exercícios propostos e resolvidos

a) Questões

1. Como os comerciantes, por ocasião do início do capitalismo sabiam se estavam ganhando ou perdendo dinheiro?
2. Como era obtido o custo da mercadoria vendida – CMV?
3. Como é obtido o lucro bruto – LB?
4. Como é obtido o lucro operacional?
5. Qual é a diferença entre os conceitos de inventário periódico e inventário permanente?
6. O que diferencia a matéria prima do produto e da mercadoria?
7. Por que é importante o "controle dos custos"?

b) Soluções prováveis

1. Como os comerciantes, por ocasião do início do capitalismo, sabiam se estavam ganhando ou perdendo dinheiro?
   Era através do confronto entre receitas ® e despesas (d)
   Se as r > d o resultado era superavitário, portanto lucro; e
   Se as r < d o resultado era deficitário e, portanto, prejuízo.

EXEMPLO: Receita de vendas do período de 30 unidades de mercadorias pelo preço de venda de R$ 20 por unidade, perfazendo o total de R$ 600. Se, de outro lado, para realizar as vendas teve de incorrer em custos e despesas de R$ 480, o lucro obtido seria de R$ 120, correspondente a 20%.

2. Como era obtido o custo da mercadoria vendida – CMV?

Era através do chamado inventário de estoque esporádico, pois bastava contar as unidades de mercadorias existentes no início do período e multiplicá-las pelo valor médio de compra, ao mesmo modo para as compras do período e também para o estoque do final do período. O (EI) estoque inicial de R$ 100 (10xR$10), mais © compras do período de R$ 400 (40xR$10) e o (EF) estoque final de R$ 200 (R$20x10), cujo CMV era apurado através da seguinte fórmula: EI + C – EF, traduzindo a fórmula em dinheiro, o CMV = R$ 100 + R$ 400 – R$ 200 = R$ 300.

Portanto, o CMV exemplificado acima corresponderia a R$ 300.

3. Como é obtido o lucro bruto – LB?

O LB é obtido tomando por base a RL – receita líquida de vendas diminuído do CMV – Custo das mercadorias vendidas.

Se a RL de vendas é igual a R$ 600,00 diminuído do CMV, o LB – Lucro bruto será, portanto, de R$ 300,00

4. Como era obtido o LO – Lucro operacional?

Para demonstrar o lucro operacional bastava conhecer o LB – Lucro bruto e deduzir de seu valor as chamadas despesas operacionais, desdobradas em despesas comerciais, despesas administrativas e despesas financeiras.

Por exemplo, usando o princípio da DRE, da forma dedutiva tomando por base os valores anteriormente citados, teremos:

DRE

Receitas líquidas = R$ 600

(–) CMV – Custos da mercadoria vendida:

EI = R$ 100

C = R$ 400

EF = (R$ 200) (R$ 300)

= LUCRO BRUTO R$ 300

– Despesas Operacionais (Administrativas, comerciais e financeiras) (R$ 180)

= LUCRO OPERACIONAL R$ 120

5. Qual é a diferença entre os conceitos de inventário periódico e inventário permanente?

Inventário periódico: o próprio nome já diz que é aquele apurado periodicamente.

Inventário permanente: é aquele apurado cronologicamente, no tempo, tomando por base o inventário (estoque) existente em uma data-base e nele adicionam-se as compras e deduzem-se automaticamente as vendas, à medida de suas ocorrências.

O inventário permanente, nos dias atuais, no Brasil, faz parte do projeto do SPED- Sistema público de escrituração digital para atender exigências específicas da EFC – Escrituração fiscal digital - pertinentes às operações de estoques (em uma data-base), além de procedimentos para somar as compras e deduzir as vendas ocorridas no mesmo período.

O SPED, no Brasil, trouxe mudanças radicais para evitar a sonegação fiscal. Se antigamente os estoques eram apurados periodicamente e podiam ser manipulados para diminuir a carga tributária, a fim de pagar menos tributos sobre o lucro, atualmente essa prática não é mais possível, em vista da obrigatoriedade implícita de apuração dos estoques correntes pelo método do "inventário permanente".

Com a introdução do SPED, pela Receita Federal do Brasil para coibir sonegação fiscal, para atender não apenas as suas necessidades fiscalizatórias, bem como os Estados, o Distrito Federal e os órgãos Municipais e exigências de emissão de nota eletrônica, conhecimento de fretes eletrônicos, cupom fiscal eletrônica, etc. o fisco, tem em suas mãos condições de controlar, se quiser, o estoque atual de mercadorias de cada contribuinte.

6. O que diferencia a matéria-prima do produto e da mercadoria?

Matéria-prima: é um "insumo" utilizado no fabrico de um produto;

Produto: é oriundo de transformação de matérias com o uso da força humana no trabalho; e

Mercadoria: é oriunda da atividade mercantilista. É também a denominação do produto, da indústria, colocado para venda.

7. Por que é importante o Controle dos Custos?

O Controle dos Custos é tudo em uma empresa.

Sem o controle dos custos é como um navio em alto mar sem bússola.

O Controle de Custos precisa ser feito a cada segundo de minuto, de forma cumulativa e sendo confrontado automaticamente com as receitas de vendas obtidas ou fazendo a competente comparação diária com a projeção de receitas obtidas ou renda recebida.

Nos dias atuais, é de fundamental importância controlar os chamados "custos da não conformidade" a fim de melhorar os resultados como um todo. Não conformidade corresponde a desperdícios, erros burocráticos e retrabalhos.

3

Princípios, Convenções e Termos Aplicados em Custos

Realização da receita – A receita de vendas é reconhecida no momento da entrega dos produtos, mercadorias e serviços aos clientes compradores.

Competência de exercícios – Reconhecemos a receita de vendas e os custos operacionais correspondentes dentro do próprio período de tempo, semana, quinzena, mês, trimestre etc.

Confrontação – O lucro é obtido pelo confronto da receita do período com os custos do mesmo período. Exemplo: Se as receitas de vendas forem de um mil reais e os custos operacionais (da estrutura e para realizar as vendas) forem de novecentos reais, o lucro operacional corresponderá a cem reais.

Consistência – Esse princípio prevê a homogeneização de procedimentos adotados com relação a registros, a fim de não prejudicar a análise comparativa de informações de custos. Qualquer mudança de procedimento deve ser ressaltada em notas explicativas, com o devido ajuste dos dados para não prejudicar a essência da análise que é a sua comparação com metas traçadas ou entre períodos.

Periodicidade – Os exercícios contábeis deverão ser de igual duração, o que permitirá a sua comparabilidade e avaliação da eficácia na gestão de um negócio.

Materialidade ou relevância – Essa convenção é de primordial importância no registro e análise de dados. No fundo, quer dizer que para valores considerados irrelevantes dá-se, também, pouca importância. Isso vale, por exemplo, para aquela preocupação com centavos de entidades que faturam com vendas de milhares e milhões de reais.

Em alguns momentos, os relatórios de informações gerenciais apurados no início do mês, por exemplo, convertidos em milhares de reais, valem muito mais para a análise e tomada de decisão do que aqueles apurados até o último centavo, entregues, todavia, dez dias após o fechamento do período.

Custo histórico como base de valor – Este princípio prevê que os registros de lançamentos contábeis devem considerar os valores originais de compra de um bem ou serviço. Esse procedimento pode acabar distorcendo os resultados de empresas que operam em ambiente de mercado com oscilações de preços.

Tomemos o exemplo de mercadoria comprada no momento, de tempo 1, por R$ 10,00, que permaneceu estocada até ser vendida no momento, de tempo 2, por R$ 12,00, gerando um lucro de R$ 2,00.

Capítulo 3

Mas, no momento da venda, o seu preço corrente para reposição do estoque passou a ser de R$ 13,00.

No resultado obtido tomando como base de custo o preço corrente de reposição, apesar de deficitário de um real, pode retratar o verdadeiro resultado da venda, pois comparou resultados de uma mesma época.

Na primeira situação, o lucro foi de R$ 2,00, que pode não estar refletindo a realidade do negócio, pois o custo de R$ 10,00 foi confrontado com receita de venda de período diferente.

Se a decisão for tomada com base no lucro, de dois reais, a empresa poderá ser descapitalizada através da distribuição de dividendos e pagamento de imposto sobre a renda, pois, para repor o mesmo ativo vendido para continuar no negócio, a empresa necessitaria de mais um real adicional.

Existem situações, em alguns ramos de atividade do comércio varejista, em que vender mercadorias a preços baixos pode resultar em acúmulo maior de lucro. Logicamente, se tal decisão contribuir para elevar significativamente o volume de venda.

Investimento – são todos os bens e direitos registrados no ativo das empresas para baixa em função de venda, amortização, consumo, desaparecimento, perecimento ou desvalorização.

Perda – São gastos com bens e serviços consumidos de forma anormal ou involuntária (greve, inundação, roubo, incêndio etc.).

Receita bruta (RB) – Corresponde ao preço total cobrado pelos produtos e serviços fornecidos aos clientes, cuja receita bruta é reconhecida no momento da entrega, acompanhados pelas respectivas notas fiscais de vendas.

Custo marginal (CM) – Entendemos que são aqueles custos que guardam proporção direta com o volume de vendas realizado.

Lucro marginal (LM) – Corresponde à diferença entre a receita bruta e o custo marginal de cada produto ou serviço vendido.

Custos estruturais fixos (CEF) – São custos incorridos por "competência de exercícios", de natureza fixa (não guarda proporção direta com as vendas), necessários para manter a estrutura operacional instalada de uma empresa em condições operacionais adequadas para administrar, produzir e vender produtos e serviços, até o limite da capacidade instalada.

Ponto de equilíbrio – É a expressão usada para definir o equilíbrio entre o faturamento de vendas e os custos totais, equivalente ao lucro zero. A partir do ponto de equilíbrio (*Break even point*) é que as operações de uma empresa começam a gerar lucro.

Margem de segurança operacional em vendas – É obtida pela diferença entre as vendas planejadas e as vendas calculadas no "ponto de equilíbrio".

4
Objetivos da Análise de Custos

A análise de custos, no sentido amplo, tem por finalidade mostrar os caminhos a serem percorridos na prática da gestão profissional de um negócio.

É notório que a ausência de informações e de análise de custos e resultados, em qualquer entidade, nos dias atuais, poderá resultar em fracasso do negócio.

É primordial a administração das empresas se municiar de informações de planejamento e controle de custos e lucros para enfrentar os concorrentes que comercializam produtos semelhantes no mercado.

Ainda, no aprendizado da contabilidade no Brasil é bastante enfatizado o conceito de lançamentos e apuração de resultados consagrados pela legislação societária e fiscal, que, se mantida atualizada, certamente contribuirá sobremaneira na avaliação e condução do negócio empresarial.

Neste livro, enfocaremos a utilização da contabilidade e de análise de custos, todavia voltada não só para o controle e decisão gerencial, mas também útil como subsídio para atender o fisco, guardando as restrições desse.

Necessitaremos, talvez, é de gerar um "banco de dados" de informações para atender a necessidades societárias, fiscais e gerenciais.

Para gerenciar com sucesso um negócio, acreditamos que as seguintes informações sejam necessárias:

- Controle das vendas diárias e acumuladas no mês por produto e consolidado;
- Custo e ganho marginal por produto e acumulado;
- Vendas planejadas mês a mês e do ano;
- Ponto de equilíbrio, isto é, o nível mínimo de vendas desejado;
- Custo estrutural fixo mês a mês e do ano;
- Formação de preços de vendas;
- Análise de *mix*, visando à maximização de lucro;
- Lucro operacional planejado e real;
- Análise da eficiência de uso de mão de obra e materiais etc.

4.1 Exemplo ilustrativo de análise de custos e resultados

Vamos partir do pressuposto de que a hipotética CIA. DE PRODUTOS DIFERENCIADOS (CPD) tenha planejado a seguinte estrutura de custos, capacidade instalada e preços para a venda de seu produto PD:

- Custo estrutural fixo médio mensal R$ 100.000,00;
- Capacidade instalada, em unidade, 10.000;
- Custo marginal médio, por unidade vendida R$ 20,00;
- Preço bruto de venda, por unidade R$ 40,00.

Pedem-se os cálculos do lucro operacional, operando com os seguintes volumes:

- Zero unidade de vendas;
- 01 (uma) unidade de vendas;
- 02 (duas) unidades de vendas;
- 5.000 (cinco mil) unidades de vendas;
- 10.000 (dez mil) unidades de vendas.

DRE	RESULTADOS COMPARATIVOS (EM R$ 1,00)				
Volumes	0	1	2	5.000	10.000
Preço de Venda por unidade	40	40	40	40	40
Custo Marginal por unidade	20	20	20	20	20
Receita Bruta Total (RB)	0	40	80	200.000	400.000
(–) Custo Marginal Total (CM)	0	– 20	– 40	–100.000	– 200.000
Lucro Marginal (LM)	**0**	**20**	**40**	**100.000**	**200.000**
(–) Custo Estrutural Fixo (CEF)	– 100.000	– 100.000	– 100.000	– 100.000	– 100.000
Lucro Operacional (LO)	– 100.000	– 99.980	– 99.960	0	100.000

Conclusões sobre os resultados obtidos:
A. Se a empresa CPD operar com "zero" de volume de vendas, logicamente não incorrerá em nenhum custo marginal, como taxas de comissão sobre vendas, matéria-prima ou mercadoria, tributos sobre vendas etc. Seu resultado nessa circunstância será de R$ 100 mil negativos (prejuízo), que corresponderá exatamente ao custo estrutural fixo de sua capacidade instalada para 10.000 unidades do produto CPD;
b. se a empresa operar com a venda de apenas uma unidade de produto, seu resultado será igual ao lucro marginal de uma unidade, que, deduzido do CEF, resultará em um prejuízo de R$ 99.980;

c. se as vendas forem de duas unidades o prejuízo será de R$ 99.960;
d. se a empresa operar com a venda de 5.000 unidades, o CEF corresponderá ao total do lucro marginal e, portanto, o lucro será nulo;
e. se a meta de vendas de 10.000 for atingida, o lucro marginal será de R$ 200.000,00, suficiente para cobrir o CEF de R$ 100.000,00 e gerar o lucro de R$ 100.000,00.

Observação importante sobre os pré-cálculos dos custos

É lógico que quando uma empresa vende uma unidade de produto, cinco mil unidades ou dez mil unidades, seus custos tendem a variar.

É importante frisar que uma empresa precisa planejar sua capacidade máxima operacional consoante a demanda das vendas, a fim de poder aquilatar com maior precisão os custos marginais e estruturais incorridos e necessários.

Se, por exemplo, tiver uma planta industrial com maquinários instalados para produzir 10.000 unidades de produtos, mas em determinado momento ajustou sua capacidade de mão de obra apenas para 7.000 unidades, que é a demanda esperada de mercado, o cálculo de seus custos deve ser norteado e convertido para a capacidade total de 10.000 unidades, no planejamento, a fim de não repassar ineficiência e custos da ociosidade para os preços e não prejudicar a concorrência dos produtos no mercado ou rever os custos para redução da capacidade instalada para patamares inferiores.

4.2 Análise de resultado diário de vendas

É de suma importância que a Administração das empresas proceda, através de seu departamento de controladoria, a análise e acompanhamento diário de vendas, cujo relatório apurado que municiará as decisões gerenciais deverá conter:

- Meta de faturamento e volume de venda/mês;
- Meta de lucro marginal e CEF planejado para cada mês;
- Vendas realizadas por dia e acumuladas em dinheiro e volume;
- Lucro marginal realizado do dia e acumulado do mês;
- Volume realizado de vendas do dia e do mês.

O modelo ilustrativo que vamos reproduzir, de forma simplificada, conterá o acompanhamento diário de vendas e lucro marginal realizados, comparados às metas extraídas do planejamento e controle do lucro anual:

- Faturamento das vendas R$ 400.000,00/mês;
- Lucro marginal R$ 200.000,00/mês;
- Custo estrutural fixo (CEF) R$ 100.000,00/mês;

Capítulo 4

O relatório de desempenho de vendas diárias conterá os seguintes campos:
a. mês e ano de referência;
b. coluna discriminando o dia de cada mês;
c. coluna para registrar as vendas diárias;
d. coluna para registrar as vendas acumuladas do mês;
e. coluna para o registro em porcentagem da meta alcançada;
f. coluna para registrar o lucro marginal realizado do dia e acumulado do mês;
g. coluna para o registro da porcentagem da meta alcançada.

Reproduzimos a seguir o relatório de desempenho das vendas diárias e acumuladas:

RELATÓRIO DE DESEMPENHO DAS VENDAS (R$ 1,00)		Mês/Ano	Maio/XX
^		CEF mensal	100.000,00
Lucro marginal	200.000,00	Meta faturamento	400.000,00

	Vendas realizadas			Lucro marginal realizado		
Dia	Do dia	Acumuladas	% Meta	Do dia	Acumuladas	% Meta
1	13.000	13.000	3,3%	6.500	6.500	3,3%
2	14.000	27.000	6,8%	7.000	13.500	6,8%
3	8.500	35.500	8,9%	4.250	17.750	8,9%
4	16.500	52.000	13,0%	8.250	26.000	13,0%
5	14.300	66.300	16,6%	7.150	33.150	16,6%
6	10.800	77.100	19,3%	5.400	38.550	19,3%
7	12.900	90.000	22,5%	6.450	45.000	22,5%
8	13.550	103.550	25,9%	6.775	51.775	25,9%
9	14.550	118.100	29,5%	7.275	59.050	29,5%
10	10.500	128.600	32,2%	5.250	64.300	32,2%
11	12.990	141.590	35,4%	6.495	70.795	35,4%
12	12.875	154.465	38,6%	6.438	77.233	38,6%
13	12.588	167.053	41,8%	6.294	83.527	41,8%
14	13.200	180.253	45,1%	6.600	90.127	45,1%
15	13.500	193.753	48,4%	6.750	96.877	48,4%
16	12.800	206.553	51,6%	3.123	100.000	50,0%
17	12.500	219.053	54,8%	6.250	106.250	53,1%

Objetivos da Análise de Custos

RELATÓRIO DE DESEMPENHO DAS VENDAS (R$ 1,00)			Mês/Ano	Maio/XX
			CEF mensal	100.000,00
Lucro marginal	200.000,00		Meta faturamento	400.000,00

	Vendas realizadas			Lucro marginal realizado		
Dia	Do dia	Acumuladas	% Meta	Do dia	Acumuladas	% Meta
18	12.690	231.743	57,9%	6.345	112.595	56,3%
19	13.225	244.968	61,2%	6.613	119.207	59,6%
20	13.800	258.768	64,7%	6.900	126.107	63,1%
21	13.000	271.768	67,9%	6.500	132.607	66,3%
22	12.800	284.568	71,1%	6.400	139.007	69,5%
23	12.855	297.423	74,4%	6.428	145.435	72,7%
24	11.500	308.923	77,2%	5.750	151.185	75,6%
25	13.785	322.708	80,7%	6.893	158.077	79,0%
26	14.500	337.208	84,3%	7.250	165.327	82,7%
27	16.800	354.008	88,5%	8.400	173.727	86,9%
28	12.550	366.558	91,6%	6.275	180.002	90,0%
29	8.550	375.108	93,8%	4.275	184.277	92,1%
30	8.550	383.658	95,9%	4.275	188.552	94,3%
31	5.500	389.158	97,3%	2.750	191.302	95,7%

Análise do relatório

1. **Ponto de equilíbrio:** uma das finalidades do relatório de desempenho de vendas é justamente saber o dia do mês em que os "custos totais" estão cobertos pelas "receitas totais". A partir desse instante acontece o equilíbrio e a receita total é igual ao custo total, e, portanto, o lucro será nulo. Esse fato aconteceu no relatório referido exatamente no dia 16/05/XX. A partir do dia 17/05 as vendas começam a contribuir para a formação do lucro.
2. **Vendas planejadas:** ficaram em 2,7% abaixo da meta planejada. As causas prováveis deverão ser investigadas (atrasos na entrega, a falta de matérias-primas, ineficiência da equipe de vendas etc.).
3. **Lucro marginal:** ficou 4,3% abaixo da expectativa. As causas prováveis devem ser investigadas (embarque de produtos com menor lucro marginal, elevação de preços de matérias-primas, desperdícios etc.).

Capítulo 4

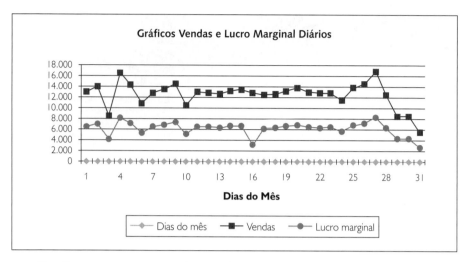

O gráfico mostra que os produtos embarcados para os clientes no dia 16/05 resultaram em redução do lucro marginal – não mantiveram a proporcionalidade dos outros dias com a receita de vendas.

4.3 Estudo de caso proposto e resolvido
a) Questão

Certa vez (de caso adaptado e origem desconhecida), foi realizada uma "gincana gerencial", por uma instituição de ensino de técnicas gerenciais com dois grupos: G1 e G2.

A base de dados fornecida aos dois grupos era de uma "Empresa industrial" que possuía uma capacidade normal de produção de 30.000 unidades, mas estava vendendo apenas 10.000 por ano. Os dados entregues ao grupo denominado G1 foram os seguintes:

Preço unitário de venda	R$ 1,00
Custo fixo total do período	R$ 6.000,00
Custo fixo por unidade	R$ 0,60
Custo marginal/variável por unidade	R$ 0,65
Custo total por unidade	R$12.500,00
Valor do estoque final	R$ -
Receita de vendas	R$10.000,00
Custo da produção vendida	R$12.500,00
Prejuízo operacional	R$ (2.500,00)

O grupo denominado G2 recebeu os mesmos dados, todavia resolveram trabalhar com o máximo da capacidade instalada de 30.000 unidades do ano.

No final, os dois grupos apresentaram os seus resultados finais. O G1 apresentou o resultado acima e o G2 apresentou uma situação em que a empresa passou a ser lucrativa e reivindicava o prêmio por fazer com que a referida EMPRESA INDUSTRIAL passasse a ter lucro, tomando por base os seguintes dados:

Preço unitário de venda	R$	1,00
Custo fixo total	R$	6.000,00
Custo fixo por unidade	R$	0,20
Custo variável por unidade	R$	0,65
Custo total por unidade	R$	0,85
Custo total de produção	R$	25.500,00
Valor do estoque final	R$	17.000,00
Receitas de vendas	R$	10.000,00
Custo dos produtos vendidos	R$	8.500,00
Lucro operacional	R$	1.500,00

Qual é a sua opinião? O G2 apresentou o melhor resultado e o "melhor desempenho"...

b) Solução provável

O G1, apesar de apresentar resultado negativo pode estar refletindo melhor o resultado do negócio.

O G2 apresentou resultado positivo, todavia continuou vendendo as 10.000 unidades e deixou 20.000 unidades guardadas no estoque, que podem contribuir para a elevação de juros em razão de passivo oneroso.

O modelo de apropriação de custos é o chamado por absorção (*full cost*), que permite o rateio dos custos fixos aos produtos industrializados exigidos pelo fisco, todavia inapropriado para o controle e decisões gerenciais.

Elevar a produtividade à custa da elevação de estoques nem sempre é uma atitude gerencialmente recomendada.

5

Classificação dos Custos e das Despesas[1]

5.1 Classificação dos custos para atender à contabilidade societária e fiscal

5.1.1 Custos de produção

Listamos a seguir terminologias utilizadas pela contabilidade societária e fiscal na apuração de custos.

Os custos de produção são compostos das matérias-primas, da mão de obra direta e dos custos indiretos de produção, assim detalhados:

- **Matérias-primas**

Correspondem aos materiais diretamente aplicados para a obtenção de um produto final.

- **Mão de obra direta**

Elemento utilizado para transformação dos materiais diretos em produto.

A mão de obra direta, bem como os respectivos encargos sociais, pode ser claramente identificada com o volume operacional de atividade (unidades produzidas, horas-máquina ou homens-hora).

- **Custos indiretos de produção**

São os outros custos que complementam uma atividade e são incorridos de forma indireta ou geral, beneficiando, dessa maneira, todos os bens ou serviços produzidos ou serviços prestados. Exemplos de insumos que são necessários para a obtenção do produto final, porém não mantêm qualquer relação direta: supervisão geral da fábrica, limpeza, segurança, depreciação, óleos lubrificantes, energia elétrica, água, peças de reposição de equipamentos etc.

- **Custos primários e de conversão**

Os fatores de custos constituídos pelos materiais diretos e mão de obra direta podem ser chamados custos primários.

---

[1] SANTOS, Joel J. dos. *Formação de preços e do lucro*. 4. ed. São Paulo: Atlas, 1999.

Os custos de conversão representam o esforço despendido pela empresa mediante os fatores de custos constituídos pela mão de obra direta e pelos custos indiretos para a transformação de materiais adquiridos de fornecedores em produtos ou serviços.

5.1.1.1 Exemplos de custos de produção

Fazem parte dos Custos de Produção (CP) os Materiais Diretos (MD), a Mão de Obra Direta (MOD) e os Custos Indiretos de Produção (CIP), assim detalhados:

a. **Exemplo de produção de macarrão**
- Materiais Diretos (MD): farinha, ovos, sal, leite, embalagem etc.;
- Mão de Obra Direta (MOD): salários contratados e encargos sociais (DSR, férias, 13º salário, SAT, contribuição ao INSS, FGTS etc.);
- Custos Indiretos de Produção (CIP): salários contratados e encargos sociais de supervisores, manutenção, depreciação de equipamentos, lubrificantes, seguros, aluguéis, material de limpeza, energia elétrica, telefone, água etc.

b. **Exemplo de produção de pão**
- Custos de Produção (CP) = MD + MOD + CIP;
- Materiais Diretos (MD): farinha de trigo, sal, fermento e mistura química;
- Mão de Obra Direta (MOD): salários contratados e encargos sociais;
- Custos Indiretos da Produção (CIP): idem ao CIP do macarrão.

5.1.2 Despesas operacionais

Além dos custos de produção, a empresa incorre em custos de períodos, que são suas despesas de natureza não industrial. Estas despesas são absorvidas totalmente na apuração do resultado, à medida que vão acontecendo, e são classificadas, quanto à função, em:

a) Despesas comerciais
- Comissões de vendedores;
- Salários de vendedores;
- Viagens e estadas;
- Propaganda e marketing;
- Aluguel de escritórios regionais;
- Material de expediente;
- Outras.

b) Despesas administrativas
- Aluguel;
- Salários administrativos;
- Encargos sociais;
- Honorários de diretores;
- Telefone, internet, água e luz;
- Material de expediente;

Capítulo 5

- *L*easing de equipamentos de escritório;
- Outras.

c) Despesas financeiras

- Juros de desconto;
- Taxas de cobrança;
- IOF;
- Taxas de serviços;
- Outras.

5.1.3 Outras considerações sobre custos e despesas

a) Quanto à natureza

Quanto à natureza, os gastos classificam-se em:

- Matéria-prima;
- Mão de obra direta;
- Mão de obra indireta;
- Aluguel;
- Material de limpeza;
- Depreciação;
- Outros.

b) Quanto ao destino

Quanto ao destino, os custos, de maneira geral, classificam-se em:

- Custos de produção;
- Custos de administração;
- Custos de comercialização.

c) Quanto à alocação (ou momento do débito contra a receita)

Os custos, quanto à alocação ou momento do débito contra a receita, classificam-se em:

- **Custos de produção:** são os custos propriamente ditos;
- **Custos de período:** são as despesas propriamente ditas complementares do ciclo.

d) Quanto à facilidade de identificação

Quanto à facilidade de identificação, os custos classificam-se em:

- **Diretos:** são os custos que podem ser convenientemente identificados com a produção de bens ou serviços. Exemplos: materiais diretos;
- **Indiretos:** são os custos que beneficiam toda a produção de um bem ou serviço.

5.2 Classificação dos custos para atender à contabilidade gerencial

Certos gastos tendem a aumentar ou diminuir no total, em proporção às mudanças ocorridas nos volumes de produção ou faturamento das vendas. Outros gastos são necessários para manter a estrutura operacional da empresa em "estado de prontidão" para produzir, entregar e administrar um produto, aqui denominados de custos estruturais fixos, que independem do volume de atividade dentro do limite da capacidade instalada.

Apesar de as teorias econômicas afirmarem que a função receita e a função custo não são lineares, vamos admitir "o princípio linear" como válido para fins de análise do comportamento dos custos. A utilização do princípio linearizante acaba dando resultados práticos bastante razoáveis, principalmente no que concerne a decisões que visam à maximização de lucros, por meio do uso correto de técnicas de análise de custos e adequação de preços, num bom número de casos.

5.2.1 Custos marginais (CM)

São aqueles que estão diretamente relacionados com o volume de produção ou venda. As principais características dos custos marginais (variáveis) são as seguintes:

- em termos de CM totais, quanto maior for o volume de vendas, maiores serão os custos variáveis totais;
- em termos unitários, os custos marginais permanecem constantes. Exemplos: matéria-prima e comissões sobre vendas.

CUSTOS MARGINAIS TOTAIS

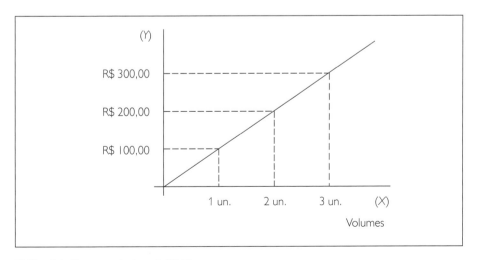

Gráfico 5.1 *Custos marginais totais (CMT).*

35

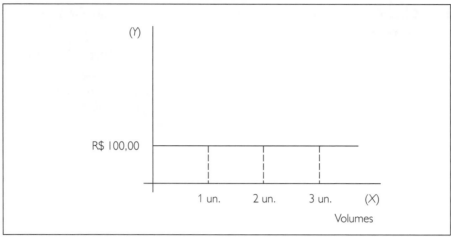

Gráfico 5.2 *Custo variável por unidade (CVU).*

5.2.2 Custos Estruturais Fixos (CEF)

São os que independem do volume de produção ou venda. Representam a capacidade instalada que uma empresa possui para produzir e vender bens, serviços e mercadorias. As principais características dos custos estruturais fixos são as seguintes:

- Em termos de custos estruturais fixos totais, quanto maior for o volume de produção ou venda, menores serão os custos estruturais fixos por unidades (até limite da capacidade instalada);
- Os CEFs totais independem das quantidades produzidas ou vendidas. Exemplos: aluguel, IPTU, salários de pessoal, seguros, equipamentos, depreciação etc. (dentro do limite da capacidade instalada).

Exemplo:

VOLUME	CEF UNITÁRIO	CEF TOTAL
1 un.	R$ 1.200,00	R$ 1.200,00
2 un.	R$ 600,00	R$ 1.200,00
3 un.	R$ 400,00	R$ 1.200,00

Representação gráfica:

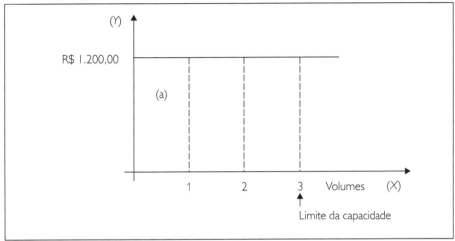

Gráfico 5.3 *Custos estruturais fixos totais.*

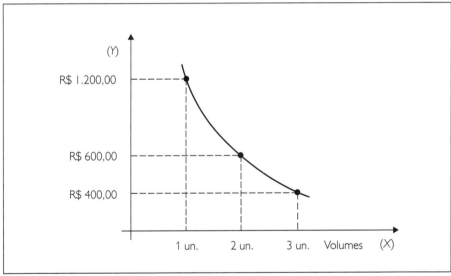

Gráfico 5.4 *Custos estruturais fixos por unidade.*

5.2.3 Custos Semivariáveis

São os que variam em função do volume de produção ou venda, mas não exatamente nas mesmas proporções. Estes custos têm uma parcela fixa, a partir da qual passam a ser variáveis.

Exemplos: energia elétrica, telefone, água, gás encanado e manutenção preventiva. Representação gráfica:

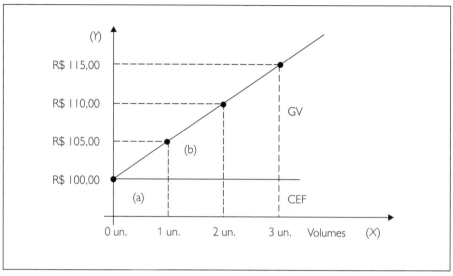

Gráfico 5.5 *Custos semivariáveis totais.*

5.2.4 Custos semifixos

São os gastos que permanecem constantes dentro de certos intervalos, alterando-se em degraus até atingir um novo patamar de atividade. Normalmente, ocorrem em função de decisões tomadas para alimentar ou diminuir o nível de atividade; citam-se, frequentemente, a título de exemplo, os gastos com salários de pessoal ou depreciação com a compra de máquinas adicionais para aumentar a produção.

Exemplo:

PRODUÇÃO	QUANTIDADE DE PESSOAL	SALÁRIOS
De 0 a 1.000	2	R$ 200,00
De 1.000 a 2.000	4	R$ 400,00
De 2.000 a 3.000	6	R$ 600,00

Representação gráfica:

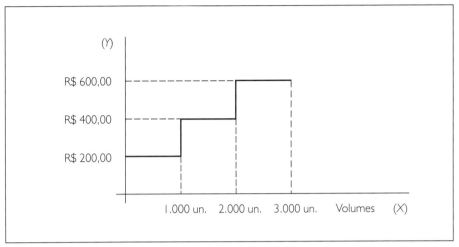

Gráfico 5.6 *Custos semifixos.*

É importante destacar que, até esta parte do livro, a MOD (Mão de obra Direta) foi comentada e tratada como um custo de natureza direta ou variável em relação à produção/venda. Esta afirmativa está restrita aos princípios que regem a contabilidade societária, que é da lei.

A partir desse instante, a MOD será tratada como um custo da estrutura fixa (dentro dos limites da capacidade instalada), como fazem parte também os salários dos demais funcionários que trabalham para que os objetivos de vendas sejam atingidos, inclusive rotinas administrativas com emissão de notas fiscais e escrituração de livros fiscais e contábeis.

Todos os gastos da empresa, a partir desse instante, serão tratados como custo.

5.2.5 Aplicação prática do sistema de custeio marginal

A metodologia do custeio marginal exige que os custos operacionais sejam separados em dois componentes:

- Custos pertencentes a cada produto ou serviço vendido, denominados de "custos marginais", que estão diretamente relacionados com as unidades vendidas;
- Custos que estão relacionados e necessários para manter determinada capacidade operacional instalada, denominados de "custos estruturais fixos – CEF".

a. **Exemplos de custos marginais – CM:**

- Custos das matérias-primas, mercadorias e materiais aplicados em serviços vendidos;
- Tributos incidentes sobre as vendas (IPI, ICMS, PIS, COFINS e ISS);
- Comissão variável sobre as vendas;
- Juros e descontos de duplicatas;
- Deságio de vendas com cartões de crédito etc.

b. **Exemplos de custos estruturais fixos (CEF):**

- Total de salários brutos (Folha de pagamento);
- Encargos sociais sobre salário (Capítulo 14);
- Pró-labore de diretores;
- Benefícios de funcionários;
- Manutenção de instalações;
- Manutenção de veículos;
- Manutenção de máquinas;
- Depreciação de equipamentos (Capítulo 13);
- Leasing de equipamentos;
- Aluguel predial;
- Telefones e internet;
- Contratos de assistência técnica;
- Equipamentos de segurança;
- Honorários de consultores;
- Material de escritório.

c. Exemplo de modelo de relatório de "Demonstração do Lucro" pelo custeamento marginal, de um período de tempo de 01/05 a 31/05/XX, ilustrado com valores hipotéticos, em R$ 1,00:

DEMONSTRAÇÃO DO LUCRO

(EM R$)

VENDAS REALIZADAS	PRODUTOS		MERCADORIAS		SERVIÇOS		CONSOLIDADO	
CONTAS	VALOR	%	VALOR	%	VALOR	%	VALOR	%
RECEITAS BRUTAS DE VENDAS	1.000.000	100%	500.000	100%	100.000	100,0%	1.600.000	100,0%
(−) CUSTOS MARGINAIS DAS VENDAS								
Custo matérias-primas, mercadorias e materiais	−250.000	−25,0%	−125.000	−25,0%	−15.000	−15,0%	−390.000	−24,4%
Impostos e contribuições sobre vendas	−180.000	−18,0%	−75.000	−15,0%	−15.000	−15,0%	−270.000	−16,9%
Comissões sobre vendas	−20.000	−2,0%	−15.000	−3,0%	−5.000	−5,0%	−40.000	−2,5%
Juros de descontos de duplicatas	−25.000	−2,5%	−12.500	−2,5%	−2.500	−2,5%	−40.000	−2,5%
Deságio cartões de créditos	0	0,0%	−5.000	−1,0%	0	0,0%	−5.000	−0,3%
LUCRO MARGINAL	525.000	52,5%	267.500	54%	62.500	62,5%	855.000	53,4%
(−) CUSTOS ESTRUTURAIS FIXOS-CEF	−327.500	−32,8%	−68.288	−14%	−46.400	−46,4%	−442.188	−27,6%
Total de salários brutos	−125.000	−12,5%	−25.000	−5,0%	−15.000	−15,0%	−165.000	−10,3%
Encargos sociais sobre salários	−92.500	−9,3%	−18.500	−3,7%	−11.100	−11,1%	−122.100	−7,6%
Benefícios de funcionários	−15.000	−1,5%	−4.000	−0,8%	−1.200	−1,2%	−20.200	−1,3%
Pro-labore de diretores	−20.000	−2,0%	−10.000	−2,0%	−2.000	−2,0%	−32.000	−2,0%
Manutenção de instalações	−8.000	−0,8%	−500	−0,1%	0	0,0%	−8.500	−0,5%
Serviços de segurança	−2.000	−0,2%	−1.000	−0,2%	0	0,0%	−3.000	−0,2%
Energia elétrica – demanda fixa	−12.000	−1,2%	−740	−0,1%	0	0,0%	−12.740	−0,8%
Manutenção de veículos	−7.000	−0,7%	−548	−0,1%	−7.000	−7,0%	−14.548	−0,9%
Manutenção de máquinas	−5.000	−0,5%	0	0,0%	0	0,0%	−5.000	−0,3%
Depreciação de equipamentos	−8.000	−0,8%	−1.500	−0,3%	0	0,0%	−9.500	−0,6%
Leasing de equipamentos	−3.000	−0,3%	0	0,0%	0	0,0%	−3.000	−0,2%
Aluguel predial	−8.000	−0,8%	−4.000	−0,8%	−8.000	−8,0%	−20.000	−1,3%
Telefones e Internet	−7.000	−0,7%	−1.000	−0,2%	−2.000	−2,0%	−10.000	−0,6%
Seguros do patrimônio	−3.000	−0,3%	0	0,0%	0	0,0%	−3.000	−0,2%
Equipamentos de segurança	−2.000	−0,2%	0	0,0%	0	0,0%	−2.000	−0,1%
Honorários de consultores	−8.000	−0,8%	−1.000	−0,2%	0	0,0%	−9.000	−0,6%
Material de Escritório	−2.000	−0,2%	−500	−0,1%	−100	−0,1%	−2.600	−0,2%
LUCRO OPERACIONAL (ANTES DO IRPJ/CSLL)	197.500	20%	199.212	40%	16.100	16,1%	412.812	25,8%

Breve descrição de cada conta relacionada há pouco:

d) **Custos marginais das vendas**
   - **Matéria-prima**: registrar o custo das matérias-primas aplicadas na proporção das quantidades dos produtos vendidos (ver capítulo 11 sobre manutenção de créditos);
   - **Mercadorias**: registrar custo de compra de mercadorias na proporção da quantidade vendida (ver capítulo 11 sobre manutenção de créditos);
   - **Materiais**: registrar o custo de compra de materiais aplicados nos serviços vendidos;
   - **Impostos sobre vendas**: registrar os impostos e contribuições incidentes sobre as vendas, tais como IPI, ICMS, ISS, PIS e COFINS;
   - **Comissões sobre vendas**: taxas variáveis pagas aos vendedores pelas vendas realizadas;
   - **Juros e descontos de duplicatas**: registrar encargos financeiros pagos em função de desconto de duplicatas ou manutenção de créditos rotativos de cobrança bancária;
   - **Deságio de cartões de crédito**: registrar taxas cobradas pelas administradoras de cartões sobre vendas realizadas com créditos ou os chamados débitos automáticos.

e) **Custos estruturais fixos**
   - **Total de salários brutos**: registrar o valor total bruto da folha de pagamento de todos os funcionários contratados, separando no exemplo do relatório de "Demonstração do Lucro" os que pertencem à divisão industrial, aos da área comercial e de serviços;
   - **Encargos sociais sobre salários**: registrar a taxa média de encargos sociais incidentes sobre a folha de pagamento, tais como: férias, 13º salário, INSS, FGTS, Risco Ambiental do Trabalho, SESI, Sebrae etc., conforme Capítulo 14 deste livro;
   - **Benefícios de funcionários**: registrar outros benefícios recebidos pelos funcionários em função do seu trabalho para a empresa, tais como: cestas básicas de mercadorias, seguro de vida em grupo, vale-transporte, vale-refeição, plano de assistência médica etc.;
   - *Pró-labore*: registrar o valor bruto do *pro-labore* provisionado para os diretores estatutários e sócios administradores;
   - **Manutenção de instalações**: registrar os custos incorridos com material de limpeza e conservação;
   - **Serviços de segurança**: registrar os custos incorridos com serviços de segurança de terceiros;

Classificação dos Custos e das Despesas

- **Energia elétrica**: registrar a provisão do custo de energia elétrica incorrida no mês, de conformidade com a demanda fixa contratada junto à Cia. de Energia. A demanda variável por consumo deve ser registrada na proporção do custo marginal de vendas;
- **Manutenção de veículos**: registrar provisão média mensal de gastos com manutenção, consertos, combustível, troca de óleo, seguros, licenciamento, IPVA etc.;
- **Manutenção de máquinas**: registrar a provisão de custo médio mensal com manutenção de máquinas e equipamentos preventiva e corretiva;
- **depreciação geral**: registrar a provisão mensal de depreciação de máquinas, equipamentos e instalações, conforme capítulo 13 deste livro;
- *Leasing* de equipamentos: registrar o valor do *leasing* de equipamentos mensal contratado;
- **Aluguel predial**: registrar o valor mensal da conta do aluguel a pagar, inclusive IPTU, se for de responsabilidade da empresa;
- **Telefones e Internet**: registrar a provisão por conta de custos com telefones, Internet e contratos para o uso de *speed*;
- **Contratos de assistência técnica**: registrar o valor das provisões mensais por conta de contratos de assistência técnica de computadores, sistemas, telefones, máquinas etc.;
- **Equipamentos de segurança**: registrar a provisão mensal por conta de gastos com equipamentos de segurança e proteção individual;
- **Honorários de consultores**: registrar a provisão de gastos mensais com serviços especializados de consultoria de gestão, qualidade, informática etc.
- **Material de escritório**: registrar a provisão média mensal de gastos com material de escritório, cópia, caneta, papel, sulfite, toner etc.

Nota: É importante lembrar que as receitas e os custos operacionais (marginais e fixos) devem ser apropriados pelo "princípio da competência de exercícios", a fim de não prejudicar a qualidade das informações obtidas.

O Capítulo 8 abordará a "análise dos custos indiretos" e o desdobramento de seus componentes fixos e marginais (variáveis).

5.3 Estudos de casos propostos e resolvidos

1. Classificar os custos e despesas extraídos do plano de contas da Indústria da Penha Ltda. IPL, tendo em vista o sistema de "**custeio por absorção**" e a legislação regente, conforme tabela abaixo, colocando um "x" nas respostas corretas:

Capítulo 5

CLASSIFICAÇÃO DOS CUSTOS E DAS DESPESAS – **ÓTICA FISCAL**											
CONTAS CONTÁBEIS	CPV	DESP ADM	DESP COML	DESP FINANC	CUSTO DIRETO	CUSTO IND	CUSTO FIXO	CUSTO VAR	DESP VAR	DESP FIXA
MATÉRIA-PRIMA CONSUMIDA										
SALÁRIOS ADMINISTRATIVOS										
SALÁRIOS SUPERVISORES PRODUÇÃO										
SALÁRIOS GERENTES ADMINISTRATIVOS										
ÁGUA CONSUMIDA ADMINISTRAÇÃO										
ENERGIA ELÉTRICA CONSUMIDA PRODUÇÃO										
ENERGIA ELÉTRICA CONSUMIDA ADMINISTRAÇÃO										
MÃO DE OBRA DIRETA										
COMISSÃO DE VENDA										
ALUGUEL DO ESCRITÓRIO										
FRETES DE ENTREGA										
HONORÁRIOS DE DIRETORES										
DEPRECIAÇÃO MÁQUINAS INDUSTRIAIS										
DEPRECIAÇÃO UTENSÍLIOS DE ESCRITÓRIO										
DESPESAS COM PROPAGANDA & MARKETING										
JUROS DE DESCONTO DE DUPLICATAS										
TAXAS BANCÁRIAS										

CPV – CUSTO DO PRODUTO VENDIDO
DESP. ADM. – DESPESA ADMINISTRATIVA
DESP COML – DESPESA COMERCIAL
DESP FINANC – DESPESA FINANCEIRA
DESP VAR – DESPESA VARIÁVEL
DESP FIXA – DESPESA FIXA
CUSTO VAR – CUSTO VARIÁVEL
CUSTO IND – CUSTO INDIRETO

Classificação dos Custos e das Despesas

2. Classificar os custos do plano de contas da Indústria da Penha Ltda. IPL, tendo em vista o sistema de marginal (*marginal costing*), conforme tabela abaixo, colocando um "x" na resposta correta:

CLASSIFICAÇÃO DOS CUSTOS – ÓTICA GERENCIAL		
CONTAS CONTÁBEIS	CUSTO ESTRUTURAL FIXO	CUSTO MARGINAL
MATÉRIA-PRIMA CONSUMIDA PROD. VEND.		
SALÁRIOS ADMINISTRATIVOS		
SALÁRIOS SUPERVISORES PRODUÇÃO		
SALÁRIOS GERENTES ADMINISTRATIVOS		
ÁGUA CONSUMIDA ADMINISTRAÇÃO		
ENERGIA ELÉTRICA CONSUMIDA PRODUÇÃO		
ENERGIA ELÉTRICA CONSUMIDA ADMINISTRAÇÃO		
MÃO DE OBRA DIRETA		
COMISSÃO DE VENDA		
ALUGUEL		
FRETES DE ENTREGA		
HONORÁRIOS DE DIRETORES		
DEPRECIAÇÃO MÁQUINAS INDUSTRIAIS		
DEPRECIAÇÃO UTENSÍLIOS DE ESCRITÓRIO		
PROPAGANDA & MARKETING		
JUROS DE DESCONTO DE DUPLICATAS		
TAXAS BANCÁRIAS		
CUSTO FIXO – está relacionado ao tamanho da capacidade instalada da empresa. CUSTO VARIÁVEL – guarda relação direta com as receitas de vendas.		

Capítulo 5

1. Solução provável do caso da IPL (custeio por absorção):

CLASSIFICAÇÃO DOS CUSTOS E DAS DESPESAS – **ÓTICA FISCAL**											
CONTAS CONTÁBEIS	CPV	DESP ADM	DESP COML	DESP FINANC	CUSTO DIRETO	CUSTO IND	CUSTO FIXO	CUSTO VAR	DESP VAR	DESP FIXA
MATÉRIA-PRIMA CONSUMIDA	X				X			X		
SALÁRIOS ADMINISTRATIVOS		X								X
SALÁRIOS SUPERVISORES PRODUÇÃO	X					X	X			
SALÁRIOS GERENTES ADMINISTRATIVOS		X								X
ÁGUA CONSUMIDA ADMINISTRAÇÃO		X								X
ENERGIA ELÉTRICA CONSUMIDA PRODUÇÃO	X				X			X		
ENERGIA ELÉTRICA CONSUMIDA ADMINISTRAÇÃO		X								X
MÃO DE OBRA DIRETA	X				X			X		
COMISSÃO DE VENDA			X						X	
ALUGUEL DO ESCRITÓRIO		X								X
FRETES DE ENTREGA			X						X	
HONORÁRIOS DE DIRETORES		X								X
DEPRECIAÇÃO MÁQUINAS INDUSTRIAIS	X					X	X			
DEPRECIAÇÃO UTENSÍLIOS DE ESCRITÓRIO		X								X
DESPESAS COM PROPAGANDA & MARKETING			X							X
JUROS DE DESCONTO DE DUPLICATAS				X					X	
TAXAS BANCÁRIAS				X						X

2. Solução provável do caso da IPL (custeio marginal):

CLASSIFICAÇÃO DOS CUSTOS – **ÓTICA GERENCIAL**		
CONTAS CONTÁBEIS	**CUSTO ESTRUTURAL FIXO**	**CUSTO MARGINAL**
MATÉRIA-PRIMA CONSUMIDA PROD. VENDIDO		X
SALÁRIOS ADMINISTRATIVOS	X	
SALÁRIOS SUPERVISORES PRODUÇÃO	X	
SALÁRIOS GERENTES ADMINISTRATIVOS	X	
ÁGUA CONSUMIDA ADMINISTRAÇÃO	X	
ENERGIA ELÉTRICA CONSUMIDA PRODUÇÃO		X
ENERGIA ELÉTRICA CONSUMIDA ADMINISTRAÇÃO	X	
*MÃO DE OBRA DIRETA (salário)	X	
COMISSÃO DE VENDA		X
ALUGUEL	X	
FRETES DE ENTREGA		X
HONORÁRIOS DE DIRETORES	X	
DEPRECIAÇÃO MÁQUINAS INDUSTRIAIS	X	
DEPRECIAÇÃO UTENSÍLIOS DE ESCRITÓRIO	X	
PROPAGANDA & MARKETING	X	
JUROS DE DESCONTO DE DUPLICATAS		X
TAXAS BANCÁRIAS	X	
CUSTO FIXO – está relacionado ao tamanho da capacidade instalada da empresa. CUSTO VARIÁVEL – guarda relação direta com as receitas de vendas.		

Observações importantes:

O custo para ser considerado e classificado como variável ou marginal, entendemos que tem que possuir o atributo de valor considerado relevante, a fim de justificar a sua quantificação em relação às receitas de vendas geradas.

São exemplos típicos as contas de água e energia elétrica, consumidas pela administração de uma empresa, consideradas, em princípio, como valores irrelevantes.

*Mão de obra direta: é custo fixo, pois está vinculado a contrato de trabalho, além de integrar o custo da capacidade instalada.

6

Análise do Ponto de Equilíbrio

6.1 Introdução

A análise do equilíbrio entre receitas de vendas e custos é muito importante como instrumento de decisão gerencial. O sucesso financeiro de qualquer empreendimento empresarial está condicionado à existência da melhor informação gerencial.

No rol das informações mínimas e indispensáveis para a decisão, está a "análise do ponto de equilíbrio".

O ponto de equilíbrio será obtido quando o total dos lucros marginais, de todos os produtos comercializados, equivalerem ao custo estrutural fixo do mesmo período de tempo objeto da análise.

A informação, também conhecida como a do faturamento mínimo que uma empresa precisa obter para não incorrer em prejuízo, é de importância vital para a gestão de um negócio.

Para determinar o ponto de equilíbrio, a empresa necessita classificar de forma adequada seus custos estruturais fixos, por exemplo, de um mês, e conhecer o lucro marginal formado pelo "*mix*" de todos os produtos vendidos no mesmo mês. Por exemplo:

	DEMONSTRAÇÃO DO LUCRO					
PRODUTOS	A	%	B	%	TOTAL	%
Volume	100 un.	67	50 un.	33	150 un.	100
Preço unitário	R$ 10,00 un.		R$ 5,00 un.			
Receita total	R$ 1.000,00	100	R$ 250,00	100	R$ 1.250,00	100
Custos marginais	(R$ 500,00)	(50)	(R$ 75,00)	30	(R$ 575,00)	46
Lucros marginais	R$ 500,00	50	R$ 175,00	70	R$ 675,00	54
Custos estrut. fixos					(R$ 550,00)	(44)
Lucro operacional					R$ 125,00	10

No caso ilustrado, o ponto de equilíbrio ocorre quando a empresa atingir a marca de R$ 1.018,52 de faturamento, o total do lucro marginal dos produtos A e B, desde que vendidos na mesma proporção.

Caso ocorrer faturamento em volume maior do produto B, no "mix", o ponto de equilíbrio será atingido mais rapidamente em razão de participar com maior contribuição marginal.

As vendas de 67% e 33%, respectivamente dos produtos A e B, resultaram no ponto de equilíbrio, no montante de R$ 1.018,52 que pode ser assim comprovado:

DEMONSTRAÇÃO DO LUCRO (NO PONTO DE EQUILÍBRIO)		
Vendas	R$ 1.018,52	100%
(–) Custos marginais	(R$ 468,52)	46%
= Lucros marginais	R$ 550,00	54%
(–) Custos estruturais fixos	(R$ 550,00)	(54%)
= Lucro operacional	0	0

Portanto, o lucro resultante é zero, comprovando dessa forma a teoria do ponto de equilíbrio.

Na sequência desenvolvemos a fundamentação básica para a aplicação prática da análise do ponto de equilíbrio.

Representação gráfica dos custos, receitas e ponto de equilíbrio:

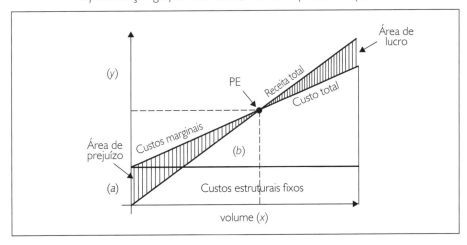

Gráfico 6.1 *Representação gráfica do ponto de equilíbrio (PE).*

6.2 Contribuição marginal (CM)

Como os custos de uma empresa podem ser agrupados em custos estruturais fixos e custos marginais, conforme conceituação, definimos lucro marginal como "contribuição para a formação do lucro", "contribuição para cobrir o custo fixo e proporcionar lucro", "margem de contribuição", "receita marginal", "lucro marginal" e outras denominações que veiculam a ideia de diferença entre o preço de vendas e o custo marginal, como, por exemplo:

	Receita de venda unitária	R$ 2,00
(−)	Custo marginal unitário	R$ (0,80)
	Lucro marginal	R$ 1,20

Isso significa que R$ 2,00 de vendas contribuem com R$ 1,20, ou, melhor ainda, cada unidade vendida "contribui" com R$ 1,20 para cobrir o total do custo estrutural fixo da empresa e, dependendo do volume de venda praticado, participa da formação do lucro.

O conceito de lucro marginal leva-nos também à noção da demonstração marginal da conta de resultados. Supondo-se, por exemplo, que a empresa em consideração esteja fabricando e vendendo 600 unidades e que seu custo fixo seja de R$ 600,00, teremos:

DEMONSTRAÇÃO DO LUCRO	
Vendas: 600 unidades a R$ 2,00	R$ 1.200,00
Custo marginal: 600 unidades a R$ 0,80	(R$ 480,00)
Lucro marginal	R$ 720,00
Custo estrutural fixo	(R$ 600,00)
Lucro líquido	R$ 120,00

Podemos obter o índice do custo marginal do exemplo anterior, que é a porcentagem do custo marginal unitário em relação ao preço de venda unitário, isto é:

Custo marginal unitário = R$ 0,80 (a)
Preço de venda unitário = R$ 2,00 (b)

$$\text{Índice do custo marginal} = \frac{a}{b} \times 100 = \frac{0,80}{2,00} \times 100 = 40\%$$

Isso significa que 40% do preço de venda é representado pelo custo marginal.

Subtraindo-se agora 100% do índice do custo marginal que no caso é 40%, obtém-se 60%, porcentagem essa que é denominada índice do lucro marginal, ou seja:

Índice do lucro marginal = 100% − 40% = 60%

O índice do lucro marginal significa, em termos percentuais, quanto cada unidade vendida ou o total das vendas "contribui" para cobrir o custo estrutural fixo e conforme o nível de venda praticado proporcionar lucro.

Outra maneira de se obter o índice do lucro marginal:

$$\frac{\text{preço de venda} - \text{custo marginal}}{\text{preço de venda}} \times 100$$

$$= \frac{\text{lucro marginal}}{\text{preço de venda}} =$$

$$= \frac{R\$\, 2{,}00 - R\$\, 0{,}80}{R\$\, 2{,}00} \times 100 =$$

$$= \frac{R\$\, 1{,}20}{R\$\, 2{,}00} \times 100 = 60\%$$

Ou, ainda:

$$\text{Índice de lucro marginal}$$

$$\frac{\text{receita total de vendas} - \text{custo marginal total}}{\text{receita total de vendas}} =$$

$$= \frac{\text{lucro marginal}}{\text{receita total de vendas}} =$$

$$= \frac{R\$\, 1.200{,}00 - R\$\, 480{,}00}{R\$\, 1.200{,}00} \times 100$$

$$= \frac{R\$\, 720{,}00 \times 100}{R\$\, 1.200{,}00} = 60\%$$

6.3 Objetivos da análise do ponto de equilíbrio

Uma vez obtido o lucro marginal pelo sistema de custeio marginal, poderá ser calculado o ponto de equilíbrio da empresa, a fim de se averiguar o nível mínimo de vendas que deve ser praticado para se obter determinado montante de lucro.

Em outras palavras, o equilíbrio equivale ao faturamento mínimo de vendas que uma empresa deve realizar para não incorrer em prejuízo.

O cálculo do ponto de equilíbrio (receitas totais = custos totais), por meio de modelos linearizantes, tem, de certa forma, atendido satisfatoriamente às decisões empresariais relativas a:

    a. alteração do *"mix"* de vendas, tendo em vista o comportamento do mercado;
    b. alteração de políticas de vendas com relação a lançamento de novos produtos;
    c. definição do *"mix"* de produtos, do nível de produção e preço do produto;
    d. solução a muitas perguntas que exigem respostas rápidas, tais como:

Capítulo 6

- Quantas unidades de produto devem ser vendidas para se obter determinado montante de lucro?
- O que acontecerá com o lucro se o preço aumentar ou diminuir?
- O que acontecerá com o ponto de equilíbrio se determinada matéria-prima aumentar em 10% e não tiver condições de ser repassada aos preços dos produtos?

e. avaliação de desempenho por meio da análise do lucro marginal de cada unidade vendida;

f. planejamento e controle de vendas e de resultados etc.

6.4 Condições para a aplicação da análise do ponto de equilíbrio

Além dos aspectos citados, para que seja possível a aplicação das relações do custo, volume e lucro na análise do ponto de equilíbrio, há necessidade de que haja os seguintes pressupostos básicos:

a) que o comportamento dos custos e das receitas seja confiavelmente determinado e linear dentro do intervalo de relevância, que representa a amplitude de sua capacidade instalada;

b) o retrato razoavelmente exato seja o de separar os custos em seus componentes fixos e marginais;

c) admita-se, como foi mencionado nos tópicos anteriores, a linearidade dos custos mediante a equação: $y = a + bx$, que, após a dedução, constituir-se-á nos pontos de equilíbrio (PE) em unidades e em valores, como seguem:

Função linear dos custos:

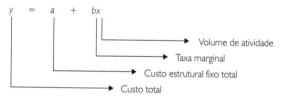

Sistema cartesiano:

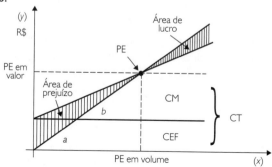

Gráfico 6.2 *Representação gráfica do ponto de equilíbrio (PE).*

Dedução da fórmula do PE

Hipóteses: x ≥ 1

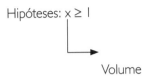

Volume

Fórmula para cálculo do PE em unidades:

Admitindo-se que $px = a + bx$ e colocando-se em evidência o "x" na equação, teremos:

$px = a + bx$

$px - bx = a$

$x(p - b) = a$

$x = \dfrac{a}{p - b}$ equivalente a dizer que:

$PE_{unidades} = \dfrac{CEF}{PVU - CMU}$

a = CEF (Custo Estrutural Fixo)

p = PVU (Preço Venda Unitário)

b = CMU (Custo Marginal Unitário)

A diferença entre PVU – CMU representa o lucro marginal unitário de um produto ou serviço vendido:

Exemplo de cálculo do lucro marginal unitário:

Produto: "Solar"

PVU = preço de venda unitário R$ 1,50

TM = Taxa marginal de 60% do preço de venda

LMU = PVU – TV × PVU

LMU = R$ 1,50 – (0,6 × R$ 1,50)

LMU = R$ 1,50 – R$ 0,90 = R$ 0,60

Fórmula para o cálculo do PE em valor:

Partindo-se do equilíbrio, onde $px = a + bx$ e colocando-se em evidência, na equação "px" temos:

Capítulo 6

$$px = a + bx$$
$$px - bx = a$$
$$px\left(1 - \frac{b}{p}\right) = a$$
$$px = \frac{a}{1 - \frac{b}{p}}, \text{ que equivale a dizer que:}$$

$$PE_{valor} = \frac{CEF}{1 - \frac{CMU}{PVU}}$$

Proporção relativa da margem do lucro marginal é igual a:

$$1 - \frac{b \text{ (custo marginal)}}{p \text{ (preço de venda)}}$$

Resumindo o ponto de equilíbrio (PE), que denominaremos contábil, teremos:

Em volume:

$$PE_{unidades} = \frac{\text{Custo estrutural fixo (CEF)}}{\text{Preço de venda unitário (PVU)} - \text{Custo marginal unitário (CMU)}}$$

$$PE_{unidades} = \frac{\text{Custo estrutural fixo (CEF)}}{\text{Lucro marginal unitário (LMU)}}$$

Em valor:

$$PE_{valor} = \frac{\text{Custo estrutural fixo (CEF)}}{1 - \frac{\text{Custo marginal}}{\text{Preço de venda}}}$$

ou, ainda:

$$PE_{valor} = \frac{\text{Custo estrutural fixo (CEF)}}{\text{Proporção relativa do lucro marginal}}$$

ou, ainda:

$$PE_{valor} = PE_{unidades} \times \text{Preço de venda unitário (PVU)}$$

6.5 Limitações da análise do ponto de equilíbrio

Na análise das relações custo-volume-lucro, deverão ser levados em consideração os seguintes aspectos:

- Variação de um componente: considerar mudança no preço sem a influência nos demais componentes; na realidade, quando muda um componente, pode mudar o outro;
- Custos estruturais fixos e marginais: geralmente, o comportamento do custo fixo não é tão constante como mostra o Gráfico 6.2 e o custo marginal tem certos aspectos que não variam sempre proporcionalmente ao volume;
- Análise estatística: as próprias dificuldades existentes na montagem dos dados para a análise não levam em consideração todo o dinamismo envolvido nas empresas e no dia a dia dos negócios.

6.6 Aplicação prática da análise do ponto de equilíbrio

Supomos que a empresa "JAL" comercialize o produto denominado "Jatinho" e tenha projetado para o mês de março/20XX os seguintes dados hipotéticos:

– Volume de vendas previsto = 100.000 un.
– Preço de venda unitário = R$ 1,50
– Custos marginais de vendas = 60%
– Custos estruturais fixos do mês = R$ 30.000,00

PEDE-SE:

1. Cálculo do ponto de equilíbrio em unidades e valor.
2. Justificação do ponto de equilíbrio.
3. Representação gráfica do ponto de equilíbrio.

Solução provável:

1. Cálculo do ponto de equilíbrio:

Em valor:

$$PE_{valor} = \frac{CEF}{1 - \frac{CMU}{PVU}} = \frac{R\$ \ 30.000,00}{1 - \frac{R\$ \ 0,90}{R\$ \ 1,50}}$$

$$PE_{valor} = \frac{30.000,00}{1 - 0,6} = \frac{R\$ \ 30.000,00}{0,4}$$

$$PE_{valor} = R\$ \ 75.000,00$$

Portanto, o faturamento mínimo de vendas a ser praticado será de R$ 75.000,00.

Em unidades:

$$PE_{unidades} = \frac{PE\ valor}{Preço\ de\ venda\ unitário}$$

$$PE_{unidades} = \frac{R\$\ 75.000,00}{R\$\ 1,50} = 50.000\ un.$$

Portanto, o ponto de equilíbrio será alcançado quando as vendas atingirem o patamar de 50.000 unidades ao preço unitário de R$ 1,50.

2. Justificação do ponto de equilíbrio:

A justificação poderá ser feita por meio da elaboração de uma Demonstração do lucro no ponto de equilíbrio, que é a seguinte:

Receitas (50.000 un. a R$ 1,50)	R$ 75.000,00	100%
(–) Custos marginais totais	(R$ 45.000,00)	(60%)
(=) Lucro marginal	R$ 30.000,00	40%
(–) Custos estruturais fixos do mês	(R$ 30.000,00)	(40%)
(=) Lucro	0,00	0

3. Representação gráfica:

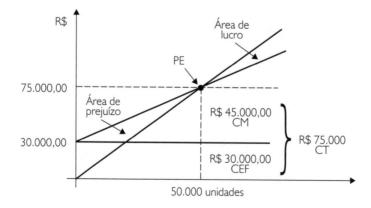

CM = Custo Marginal
CEF = Custo Estrutural Fixo
CT = Custo Total

6.7 Ponto de equilíbrio econômico

O ponto de equilíbrio econômico (PEE) é aquele em que as receitas totais são iguais aos custos totais acrescidos de um lucro mínimo de retorno do capital investido, que poderá ser elucidado pelo seguinte exemplo:

A "Empresa 2B" comercializa o produto "Z" por dúzia e fez as seguintes projeções hipotéticas, para os últimos meses do ano:

- Volume de vendas previsto = 300 dúzias
- Preço de venda por dúzia = R$ 50,00
- Lucro marginal = 50%
- Custos estruturais fixos do período = R$ 2.500,00
- Retorno desejado de lucro de 1,5% s/ o capital investido = R$ 200.000,00

Pede-se:
1. O cálculo do ponto de equilíbrio econômico em unidades e valor.
2. Justificação do ponto de equilíbrio econômico.

Solução provável:
1. Cálculo do ponto de equilíbrio econômico (PEE):

$$PEE_{unidades} = \frac{CEF + \text{Retorno desejado de lucro}}{LMU} = \frac{R\$ \ 2.500,00 + R\$ \ 3.000,00}{0,5 \times R\$ \ 50,00 \ dz.}$$

$$PEE_{unidades} = \frac{R\$ \ 5.500,00}{R\$ \ 25,00 \ dz.} \qquad PEE_{unidades} = 220 \ dz.$$

Dentro das condições estabelecidas, o volume mínimo de vendas a ser praticado do produto "Z" será, portanto, de 220 dúzias.

$$PEE_{valor} = \frac{CEF + \text{Retorno desejado de lucro}}{1 - \dfrac{CMU}{PVU}}$$

$$PEE_{valor} = \frac{R\$ \ 2.500,00 + R\$ \ 3.000,00}{1 - \dfrac{R\$ \ 25,00}{R\$ \ 50,00}}$$

$$PEE_{valor} = \frac{R\$ \ 5.500,00}{1 - 0,5}$$

$$PEE_{valor} = \frac{R\$ \ 5.500,00}{0,5} \qquad PEE_{valor} = R\$ \ 11.000,00$$

O ponto de equilíbrio será alcançado quando as vendas atingirem o patamar de R$ 11.000,00.

2. Justificação do ponto de equilíbrio econômico:

A justificação poderá ser feita mediante a elaboração de uma Demonstração do lucro no ponto de equilíbrio econômico:

Receitas (220 dúzias a R$ 50,00)	R$ 11.000,00	100%
(–) Custos marginais	(R$ 5.500,00)	(50%)
(=) Lucro marginal	R$ 5.500,00	50%
(–) Custos estruturais fixos do período	(R$ 2.500,00)	(23%)
(=) Retorno planejado de lucro	R$ 3.000,00	27

Portanto, o lucro planejado de R$ 3.000,00 equivale ao retorno de investimento desejado.

6.8 Margem de segurança operacional

Entende-se por margem de segurança operacional (MSO) o diferencial entre o total de vendas planejadas e as vendas no ponto de equilíbrio de uma empresa.

Em termos operacionais, quanto maior for a margem de segurança operacional maiores serão as possibilidades de negociação de preços envolvendo as relações custo, volume e lucro, principalmente quando a empresa participa de um mercado altamente competitivo.

A margem de segurança operacional (MSO) pode ser apurada em unidades, em valor e em porcentagem.

Conhecendo o percentual da margem de segurança operacional e o percentual do lucro marginal, podemos chegar ao percentual de lucro.

Seguindo com o exemplo do item 6.6 (aplicação prática da análise):

Produto: "Jatinho"
Mês: março/200x
Dados:

Volume de vendas previsto	= 100.000 un.
Preço de venda unitário	= R$ 1,50
Custos marginais de vendas	= 60%
Total de receitas previstas (100.000 un. a R$ 1,50 un.)	= R$ 150.000,00
Ponto de equilíbrio em faturamento	= R$ 75.000,00
Ponto de equilíbrio em unidades	= 50.000 un.

Pede-se:

1. Margem de segurança operacional (MSO) em unidades, em faturamento e em porcentagem.
2. Percentual de lucro da operação.
3. Prova do percentual de lucro encontrado.

Solução provável:

1. Margem de segurança operacional (MSO):

    - MSO em unidade = vendas planejadas (–) vendas no ponto de equilíbrio
      MSO em unidades = 100.000 un. – 50.000 un. = 50.000 un.
    - MSO em faturamento = (100.000 un. a R$ 1,50 un.) (–) R$ 75.000,00
      MSO em faturamento = R$ 150.000,00 – R$ 75.000,00
      MSO em faturamento = R$ 75.000,00
    - MSO em percentagem = $\dfrac{\text{MSO em valor}}{\text{vendas planejadas}}$

      MSO em percentagem = $\dfrac{\text{R\$ 75.000,00}}{\text{R\$ 150.000,00}}$

      MSO em percentagem = 0,5 ou 50%

2. Percentual do lucro da operação:

O percentual de lucro poderá ser calculado por meio da seguinte fórmula:

% Lucro = % MSO × % LM

Cálculo do lucro marginal:

Lucro marginal (LM)

$$\% \text{ LM} = \dfrac{\text{vendas planejadas} - \text{custos marginais}}{\text{vendas planejadas}}$$

$$\% \text{ LM} = \dfrac{\text{R\$ 150.000,00} - (0,60 \times \text{R\$ 150.000,00})}{\text{R\$ 150.000,00}}$$

$\% \text{ LM} = \dfrac{\text{R\$ 60.000,00}}{\text{R\$ 150.000,00}}$; logo, % LM = 0,4 ou 40%

Agora, multiplicando-se a porcentagem da MSO pelo LM, teremos a porcentagem do lucro líquido, assim calculada:

$$\% \text{ Lucro} = \dfrac{50\% \times 40\%}{100\%}$$

Capítulo 6

Logo:
% Lucro = **20%**

Essa prova de cálculo poderá ser realizada por meio da demonstração do lucro da seguinte maneira:

DEMONSTRAÇÃO DO LUCRO		
Vendas planejadas	R$ 150.000,00	100%
(−) Custos marginais	(R$ 90.000,00)	(60%)
(=) Lucro marginal	R$ 60.000,00	40%
(−) Custos estruturais fixos	(R$ 30.000,00)	(20%)
(=) Lucro operacional	R$ 30.000,00	20%

A prova está na comprovação do percentual relativo de lucro encontrado, que equivale ao mesmo resultado obtido na multiplicação do percentual da margem de segurança operacional pelo percentual do lucro marginal, no caso de 20%.

6.9 Ponto de equilíbrio de produtos com lucro marginal diferente

O princípio básico para se chegar ao "ponto de equilíbrio" de produtos com lucro marginal diferente não difere muito das fórmulas tradicionais, o que talvez possa gerar um pouco mais de trabalho, por causa das ponderações que deverão ser feitas entre os vários produtos com volume e margens diferentes.

Para melhor elucidação deste assunto, vamos partir do seguinte exemplo:

A "Empresa Eficaz", fabricante dos produtos "E1" e "E2", projetou os seguintes dados hipotéticos para o corrente mês:

ITEM \ PRODUTOS	E1	E2	TOTAL
Preço de venda unitário	R$ 2,00 un.	R$ 3,00 un.	−
Lucro marginal	40%	50%	−
Volume de vendas previsto	50 un.	30 un.	80 un.
Previsão de vendas em volume	62,5%	37,5%	100%
CEF do período	−	−	R$ 60,00

As fórmulas tradicionais, como foram vistas para o cálculo do ponto de equilíbrio de um único produto, principalmente para a determinação das unidades mínimas necessárias de vendas, são as seguintes:

Análise do Ponto de Equilíbrio

$$PE_{unidades} = \frac{CEF \text{ (Custo estrutural fixo)}}{LMU \text{ (Lucro marginal unitário)}}$$

$$PE_{valor} = \frac{CEF}{\% LM \text{ (Lucro marginal)}}$$

Para calcularmos o ponto de equilíbrio, ou o volume mínimo de vendas que uma empresa precisa realizar para não incorrer em prejuízo nem realizar lucro, deveremos observar o seguinte esquema, com ponderação dos dados:

Ponto de equilíbrio:

Fórmula básica do PE em valor, considerando a existência de mais de um produto:

$$PE_{valor} = \frac{CEF}{\dfrac{PLMi \times pi \times Qi}{pi \times Qi}} = \text{Proporção do lucro marginal } (mix)$$

Entende-se por:

- pi = preço de venda unitário por produto
- Qi = volume previsto de vendas por produto
- $PLMi$ = proporção do lucro marginal por produto
- S = somatório
- PE = ponto de equilíbrio

No exemplo dado para valor:

$$PE_{valor\,(mix)} = \frac{R\$\,60{,}00}{\dfrac{(0{,}40 \times R\$\,2{,}00\,un. \times 50\,un.) + (0{,}50 \times R\$\,3{,}00\,un. \times 30\,un.)}{(R\$\,2{,}00\,un. \times 40\,un.) + (R\$\,3{,}00\,un. \times 30\,un.)}}$$

$$PE_{valor\,(mix)} = \frac{R\$\,60{,}00}{\dfrac{R\$\,85{,}00}{R\$\,190{,}00}}$$

$$PE_{valor\,(mix)} = \frac{R\$\,60{,}00}{0{,}447368}$$

$$PE_{valor\,(mix)} = R\$\,134{,}00$$

Capítulo 6

Assim distribuído por produto:

PRODUTOS	MIX DE VENDAS PLANEJADAS	TOTAL	% PARTICIPAÇÃO	PE EM VALOR	PREÇO VENDA UN.	PE EM UNIDADES
E1	50 un. × R$ 2,00 =	R$ 100,00	52,6%	= R$ 70,00	: R$ 2,00	= 35 un.
E2	30 un. × R$ 3,00 =	R$ 90,00	47,4%	= R$ 64,00	: R$ 3,00	= 21 un.
Totais		R$ 190,00	100%	= R$ 134,00		56 un.

No exemplo dado para unidades:

$$PE_{unidades\,(mix)} = \frac{CEF}{LMUi \times Xi} = \text{Lucro marginal unitário } (mix)$$

Entende-se por:

Xi = Volume previsto de venda por produto

$LMUi$ = Lucro marginal por unidade

$$PE_{unidades\,(mix)} = \frac{R\$\ 60{,}00}{\dfrac{(R\$\ 0{,}80\ un. \times 50\ un.) + (R\$\ 1{,}50\ un. \times 30\ un.)}{80\ un.}}$$

$$PE_{unidades\,(mix)} = \frac{R\$\ 60{,}00}{\dfrac{R\$\ 40{,}00 + R\$\ 45{,}00}{80\ un.}}$$

$$PE_{unidades\,(mix)} = \frac{R\$\ 60{,}00}{\dfrac{R\$\ 85{,}00}{80\ un.}} \qquad PE_{unidades\,(mix)} = \frac{R\$\ 60{,}00}{1{,}0625}$$

$PE_{unidades\,(mix)}$ = 56 unidades, assim distribuídas por produto:

PRODUTOS	% PARTICIPAÇÃO	PE EM UNIDADES
E1	50 un. = 62,5%	35 un.
E2	30 un. = 37,5%	21 un.
Totais	80 un. = 100,0%	56 un.

Justificação do ponto de equilíbrio em valor:

Análise do Ponto de Equilíbrio

DEMONSTRAÇÃO DO LUCRO			
VENDAS NO PONTO DE EQUILÍBRIO		TOTAIS	%
E1	R$ 70,00		
E2	R$ 64,00	134,00	100%
(–) Custos marginais			
E1	R$ 42,00		
E2	R$ 32,00	(R$ 74,00)	(55%)
(=) Lucro marginal			
E1	R$ 28,00		
E2	R$ 32,00	R$ 60,00	45%
(–) Custos estruturais fixos		(R$ 60,00)	(45%)
(=) Lucro		0	0

O lucro é nulo e, portanto, a tese da linearidade para produtos com lucros marginais diferentes é válida, apesar da aparente arbitrariedade provocada pelos rateios dos custos estruturais fixos aos produtos, com base na participação relativa do *mix* das vendas previstas. Acreditamos que essa análise possa ser útil para o planejamento das vendas e dos lucros, principalmente quando a preocupação for calcular o Ponto de Equilíbrio Econômico, que deve cobrir não só os custos estruturais fixos da estrutura empresarial, mas também a remuneração do capital operacional investido.

6.10 Questões propostas e resolvidas

a) Questões

1. Qual é o objetivo do cálculo do "PE – Ponto de equilíbrio"?
2. Calcular o PE de uma empresa qualquer com base nos seguintes dados:
   – Volume planejado de vendas = 10.000 unidades;
   – Preço médio unitário de venda = R$ 50,00;
   – Custo médio marginal/variável de venda = R$ 25,00;
   – Custo estrutural fixo do período = R$ 100.000.
3. Calcular MSO – margem de segurança operacional, em valor e porcentagem com base nos seguintes dados:
   – Total de vendas planejadas = R$ 400.000;
   – Total de vendas no PE = R$ 200.000.

Capítulo 6

b) **Soluções prováveis**

1. O objetivo do cálculo do "PE-ponto de equilíbrio" é o de obter o valor acumulado de faturamento de vendas que equivale ao montante do custo total (fixos e marginais) do mesmo período. A partir do valor da receita de vendas equivalente ao PE, a empresa começa a formar o seu lucro na proporção do "lucro marginal" obtido.

2. Cálculo do PE, conforme dados, em R$:

Volume planejado de vendas:	10.000	unidades
Preço de venda:	50	unidades
Custo marginal/variável	25	unidades
Custo estrutural fixo:	100.000	
Lucro marginal	25	unidades

O cálculo poderá ser obtido dividindo o valor do custo estrutural fixo pelo lucro marginal unitário, cujo resultado resultará no PE em volume, que multiplicado pelo preço de venda equivalerá no PE em valor de receitas de vendas.

Outra alternativa de cálculo é: pegar o valor do custo estrutural fixo dividido pela porcentagem do lucro marginal.

DRE NO PE	R$	%
Receitas de vendas	500.000	100%
(–) Custo marginal/variável	– 250.000	– 50%
Lucro marginal	250.000	50%
(–) Custo estrutural fixo	– 100.000	– 40%
Lucro operacional	150.000	30%
Ponto de equilíbrio	200.000	40%

Análise do Ponto de Equilíbrio

Portanto, o PE equivale ao valor acumulado de receitas de vendas de R$ 200.000,00, cujo lucro é assim demonstrado:

DRE NO PE	R$	%
Receitas de vendas	200.000	100%
(–) Total custo marginal	– 100.000	– 50%
Lucro marginal	100.000	50%
(–) Custo estrutural fixo	– 100.000	– 50%
Lucro operacional	0	0%

3. O cálculo da MSO – margem de segurança operacional pode ser assim obtida: basta pegar o valor das vendas projetadas e diminuir o valor das vendas no PE, que no caso temos R$ 400.000 de receitas menos R$ 200.000 do PE, teremos, então, o valor correspondente à MSO, de R$ 200.000 ou o equivalente a 50% das vendas. Quanto maior a MSO maior é a possibilidade de mudar *mix* de vendas e reduzir preços dependendo do volume praticado, em uma negociação.

7

Relações do Custo com o Volume e o Lucro

7.1 Introdução

A frenética competição do mundo globalizado tem provocado mudanças radicais nos processos e na mentalidade empresarial. Tudo isso para que as empresas se ajustem a novos moldes operacionais para estarem na dianteira da concorrência.

De um lado, a empresa tem o mercado e a concorrência também atuando neste mesmo mercado. De outro lado, a empresa necessita de informações de custos para analisar concomitantemente os reflexos de aumento e/ou redução de custos, preços, volumes e *mix* de produtos.

Pode ocorrer situação de a empresa ter que manter preços constantes com aumento de custos e buscar a compensação via incremento de volumes.

Julgamos de extrema importância gerencial o ferramental que propicia meios de analisar as relações custo, volume e lucro dos negócios de uma empresa. Esta análise dará respostas a perguntas do tipo: *"O que acontecerá com o resultado se alterar preços, volume e custos?"*

Para que a informação seja rápida, é necessário manter seu "banco de dados" atualizado e priorizando os seguintes dados:

- custos estruturais fixos;
- lucro marginal por produto;
- *mix* de produtos planejados e realizados;
- evolução dos preços de venda dos produtos;
- sistema que propicie a "otimização da produção e vendas";
- sistema de apuração instantânea do lucro marginal de cada produto e do lucro da empresa como um todo.

Os dados referidos são indispensáveis a qualquer análise custo-lucro-volume, e é essencial que sua comparação seja adequada para obtenção de conclusões que mereçam confiança.

Custo, preço e volume são os fatores medidos no planejamento e na análise de variação do lucro. O preço de venda geralmente é de controle limitado, mas custo e volume possuem elementos mais controláveis e normalmente seu relacionamento é mais solicitado.

7.2 Reflexos no lucro em decorrência de mudanças no preço, no volume e nos custos

Para ilustrar os reflexos no lucro e no "ponto de equilíbrio" em decorrência de variações no preço, no volume e nos custos, tomamos por base o seguinte exemplo:

Tipo de produto:	ZF
Volume planejado de vendas	400 unidades
Preço de venda unitário	R$ 2,00
Custo marginal de venda, por un.	R$ 1,00
Custos estruturais fixos – mensal	R$ 320,00

a. Qual é a influência de MUDANÇA DE PREÇO com o mesmo volume?

DEMONSTRAÇÃO DO LUCRO	COM VARIAÇÕES DE PREÇO				
Variação de preço	0,0	– 20%	– 10%	10%	20%
Volume de venda, em unidades	400	400	400	400	400
Preço de venda por unidade	2,00	1,60	1,80	2,20	2,40
Custo marginal por unidade	1,00	1,00	1,00	1,00	1,00
Receitas vendas	800,00	640,00	720,00	880,00	960,00
(–) Custos marginais	(400,00)	(400,00)	(400,00)	(400,00)	(400,00)
Lucros marginais	400,00	240,00	320,00	480,00	560,00
(–) Custos estruturais fixos	(320,00)	(320,00)	(320,00)	(320,00)	(320,00)
Lucro operacional	80,00	(80,00)	–	160,00	240,00
PE Quant. = CEF: (PVU – CMU)	320	533	400	267	229

PE – Ponto de Equilíbrio
CMU – Custo Marginal por Unidade
PVU – Preço de Venda Unitário
CEF – Custo Estrutural Fixo

O exemplo mostra que o lucro torna-se nulo com a diminuição de 10% do preço de venda e dobra com o acréscimo de 10% no preço. Já o ponto de equilíbrio torna-se mais alto com a redução do preço de venda.

b. Qual é a influência da MUDANÇA NO VOLUME DE VENDA com o mesmo preço?

DEMONSTRAÇÃO DO LUCRO	COM VARIAÇÕES DE PREÇO				
Variação de volume	0,0	−20%	−10%	10%	20%
Volume de venda, em unidades	400	320	360	440	480
Preço de venda por unidade	2,00	2,00	2,00	2,00	2,00
Custo marginal por unidade	1,00	1,00	1,00	1,00	1,00
Receitas vendas	800,00	640,00	720,00	880,00	960,00
(−) Custos marginais	(400,00)	(320,00)	(360,00)	(440,00)	(480,00)
Lucros marginais	400,00	320,00	360,00	440,00	480,00
(−) Custos estruturais fixos	(320,00)	(320,00)	(320,00)	(320,00)	(320,00)
Lucro operacional	80,00	–	40,00	120,00	160,00
PE Quant. = CEF: (PVU − CMU)	320	320	320	320	320

O exemplo mostra que o lucro torna-se nulo com a redução de 20% e aumenta em 100% com acréscimo de 20% no volume de venda, enquanto no exemplo anterior para a mesma variação de lucro somente a metade do percentual na variação de preço faria o mesmo efeito.

O "ponto de equilíbrio" permanece o mesmo porque os custos marginais modificam-se na mesma proporção do volume.

c. Qual é a influência no lucro de uma MUDANÇA NO PREÇO E INVERSAMENTE NO VOLUME?

DEMONSTRAÇÃO DO LUCRO	COM VARIAÇÕES DE PREÇO				
Variação de preço	0%	20%	10%	−10%	−20%
Variação de volume	0%	−20%	−10%	10%	20%
Volume de venda, em unidades	400	320	360	440	480
Preço de venda por unidade	2,00	2,40	2,20	1,80	1,60
Custo marginal por unidade	1,00	1,00	1,00	1,00	1,00
Receitas vendas	800,00	768,00	792,00	792,00	768,00
(−) Custos marginais	(400,00)	(320,00)	(360,00)	(440,00)	(480,00)
Lucros marginais	400,00	448,00	432,00	352,00	288,00
(−) Custos estruturais fixos	(320,00)	(320,00)	(320,00)	(320,00)	(320,00)
Lucro operacional	80,00	128,00	112,00	32,00	32,00
PE Quant. = CEF: (PVU − CMU)	320	229	267	400	533

Relações do Custo com o Volume e o Lucro

O exemplo mostra que o aumento de preço, embora se conte com uma redução no volume de vendas, resultará em lucros maiores. Se houvesse uma redução do preço de venda, com aumento do volume de vendas, o lucro líquido se reduziria a ponto de apresentar prejuízo.

O ponto de equilíbrio é mais baixo com preço maior e volume menor porque o custo e volume estão relacionados diretamente com o volume.

d. Qual é a influência no lucro com variações no CUSTO MARGINAL?

DEMONSTRAÇÃO DO LUCRO	COM VARIAÇÕES NO CUSTO MARGINAL				
Variação no custo marginal	0,0	– 20%	– 10%	10%	20%
Volume de venda, em unidades	400	400	400	400	400
Preço de venda por unidade	2,00	2,00	2,00	2,00	2,00
Custo marginal por unidade	1,00	0,80	0,90	1,10	1,20
Receitas vendas	800,00	800,00	800,00	800,00	800,00
(–) Custos marginais	(400,00)	(320,00)	(360,00)	(440,00)	(480,00)
Lucros marginais	400,00	480,00	440,00	360,00	320,00
(–) Custos estruturais fixos	(320,00)	(320,00)	(320,00)	(320,00)	(320,00)
Lucro operacional	80,00	160,00	120,00	40,00	–
PE Quant. = CEF: (PVU – CMU)	320	267	291	356	400

O exemplo mostra que o acréscimo nos custos marginais reduz o lucro, chegando ao ponto de equilíbrio aos 20%, e a redução de 20% duplica os lucros e diminui o ponto de equilíbrio.

e. Qual é a influência no lucro com variações no CUSTO ESTRUTURAL FIXOS?

DEMONSTRAÇÃO DO LUCRO	COM VARIAÇÕES NO CUSTO ESTRUTURAL FIXO				
Variação no custo estrutural fixo	0,0	– 20%	– 10%	10%	20%
Volume de venda, em unidades	400	400	400	400	400
Preço de venda por unidade	2,00	2,00	2,00	2,00	2,00
Custo marginal por unidade	1,00	1,00	1,00	1,00	1,00
Receitas vendas	800,00	800,00	800,00	800,00	800,00
(–) Custos marginais	(400,00)	(400,00)	(400,00)	(400,00)	(400,00)
Lucros marginais	400,00	400,00	400,00	400,00	400,00
(–) Custos estruturais fixos	(320,00)	(256,00)	(288,00)	(352,00)	(384,00)
Lucro operacional	80,00	144,00	112,00	48,00	16,00
PE Quant. = CEF: (PVU – CMU)	320	320	288	352	384

O exemplo mostra uma reação semelhante à da variação de custos marginais, mas em menores proporções. O mesmo percentual de mudança apresenta lucro menor no último exemplo.

f. Simulação dos fatores em conjunto, analisaremos a seguinte situação:

Na situação hipotética exemplificada, houve um aumento nos custos (marginais e fixos) de 5% devido a aumentos salariais e a administração resolver reduzir o preço de venda em 10%, esperando obter um acréscimo no volume de vendas de 12%?

Qual seria o lucro na situação exemplificada?

D.R.E

Variação no preço de venda	0,00	– 10%
Variação no volume de venda	0,00	+ 12%
Variação nos custos marginais	0,00	+ 5%
Variação nos custos estruturais fixos	0,00	+ 5%
Volume de venda, em unidades	400	448
Preço de venda por unidade	2,00	1,80
Custo marginal por unidade	1,00	1,05
Receitas vendas	**800,00**	**806,40**
(–) Custos marginais	(400,00)	(470,40)
Lucros marginais	**400,00**	**336,00**
(–) Custos estruturais fixos	(320,00)	(336,00)
Lucro operacional	**80,00**	**0,0**
PE Quant. = CEF: (PVU – CMU)	320	448

Nesse caso, o volume de vendas seria insuficiente para superar as modificações ocorridas, o lucro seria menor que nas condições originais de venda. Isso porque se reduziria o lucro marginal.

f. Qual seria o lucro nessa nova situação?

A administração da hipotética empresa exemplificada resolve impor aumento de 10% no preço de venda, com o que espera uma redução de 15% no volume de vendas; pretende, assim, em conjunto, praticar uma política de redução de custos de 5% nos custos (marginais e fixos).

D.R.E

Variação no preço de venda	0,00	+ 10%
Variação no volume de venda	0,00	– 15%
Variação nos custos marginais	0,00	– 5%
Variação nos custos estruturais fixos	0,00	– 5%
Volume de venda, em unidades	400	340
Preço de venda por unidade	2,00	2,20
Custo marginal por unidade	1,00	0,95
Receitas vendas	**800,00**	**748,00**
(–) Custos marginais	(400,00)	(323,00)
Lucros marginais	**400,00**	**425,00**
(–) Custos estruturais fixos	(320,00)	(304,00)
Lucro operacional	**80,00**	**121,00**
PE Quant. = CEF: (PVU – CMU)	320	243

O lucro passaria a ser satisfatório, mostrando que a política de aumentar o preço combinado com a redução de custos para suprir uma baixa no volume de vendas é compensadora.

Conclui-se que os modelos de simulação de lucros são instrumentos valiosos para tomar decisões e nortear os negócios de uma empresa.

7.3 Casos propostos e resolvidos

a) Questões

A "NOSSA COMPANHIA" fabricante dos produtos C e D fez o seguinte planejamento para o semestre seguinte:

PRODUTOS	C	D	TOTAL
Preço de venda (toneladas), em R$	1,00	2,00	–
Custos marginais/variáveis	60%	40%	–
Volume de vendas	3.000	1.000	4.000
Custos estruturais fixos, em R$			2.000

Pede-se:
1. Resultado total do semestre.
2. Qual é a receita mínima de vendas que deve ser praticado considerando o *mix* planejado de produção do enunciado?

Capítulo 7

3. O que aconteceria com o resultado se a empresa vender 30% a mais do produto que apresentar o maior valor de "lucro marginal" unitário, admitindo-se que o mercado tenha condições de absorver a produção até o limite da capacidade produtiva de 4.000 toneladas?

b) Solução provável do caso da "nossa companhia":

1. Resultado total do semestre:

PRODUTOS	C	D	TOTAL
Preço de venda (toneladas), em R$	1,00	2,00	–
Custos marginais/variáveis	60%	40%	–
Volume de vendas	3.000	1.000	4.000
Custos estruturais fixos, em R$			2.000

CONTAS	TONELADAS	PREÇO	TOTAL
RECEITAS DE VENDA DO PRODUTO "C"	3.000	1,00	3.000,00
RECEITAS DE VENDA DO PRODUTO "D"	1.000	2,00	2.000,00
RECEITAS TOTAIS			5.000,00
(–) CUSTOS MARGINAIS			
DO PRODUTO "C"	3.000	– 0,60	– 1.800,00
DO PRODUTO "D"	1.000	– 0,80	– 800,00
TOTAL DOS CUSTOS MARGINAIS			– 2.600,00
LUCRO MARGINAL TOTAL (LM)			2.400,00
% LM			48%
(–) CUSTOS ESTRUTURAIS FIXOS			– 2.000,00
RESULTADO OPERACIONAL			400,00
RETORNO SOBRE VENDAS			8%

O resultado total do semestre corresponde a R$ 400,00 ou 8% de retorno sobre as receitas de vendas.

2. Faturamento mínimo:

$$\text{PONTO DE EQUILÍBRIO} = \frac{\text{R\$ 2.000,00}}{0,48} = \text{R\$ 4.166,57 (mix de vendas)}$$

Portanto, o faturamento mínimo de vendas para atingir o "ponto de equilíbrio" corresponderia a R$ 4.166,57. A partir desse patamar a empresa já começaria a formar o seu lucro.

3. Decisão para maximizar o resultado:

NA CONDIÇÃO INICIAL	
LM	2.400,00
CEF	–2.000,00
LUCRO	**400,00**
Retorno s/ vendas (400,00/5.000,00) = 8%	

Na condição alternativa de incrementar a venda do produto que propiciar o maior percentual de lucro marginal, que no caso citado é o produto "d", e complementar as vendas com o produto de menor margem até atingir o limite do fator limitativo da capacidade instalada de 4.000 toneladas, assim demonstrado:

PRODUTOS	NOVO "MIX" VOLUME
D (+ 30%)	1.300 TONELADAS
C (– 10%)	2.700 TONELADAS
TOTAL FATOR LIMITATIVO	4.000 TONELADAS

O lucro total (LT) poderá ser obtido pela somatória do lucro marginal (LM) do produto "D" adicionado ao lucro marginal total do produto "C" diminuído do custo estrutural fixo (CEF) do mesmo período, assim simplificado:

LT = (LM/D × VOLUME D) + (LM/C × VOLUME C) – CEF
LT = (R$ 1,20T × 1.300T) + (R$ 0,40T × 2.700T) – R$ 2.000
LT = R$ 1.560 + R$ 1.080) – R$ 2.000
LT = R$ 640 (ou 12,1% sobre as receitas de vendas).

Portanto, a decisão de incrementar 30% das vendas do produto "D", além do maior lucro marginal por tonelada propiciaria um aumento de 60% do resultado operacional do período, ou seja, de R$ 400 para R$ 640.

Análise dos Custos Indiretos

Toda metodologia desenvolvida e defendida até aqui dá conta de que os custos ou estão relacionados com a receita bruta de vendas ou estão relacionados com a capacidade instalada.

Quando os custos estão relacionados com a receita de vendas, são denominados de "custo marginal (CM)" e, quando os mesmos relacionam-se ao tamanho da estrutura, são chamados de "custos estruturais fixos (CEF)".

Podem existir dentro da empresa determinados custos que, se forem de valores relevantes, deverão sofrer processo de análise para a separação de seus componentes fixos e variáveis (marginais) do custo indireto correspondente, cujas definições e metodologia vão ser descritas a seguir.

8.1 Várias definições de custos indiretos

"Os custos indiretos de produção (CIPs) são aqueles que não se identificam com pedidos especiais ou com unidades produzidas."

"Os custos indiretos de produção são custos comuns com mão de obra e materiais necessários para a produção, porém de forma indireta, não sendo conveniente e claramente identificados com unidades, serviços, processos ou produtos específicos."

"Ao contrário dos materiais e mão de obra, os custos indiretos de produção não se identificam com o produto e compreendem custos fixos e variáveis."

"Os custos indiretos constituem o consumo dos fatores de produção que não são identificados aos processos, pois não são relevantes; o processo de identificação é caro e a relação custo-benefício não favorece o trabalho de identificação."[1]

8.2 Classificação dos custos indiretos de produção

As categorias mais comuns de custos indiretos de produção subdividem-se em relação:

a) ao volume de produção;
b) ao controle;
c) aos departamentos.

---

[1] LEONE, George Sebastião Guerra. *Custos*: planejamento, implantação e controle. São Paulo: Atlas, 1981.

8.2.1 Em relação ao volume de produção/venda

Essa primeira categoria é bastante útil para que se possa fazer um relacionamento do comportamento dos custos indiretos de produção. É por meio desse relacionamento que se obtêm os elementos necessários para a elaboração dos orçamentos de custos de produção e de vendas.

Os custos indiretos de produção em relação ao volume subdividem-se em:

a) custos estruturais fixos;
b) custos semivariáveis;
c) custos variáveis (marginais).

Os custos estruturais fixos são aqueles que não variam com a atividade realizada dentro de determinada capacidade instalada de produção ou de comercialização.

Os custos semivariáveis são aqueles que, embora variem com o volume de produção, não o fazem proporcionalmente. Esses custos são constituídos de uma parcela fixa e de uma parcela variável de venda.

Os custos variáveis (marginais) são aqueles que variam proporcionalmente com a atividade realizada de venda.

8.2.2 Em relação ao controle

Essa segunda categoria tem o enfoque voltado para o controle efetivo dos custos. Assim, os custos indiretos de produção em relação ao controle podem ser classificados ainda em:

- custos controláveis;
- custos não controláveis.

Custos controláveis: são os controlados por pessoa encarregada ou investida de autoridade para tal; portanto, deve responsabilizar-se pelos gastos de sua atividade. Em geral, essas pessoas têm sob sua responsabilidade departamentos, sendo, portanto, conhecidas suas necessidades operacionais para determinado volume de produção, o que permite efetivo controle dos custos incorridos nesses departamentos. Os exemplos mais comuns de custos indiretos de produção controláveis são: mão de obra e materiais indiretos.

Custos não controláveis: em princípio, todos os custos incorridos são controlados em algum nível hierárquico, principalmente pela alta administração. Esses custos, porém, podem tornar-se não controláveis para outros níveis hierárquicos diferentes daqueles que acabamos de citar. Assim, constitui exemplo de custo não controlável o aumento desproposital do aluguel do prédio da fábrica, e sobre o qual o gerente ou encarregado da produção não tem a menor ação de controle, uma vez que o acordo de aumento é feito diretamente pela diretoria.

8.2.3 Em relação aos departamentos

A terceira subdivisão dos custos indiretos de produção diz respeito ao relacionamento com os departamentos produtivos e de serviços.

A divisão da empresa em departamentos tem em geral dois objetivos:

- obter apropriação mais exata dos custos indiretos de fabricação dos produtos e serviços;
- obter maior controle sobre os custos e as operações por meio da identificação dos custos de cada departamento.

Uma das finalidades da departamentalização é reduzir o número de custos indiretos, tornando-os diretos em relação aos próprios departamentos.

Os custos diretos são aqueles que podem ser identificados com o produto ou serviço.

Os departamentos devem ser separados conforme suas naturezas em departamentos produtivos e de serviços.

Os departamentos de serviços têm por finalidade auxiliar os departamentos produtivos para que os mesmos alcancem seus objetivos.

Não há regra fixa para a determinação da departamentalização da empresa, porém a posição mais adotada é a de dividir a planta industrial ou comercial em atividades operacionais diretas ou indiretas, atribuindo a cada fase ou grupo de atividades um departamento.

A seleção dos departamentos de serviços depende, em grande parte, do controle desejado e da relevância dos custos envolvidos.

Exemplos de departamentos produtivos e de serviços em uma forjaria metalúrgica:

a) Departamento produtivo industrial
   - corte de chapas;
   - forja;
   - prensa;
   - acabamento.

b) Departamento de serviço
   - compras;
   - almoxarifado;
   - transporte de materiais;
   - pessoal;
   - manutenção industrial;
   - contabilidade.

8.2.4 Composição dos custos indiretos de produção

Enumeramos alguns exemplos de custos indiretos que podem ser diretos ou indiretos em relação aos departamentos.

a) Exemplos de custos indiretos identificados com os departamentos:
   - salários do pessoal do próprio departamento;
   - materiais consumidos pelo processo do departamento;
   - depreciação das máquinas do departamento;
   - energia elétrica consumida pelo departamento;
   - óleos combustíveis consumidos pelo departamento;
   - lubrificantes consumidos pelo departamento;
   - segurança industrial etc.

b) Exemplos de CIPs indiretos não identificados com os departamentos:
   - aluguel da fábrica;
   - energia elétrica controlada no âmbito de fábrica;
   - depreciação de edifícios industriais;
   - seguros gerais contra fogo;
   - imposto predial e territorial urbano etc.

8.3 Separação dos componentes fixos e variáveis dos custos indiretos

A classificação dos custos em fixos e variáveis é importante para a determinação do custo dos produtos, pois os custos marginais alteram-se proporcionalmente ao volume de produção, ao passo que os custos fixos não se alteram com a variação de volume, dentro de certo intervalo de capacidade instalada; isso faz com que o custo total médio do produto seja alterado.

Parte dos custos indiretos de produção é semivariável; portanto, para separar sua parcela variável, o mais próximo possível da realidade, podemos contar com dois métodos principais:

- método dos pontos máximos e mínimos;
- método dos mínimos quadrados.

8.3.1 Método dos pontos máximos e mínimos

Esse método, também conhecido como método dos pontos altos e baixos, apresenta resultados confiáveis, por ser um método matemático.

O método consiste em separar, dos dados que se quer analisar, o ponto máximo e o ponto mínimo, encontrados em relação à base de volume.

Divide-se a diferença do custo pela diferença dos volumes identificados, obtendo-se, assim, a taxa variável do custo. Uma vez obtida e multiplicada pelo volume, obtém-se o custo variável relativo àquele volume. O que faltar para o custo total analisado será o custo fixo.

Capítulo 8

Utilizando-se do exemplo a seguir, temos:

MÊS	CUSTOS INDIRETOS	HORAS/MÁQUINA UTILIZADAS
Janeiro	R$ 4.800,00	2.000 h
Fevereiro	R$ 4.400,00	1.800 h
Março	R$ 3.800,00	1.500 h
Abril	R$ 5.200,00	2.200 h
Maio	R$ 5.800,00	2.500 h

Para análise, utilizaremos os meses de março e maio:

MÊS	CUSTOS INDIRETOS	HORAS/MÁQUINA UTILIZADAS
Maio	R$ 5.800,00	2.500 h
Março	R$ 3.800,00	1.500 h
Diferenças	R$ 2.000,00	1.000 h

A taxa marginal (TM) será:

$$\frac{\text{diferença de custo}}{\text{diferença de volume}} = \frac{R\$\ 2.000,00}{1.000\ h} = R\$\ 2,00\ \text{hora/máquina}$$

Logo, o custo marginal no mês de março será:

R$ 2,00 h/máq. × 1.500 h = R$ 3.000,00 e o custo fixo em março será o custo total menos o custo marginal, ou seja:
R$ 3.800,00 − R$ 3.000,00 = R$ 800,00 (parcela fixa)

Os mesmos resultados podem ser obtidos de outra forma, a saber: uma vez encontrada a taxa marginal do custo e sabendo-se que o custo segue o princípio da linearidade, podemos encontrar a parcela do custo fixo pela função matemática da reta, ou seja:

$y = a + bx$

Onde:
    y = custo total (CT)
    a = custo estrutural fixo (CEF)
    b = taxa marginal (TM)
    x = volume de atividade (VA), que no caso é exemplificado pelas horas-máquina.
Equivalendo dizer, ainda, que:
    CT = CEF + (TM × VA)
Substituindo na fórmula dada os valores (no mês de março), teremos:
    CT = CEF + (TM × VA)
    R$ 3.800,00 = CEF + (R$ 2,00 × 1.500 h)
    R$ 3.800,00 = CEF + R$ 3.000,00

CEF = R$ 3.800,00 − R$ 3.000,00
CEF = R$ 800,00

O custo marginal será, portanto, R$ 3.000,00, pois:

CT = CEF + CM
R$ 3.800,00 = R$ 800,00 + CM

Logo:

CM = R$ 3.800,00 − R$ 800,00
CM = R$ 3.000,00

8.3.2 Método dos mínimos quadrados

É um método estatístico que permite determinar, matematicamente, a parcela fixa e a parcela variável marginal dos custos médios com maior precisão.

Por ser estatístico, é mais trabalhoso, mais complexo e de mais difícil compreensão, não cabendo aqui uma demonstração científica de suas bases de cálculo. Consiste em formar uma tabela, da seguinte maneira:

1. calcular a média do volume considerado para o período em análise (no nosso exemplo, horas-máquina);
2. calcular a média dos custos para o período;
3. calcular os desvios entre as médias e os valores mensais;
4. elevar ao quadrado os desvios entre a média dos volumes e os valores mensais;
5. multiplicar os desvios entre si;
6. somar todas as colunas da tabela;
7. calcular a taxa variável da parcela variável do custo, como segue:
    Somatória dos valores, encontrados pela multiplicação dos desvios, dividido pelo somatório dos valores encontrados na elevação ao quadrado;
8. calcular a parte fixa, como segue:
    Custo médio calculado menos o resultado do produto da taxa variável pela média do volume calculada.

Para exemplificar, voltaremos a nosso exemplo utilizado anteriormente:

MÊS	CUSTOS INDIRETOS	HORAS/MÁQUINA UTILIZADAS
JANEIRO	R$ 4.800,00	2.000 h
FEVEREIRO	R$ 4.400,00	1.800 h
MARÇO	R$ 3.800,00	1.500 h
ABRIL	R$ 5.200,00	2.200 h
MAIO	R$ 5.800,00	2.500 h
TOTAIS	R$ 24.000,00	10.000 h

Lembrando que no sistema cartesiano o volume ficará no eixo do X (horizontal) e os custos no eixo Y (vertical), teremos:

Volume (horas-máquina) = X
Custo (valor monetário) = Y

Capítulo 8

COLUNA 1	COLUNA 2	COLUNA 3	COLUNA 4	COLUNA 5	COLUNA 6	COLUNA 7
MÊS	VOLUME (X)	CUSTOS (Y)	DESVIO VOLUME $(X - \overline{X})$	DESVIO CUSTO $(Y - \overline{Y})$	$(X - \overline{X})^2$	$(X - \overline{X}) \times (Y - \overline{Y})$
Janeiro	2.000	4.800,00	–	–	–	–
Fevereiro	1.800	4.400,00	– 200	– 400,00	40.000,00	80.000,00
Março	1.500	3.800,00	– 500	– 1.000,00	250.000,00	500.000,00
Abril	2.200	5.200,00	200	400,00	40.000,00	80.000,00
Maio	2.500	5.800,00	500	1.000,00	250.000,00	500.000,00
	10.000	24.000,00	–	–	580.000,00	1.160.000,00

1. Cálculo da média do volume $(\overline{X})$

   $\overline{X} = \dfrac{10.000}{5} = 2.000$ horas-máquina

2. Cálculo da média dos custos $(\overline{Y})$

   $\overline{Y} = \dfrac{R\$ 24.000,00}{5} = R\$ 4.800,00$

3. Cálculo dos desvios entre as médias e os valores mensais:

   (colunas 4 e 5)

   $X - \overline{X}$

   Janeiro   = 2.000 – 2.000 =   0
   Fevereiro = 1.800 – 2.000 = – 200
   Março   = 1.500 – 2.000 = – 500

   e assim por diante.

   $Y - \overline{Y}$

   R$ 4.800 – R$ 4.800 =   0
   R$ 4.400 – R$ 4.800 = – 400
   R$ 3.800 – R$ 4.800 = – 1.000

   e assim por diante.

4. Elevação ao quadrado... (coluna 6)

   $(X - \overline{X})^2$

   Janeiro   = $(2.000 – 2.000)^2 = (0)^2 = 0$
   Fevereiro = $(1.800 – 2.000)^2 = (– 200)^2 = $ 40.000
   Março   = $(1.500 – 2.000)^2 = (– 500)^2 = 250.000$

5. Multiplicação dos desvios (coluna 7)

   $(X - \overline{X}) \times (Y - \overline{Y})$

   Janeiro   = (2.000 – 2.000) × (R$ 4.800 – R$ 4.800) = (0) × (0)
   Fevereiro = (1.800 – 2.000) × (R$ 4.400 – R$ 4.800) = (– 200) × (R$ – 400,00) = R$ 80.000,00
   Março   = (1.500 – 2.000) × (R$ 3.800 – R$ 4.800) = (– 500) × (R$ – 1.000,00) = R$ 500.000,00

   e assim por diante.

Análise dos Custos Indiretos

6. Soma das colunas
7. Cálculo da taxa variável

$$\text{Taxa} = \frac{\text{coluna 7}}{\text{coluna 6}} = \frac{R\$ \ 1.160.000,00}{R\$ \ 580.000,00} = R\$ \ 2,00 \text{ hora-máquina}$$

8. Cálculo da parte fixa
   CEF = Y − (taxa variável . x)
   CEF = R$ 4.800,00 − (R$ 2,00 × 2.000 horas-máquina)
   CEF = R$ 4.800,00 − R$ 4.000,00
   CEF = R$ 800,00

Esse método dos mínimos quadrados é estatístico e também pode ser resolvido calculando a parcela fixa e a parcela variável sem o uso da média e do desvio, utilizando um sistema de duas equações com duas incógnitas (exatamente a parcela fixa e a taxa variável procurada), da forma que segue:

Volume (horas-máquina) = X
Custo (valor monetário) = Y
Número de meses do período procurado = n
Σ(Y) = n × CEF + taxa marginal × ΣX
Σ(X × Y) = CEF × ΣX + taxa marginal × Σ(X)²

Nesse sistema, as incógnitas são CEF e a taxa, que representam, respectivamente, a parcela fixa e a taxa variável da parcela do custo.

Voltando ao exemplo, temos:

PERÍODO	VOLUME = X	CUSTOS = Y	CUSTOS (X × Y)	(X)²
Janeiro	2.000	4.800,00	9.600.000,00	4.000.000
Fevereiro	1.800	4.400,00	7.920.000,00	3.240.000
Março	1.500	3.800,00	5.700.000,00	2.250.000
Abril	2.200	5.200,00	11.440.000,00	4.840.000
Maio	2.500	5.800,00	14.500.000,00	6.250.000
Totais	10.000	24.000,00	49.160.000,00	20.580.000

Substituindo nas duas equações acima os valores ora demonstrados, temos:
R$ 24.000,00 = 5 × CEF + 10.000 × taxa marginal
R$ 49.160.000,00 = CEF × 10.000 + taxa marginal × R$ 20.580.000
Colocando os dados de forma ordenada, temos:
R$ 49.160.000,00 = 10.000 × CEF + R$ 20.580.000 × taxa marginal
R$ 24.000,00 = 5 × CEF + 10.000 × taxa marginal
Sistema de duas equações com duas incógnitas:
Multiplicar a segunda equação por (− 2.000)

Assim, teremos:

R$ 49.160.000,00 = 10.000 × CEF + 20.580.000 × taxa marginal
R$ 48.000.000,00 = (10.000 × CEF) + (20.000.000 × taxa marginal)
R$ 1.160.000,00 = 0 + 580.000 × (taxa marginal)

Logo, restou:
R$ 1.160.000,00 = R$ 580.000 × taxa variável
Portanto:

$$\text{Taxa variável (marginal)} = \frac{R\$ 1.160.000,00}{R\$ 580.000} = R\$ 2,00 \text{ hora-máquina}$$

Substituindo em uma das equações, encontraremos o valor da parcela do custo fixo:

R$ 24.000,00 = 5 × CEF + 10.000 × taxa marginal

sendo a taxa R$ 2,00 hora-máquina, temos:

R$ 24.000,00 = 5 × CEF + 10.000 × R$ 2,00
R$ 24.000,00 = 5 × CEF + R$ 20.000,00
R$ 24.000,00 − R$ 20.000,00 = 5 × CEF
R$ 4.000,00 = 5 × CEF

$$CEF = \frac{R\$ 4.000,00}{5} = R\$ 800,00$$

Logo:

Para calcular a parcela do custo marginal, basta escolher o mês desejado, como, por exemplo, março:

custo em março	=	R$ 3.800,00
parcela fixa	=	(R$ 800,00)
parcela variável (marginal)	=	R$ 3.000,00

8.4 Taxas de custos indiretos de produção

As taxas de custos indiretos devem ser estabelecidas com base nas verbas orçamentárias por departamentos e para a produção como um todo, a fim de subsidiar as decisões de preços e de avaliação de desempenho, assim exemplificadas:

Contas	R$
• Serviços de terceiros	9.000,00
• Materiais indiretos	1.000,00
• Água	200,00
• Seguro contra incêndio	700,00
• Imposto Predial (IPTU)	100,00
Total	**11.000,00**

Análise dos Custos Indiretos

CÁLCULO DA TAXA DE CUSTO INDIRETO VARIÁVEL			
CONTAS	FIXOS	VARIÁVEIS	TOTAIS
Serviços de terceiros	2.000,00	7.000,00	9.000,00
Materiais indiretos	200,00	800,00	1.000,00
Energia	40,00	160,00	200,00
Seguro contra incêndio	700,00	–	700,00
Imposto Predial (IPTU)	100,00	–	100,00
Totais	3.040,00	7.960,00	11.000,00
Nível de atividade	7.960 pç	7.960 pç	7.960 pç
Taxa de CIP variável		R$ 1,00 pç	

pç = peça

A taxa orçada do custo indireto variável a ser apropriada nas ordens específicas de produção ou nas unidades produzidas pela produção por processo contínuo é de R$ 1,00 por peça.

A apropriação dos custos indiretos aos produtos ou serviços pelo método de custeamento por absorção é dotada de alto grau de arbitrariedade, uma vez que envolve não só os custos indiretos fixos não identificados aos departamentos, como também os custos dos departamentos de serviços que são distribuídos aos departamentos produtivos por meio de rateios, havendo, portanto, subjetividade na escolha dos critérios de rateio, estando sujeito, dessa forma, a falhas e contestações.

Dessa forma, os custos fixos exemplificados, no montante de R$ 3.040,00, devem ser tratados e considerados como custos fixos dos departamentos como inerentes à estrutura da empresa; portanto, apropriados diretamente ao resultado do período.

8.5 Contabilização e análise das variações dos custos indiretos

8.5.1 Registro dos custos indiretos variáveis

O registro dos custos indiretos variáveis pode ser feito por departamento para fins de controle.

Os períodos de contabilização dos custos indiretos variáveis podem ser diário, semanal ou mensal para a produção por processo, e, à medida que as ordens de fabricação vão sendo concluídas, para a produção por ordens.

8.5.2 Análise das variações dos custos indiretos

A partir do instante em que os custos indiretos tiverem sido incorridos, inicia-se o processo de análise, a fim de ser averiguado o desempenho da produção.

Se houver dados de orçamentos variáveis (identificando os componentes fixo e variável de cada custo indireto), será possível realizar uma análise realista das variações dos chamados 'custos gerais'. Caso contrário, quando estiverem disponíveis somente dados orçamentários estatísticos (ou seja, quando os componentes fixos e variáveis dos custos gerais não forem conhecidos), as tentativas no sentido de fazer uma análise útil serão infrutíferas.[2]

A contabilização dos custos indiretos de produção e de suas variações pode ser feita conforme fluxo do Quadro 8.1 – Relatório comparativo de desempenho desta página.

No momento em que os custos indiretos totais reais tiverem sido registrados, por exemplo, em bases mensais, procede-se à separação dos componentes fixos e variáveis como base, nos mesmos critérios utilizados para a determinação das verbas orçamentárias dos custos indiretos (custos semivariáveis), e compara-se com as verbas orçamentárias previamente estabelecidas.

As variações entre as verbas orçamentárias e os custos reais incorridos dos custos indiretos devem ser registradas em contas separadas por departamento ou em contas distintas, para facilitar a comparação e análise, dependendo da relevância dos valores.

As variações dos custos indiretos, no que se refere à avaliação gerencial de desempenho, não devem ser repassadas aos preços, mas absorvidas pelo resultado do período.

As variações dos custos indiretos, quando se tratar do encerramento do trimestre da contabilidade financeira, devem ser extintas por meio da distribuição aos produtos em processo, ao estoque de produtos acabados e ao custo dos produtos vendidos ou ajustados mediante o livro de apuração do lucro real (Lalur).

EXEMPLO DE ANÁLISE DAS VARIAÇÕES DE ORÇAMENTO

Vamos analisar as variações que ocorrem em decorrência da comparação de valores orçados e reais dos custos indiretos, tomando-se por base as informações do Quadro 8.1, como segue:

Quadro 8.1 *Relatório comparativo de desempenho*

CIPs / CONTAS	FIXOS ORÇADOS	FIXOS REAIS	VARIÁVEIS ORÇADOS	VARIÁVEIS REAIS	TOTAIS ORÇADOS	TOTAIS REAIS
Serviços de terceiros	2.000,00	2.100,00	7.000,00	7.700,00	9.000,00	9.800,00
Materiais indiretos	200,00	260,00	800,00	1.040,00	1.000,00	1.300,00
Energia	40,00	48,00	160,00	192,00	200,00	240,00
Seguro contra incêndio	700,00	700,00	–	–	700,00	700,00
IPTU	100,00	100,00	–	–	100,00	100,00
Total	3.040,00	3.208,00	7.960,00	8.932,00	11.000,00	12.140,00
Nível de atividade	7.960 pç	7.562 pç	7.960 pç	7.562 pç	7.960 pç	7.562 pç
Taxa de custo indireto variável			1,00 pç	1,1812 pç		

---

[2] WELSCH, Glenn A. *Orçamento empresarial:* planejamento e controle do lucro. 4. ed. São Paulo: Atlas, 1993.

a) Variação única de orçamento

A variação de orçamento (VO) é detectada a partir do momento em que os custos indiretos de produção variáveis são ajustados aos níveis reais de produção com os custos indiretos reais (veja Quadro 8.2).

Quando os custos indiretos de produção reais excederem os custos indiretos de produção no nível real de atividade, diz-se que a variação é desfavorável; quando for o contrário, é favorável, isto é, gastou-se menos do que seria necessário.

Quadro 8.2 *Análise de variações de orçamento*

CONTAS	CI VARIÁVEL ORÇADO AJUSTADO AO NÍVEL REAL	CIP VARIÁVEL REAL	VARIAÇÃO DE ORÇAMENTO
Serviços de terceiros	6.650,00*	7.700,00	(1.050,00) D
Materiais indiretos	760,00	1.040,00	(280,00) D
Energia	152,00	192,00	(40,00) D
Total	7.562,00	8.932,00	(1.370,00) D

CIP= Custo Indireto de Produção
* 6.650,00 = (7.000,00 ÷ 7.960 pç) × 7.562 pç

Análise em única dimensão

Variação em relação ao valor orçado
    CI variável e ajustado no nível real
    (R$ 1,00 pç × 7.562 pç)   = R$ 7.562,00
    (−) CI variável real
    (R$ 1,1812 pç × 7.562 pç)   ≅ (R$ 8.932,00)
    = Variação em relação ao valor orçado (R$ 1.370,00) desfavorável.

8.6 Questões propostas e resolvidas

a) Questões

1. Definir custos indiretos.
2. Citar exemplos de custos indiretos.
3. Separar os componentes de custos variáveis e custos fixos que compõem a totalidade dos custos indiretos pelo método dos "pontos máximos e mínimos".

b) Soluções prováveis

1. Podem ser definidos como aqueles custos que não se identificam diretamente com os produtos produzidos e vendidos, ou ainda são custos necessários para a produção, todavia são custos indiretos que beneficiam a produção como um todo, tendo um componente fixo e outro variável.

Capítulo 8

2. Podem ser citados a título de exemplo: lubrificantes, energia elétrica e outros materiais consumidos por todo o departamento de uma indústria. Se a relação custo × benefício compensar, pode-se fazer estudo de aferição, por exemplo, da energia elétrica consumida por cada tonelada de um produto qualquer, que nesse caso pode ser um "custo direto ou marginal".
3. Inicialmente, cabe esclarecer que esse método do "ponto máximo e mínimo" é um mecanismo matemático para separar o componente do custo variável e fixo integrante dos custos indiretos, cujo processo de cálculo consiste em apurar a diferença do maior custo pelo menor custo e também a diferença do maior volume pelo menor volume. Para a obtenção do custo marginal/variável e também por diferença a parcela pertinente ao custo fixo, assim esquematizado:

a. Custos indiretos e volume de produção dos últimos seis meses:

MÊS	CUSTOS INDIRETOS	QUANTIDADES PRODUZIDAS
JUL/XX	60.000,00	25.000
AGO/XX	44.000,00	18.000
SET/XX	38.000,00	15.000
OUT/XX	52.000,00	22.000
NOV/XX	40.000,00	17.000
DEZ/XX	50.000,00	20.000

b. Para o cálculo da taxa marginal/variável utilizaremos os meses de jul/XX e o mês de set/XX, como segue:

MÊS	CUSTOS INDIRETOS	QUANTIDADES PRODUZIDAS
JUL/XX	60.000,00	25.000
SET/XX	– 38.000,00	– 15.000
DIFERENÇA	22.000,00	10.000

Portanto, a taxa marginal/variável, pelo método dos "pontos máximos e mínimos" será assim obtida:

$$\frac{\text{Diferença de custo}}{\text{Diferença de volume}} = \frac{R\$\ 22.000,00}{10.000} = R\$\ 2,20\ \text{unid.}$$

Logo, o custo marginal/variável no mês de set/XX será:

R$ 2,20 × 15.000 unid. = R$ 33.000,00 e o custo fixo nesse mês será custo indireto total de R$ 38.000,00 – R$ 33.000,00, será igual a R$ 5.000,00 (parcela fixa).

9

Sistemas de Custeio[1]

Os custos de produção podem ser apropriados aos produtos pelos sistemas de custeio por absorção e marginal.

9.1 Custeio pelo método por absorção

A contabilidade de custos, quando procura custear o produto atribuindo-lhe também parte do custo fixo, é conhecida como contabilidade de custos pelo método de custeamento por absorção (*full cost*). Este método consiste na apropriação de todos os custos de produção aos produtos elaborados de forma direta e indireta (rateios).

A metodologia de custeio pelo método por absorção é considerada como básica para a avaliação de estoques pela contabilidade societária, para fins de levantamento de balanço patrimonial e de resultados com a finalidade de atender a exigências da contabilidade societária.

O sistema de custeio por absorção é falho em muitas circunstâncias, como instrumento gerencial de tomada de decisão, porque tem como premissa básica os "rateios" dos chamados custos fixos, que, apesar de aparentarem lógicos, poderão levar a alocações arbitrárias e até enganosas.

EXEMPLOS PRÁTICOS DO SISTEMA DE CUSTEIO POR ABSORÇÃO

1º CASO

A empresa "PIC", produtora de alimento "picino", incorreu nos seguintes custos, no mês de abril do ano 20XX:

Custos operacionais da produção:
Materiais diretos	R$ 1.000,00
Mão de obra direta e encargos sociais	R$ 500,00
Custos indiretos de produção (fixos e variáveis)	R$ 1.300,00
Total dos custos de produção	R$ 2.800,00

---

[1] SANTOS, Joel J. *Formação de preços e do lucro*. 4. ed. São Paulo: Atlas, 1999.

Capítulo 9

Custos operacionais complementares:
Vendas	R$ 200,00
Administrativas	R$ 120,00
Financeiras	R$ 80,00
Total dos custos operacionais	R$ 400,00

Informações adicionais:
Produção do mês	280 kg
Estoque do início do mês	0
Estoque do final do mês	80 kg
Preço unitário líquido de venda	R$ 15,00/kg

Pede-se:
1. Custo de produção por kg.
2. Demonstração de resultados.
3. Composição do estoque final.

Solução:
1. Custo de produção por kg (cpkg):

$$cpkg = \frac{\text{custos de produção}}{\text{quantidade produzida}} = \frac{R\$ \ 2.800,00}{280 \ kg}$$

cpkg = R$ 10,00/kg

2. Demonstração de resultados:

Receitas líquidas de vendas (200 kg a R$ 15,00)	R$ 3.000,00	100%
(–) Custo do produto vendido (200 kg a R$ 10,00/kg)	(R$ 2.000,00)	(67%)
(=) Lucro bruto (200 kg a R$ 5,00/kg)	R$ 1.000,00	33%
(–) Custos operacionais	(R$ 400,00)	(13%)
(=) Lucro operacional	R$ 600,00	20%

3. Composição do estoque final:
A – Total produzido	280 kg
B – Estoque final	80 kg
C – Total vendido (A – B)	200 kg
D – Custo de produção por kg	R$ 10,00/kg
E – Composição do estoque final (B × D)	R$ 800,00

2º CASO

O analista gerencial da empresa AB fabrica os produtos "be" e "ce", cujo relatório de fechamento do mês apresentou a seguinte *performance*:

ITENS \ PRODUTOS	"be"	AV%	"ce"	AV%	TOTAL	AV%
Receitas líquidas	77.000	100	95.000	100	172.000	100
(−) Custos marginais	(66.000)	(86)	(80.000)	(84)	(146.000)	(85)
Matéria-prima/embalagem	7.000	9	37.000	39	44.000	26
Serviços de terceiros	43.000	56	25.000	26	68.000	39
Variáveis de vendas	16.000	21	18.000	19	34.000	20
(=) Lucro marginal	11.000	14	15.000	16	26.000	15
(−) Custos indiretos fixos (CIP)					(20.000)	12
(=) RESULTADO BRUTO INDL.					6.000	3

DEMONSTRAÇÃO DE RESULTADOS — R$ 1,00 — PERÍODO: 1º A 31-3-20XX

AV = Análise Vertical.

O gerente comercial analisou os dados do relatório e solicitou ao analista gerencial um estudo que abrangesse a apuração do resultado bruto industrial para os produtos "ce" e "de", admitindo, porém, o "rateio" dos custos indiretos de produção, que era a forma que achava mais correta.

O analista gerencial recebeu a recomendação e dirigiu-se a sua sala. Pensou em várias alternativas de "rateios", mas não conseguiu chegar a uma conclusão no mesmo dia em que apresentou o resultado ao gerente comercial. No dia seguinte, retornou ao trabalho com a solução "mentalizada", que achava a ideal. Já no início do expediente preparou um novo relatório "repartindo" os custos indiretos de produção fixos por produto, tomando como base a proporcionalidade dos custos diretos de produção e o apresentou ao gerente comercial:

DEMONSTRAÇÃO DE RESULTADOS
PERÍODO: 1º A 31-3-20XX
R$ 1,00 (BASE DE RATEIO: CUSTOS DIRETOS DE PRODUÇÃO)

ITENS \ PRODUTOS	"ce"	AV%	"de"	AV%	TOTAL	AV%
Receitas líquidas	77.000	100	95.000	100	172.000	100
(−) Custos diretos de produção	(50.000)	(65)	(62.000)	(65)	(112.000)	(65)
Matéria-prima/embalagem	7.000	9	37.000	39	44.000	26
Transformação por terceiros	43.000	56	25.000	26	68.000	39
(−) Variáveis de vendas	(16.000)	(21)	(18.000)	(19)	(34.000)	(20)
(=) Lucro marginal	11.000	14	15.000	16	26.000	15
(−) Rateio CIP fixo	(8.929)	(12)	(11.071)	(12)	(20.000)	12
(=) RESULTADO BRUTO INDL.	2.071	*2	3.929	4	6.000	3

* Porcentagem aproximada.

Capítulo 9

O gerente comercial leu os números e imaginou que pudesse incrementar mais a venda do produto "de", porque apresentava uma margem superior ao produto "ce".

Como a função do executivo também é a de criticar as informações que recebe, esse gerente comercial não foi exceção; sugeriu que o analista gerencial preparasse novamente os dados, mas admitindo-se o rateio e, todavia, tomando-se como base os custos da matéria-prima e da embalagem.

O analista gerencial, após analisar o novo critério, elaborou uma nova demonstração de resultados:

R$ 1,00	DEMONSTRAÇÃO DE RESULTADOS PERÍODO: 1º A 31-3-20XX (BASE DE RATEIO: MATÉRIA-PRIMA E EMBALAGEM)							
ITENS \ PRODUTOS	"ce"	AV%	"de"	AV%	TOTAL	AV%
Receitas líquidas	77.000	100	95.000	100	172.000	100
(–) Custos marginais	(66.000)	(86)	(80.000)	(84)	(146.000)	(85)
Matéria-prima/embalagem	7.000	9	37.000	39	44.000	26
Serviços de terceiros	43.000	56	25.000	26	68.000	39
Variáveis de vendas	16.000	21	18.000	19	34.000	20
(=) Lucro marginal	11.000	14	15.000	16	26.000	15
(–) Rateio CIP fixo	(3.182)	(4)	(16.818)	(18)	(20.000)	12
(=) RESULTADO BRUTO INDL.	7.818	10	1.818	2	6.000	3

O gerente comercial recebeu esse novo relatório e ficou confuso com os números apresentados. "Anteriormente, o produto 'de' era o que apresentava o melhor resultado; agora é deficitário!" – comentou o gerente. Aí, o analista disse-lhe que ainda existia outra base de rateio que poderia ser "útil". O gerente pediu-lhe, então, que a apresentasse rapidamente.

R$ 1,00	DEMONSTRAÇÃO DE RESULTADOS PERÍODO: 1º A 31-3-20XX (BASE DE RATEIO: SERVIÇOS DE TERCEIROS)							
ITENS \ PRODUTOS	"ce"	AV%	"de"	AV%	TOTAL	AV%
Receitas líquidas	77.000	100	95.000	100	172.000	100
(=) Lucro marginal	11.000	14	15.000	16	26.000	15
(–) Rateio CIP fixo	(12.647)	(16)	(7.353)	(8)	(20.000)	12
(=) RESULTADO BRUTO INDL.	(1.647)	(2)	7.647	8	6.000	3

E agora o produto "ce" passou a ser deficitário! O que fazer para resolver este impasse? Acreditamos que a resposta estará nos próximos capítulos...

9.2 Custeio pelo método marginal

a) Definição

Pelo custeio pelo método marginal apropriam-se aos produtos, mercadorias e serviços vendidos apenas os custos marginais. Os demais custos relacionados e necessários para manter a capacidade instalada devem ser tratados como de período indo diretamente para o resultado.

Por esse método de custeamento marginal os custos totais devem ser tratados em duas partes: uma composta pelo custo marginal do produto, que somente ocorre de forma variável em função do volume vendido, e a outra que diz respeito aos custos necessários para manter a estrutura instalada da empresa em condições de produzir e vender. A primeira está relacionada ao produto e a segunda à capacidade de produzir e vender da empresa. Com isso podemos afirmar que o resultado de uma empresa pode ser desdobrado em dois, isto é: o primeiro é o resultado do produto determinado em função de seu lucro marginal e o segundo, o lucro geral da empresa.

Pelo método de custo marginal, cada produto absorve somente os custos que incidem diretamente sobre si mesmo (custos variáveis para produzir e vender), mas a diferença entre o preço líquido de vendas e o custo unitário variável, chamada lucro marginal (LM), deve contribuir tanto para absorver os custos fixos como para a obtenção do lucro total da empresa. A análise de lucro da empresa é efetuada não com base nos lucros unitários dos produtos, mas com base no lucro marginal com que cada um pode contribuir para absorver os custos fixos e formar o lucro total da empresa.

b) Receitas, custos marginais e lucro marginal

A alocação de receitas e de custos marginais é, em geral, direta, porque cada item é direta e especificamente identificável com determinado segmento de atividade ou produto. As mudanças nos lucros líquidos podem ser facilmente calculadas multiplicando-se a alteração no número de unidades pelo lucro marginal unitário ou multiplicando-se o aumento na receita de vendas pela taxa de lucro marginal correspondente.

Por exemplo, a taxa de lucro marginal do Produto X é R$ 24,00, isto é, 40% de R$ 60,00. O aumento do lucro líquido resultante de um aumento de R$ 5,00 nas vendas pode ser facilmente calculado como 0,40 X R$ 5,00, ou seja, R$ 2,00.

c) Vantagem do cálculo dos índices do lucro marginal

As vantagens de conhecer os índices e lucro marginal das divisões e linhas de produção de produtos podem ser resumidas da seguinte maneira:

1. os índices de lucro marginal ajudam a administração a decidir quais produtos devem merecer maior esforço de venda ou ser colocados em planos secundários ou simplesmente tolerados pelos benefícios de vendas que possam trazer a outros produtos;
2. os lucros marginais são essenciais para auxiliar os administradores a decidirem se um segmento produtivo deve ser abandonado ou não. A curto prazo, se o produto recupera mais que seus custos marginais, está dando uma contribuição aos lucros gerais. Essa informação é fornecida prontamente dentro da abordagem marginal;
3. os lucros marginais podem ser usados para avaliar alternativas que se criam com respeito a reduções de preços, descontos especiais, campanhas publicitárias especiais e uso de prêmios para aumentar o volume de vendas. As decisões deste tipo são realmente determinadas por uma comparação dos custos adicionais visando ao aumento na receita de venda. Normalmente, quanto maior for o índice do ganho marginal, melhor é a oportunidade de promover vendas; quanto mais baixo o índice, maior será o aumento do volume de vendas necessário para recuperar os compromissos de promover vendas adicionais;
4. quando se chega à conclusão quanto aos lucros desejados, pode-se avaliar prontamente seu realismo pelo cálculo do número de unidades a vender para conseguir os lucros desejados. O cálculo é facilmente feito dividindo-se os custos fixos mais o lucro desejado pelo lucro marginal unitário;
5. muitas vezes é necessário decidir sobre como utilizar determinado grupo de recursos (exemplo: máquinas ou insumos) de maneira mais lucrativa. A abordagem marginal fornece os dados necessários a uma decisão apropriada, porque essa decisão é determinada pelo produto que der a maior contribuição total aos lucros.

Em última análise, os preços máximos são estabelecidos pela demanda do consumidor, os preços mínimos, a curto prazo, pelos custos marginais de produzir e vender.

d) Conclusão:

Existem alguns gastos variáveis incidentes sobre as vendas faturadas, em muitos casos, que não podem ser tratados como custo. São os casos típicos dos tributos incidentes sobre as vendas, tais como: IPI, ICMS, PIS, Cofins, Funrural, ISS e outros.

Os impostos e contribuições embutidos nos preços de vendas são de responsabilidade dos compradores por seu pagamento. Alguns são incidentes de acordo com o princípio tributário da não cumulatividade e outros são incidentes em "cascata".

Trataremos os tributos sobre as vendas por simplificação, a partir deste estágio, como *custo marginal*.

A apuração de resultados com destaque para o lucro marginal ajuda os gerentes a entender a relação entre custos, volume, preços e lucros e, portanto, leva a decisões mais sábias sobre preços.

9.2.1 Custo como instrumento de planejamento do lucro

O orçamento empresarial é um plano operacional que cobre todas as fases das operações futuras, para alcançar um alvo proposto de lucro. Tal plano pode incluir planejamento de longo e de curto alcance.

O método marginal, com sua separação de custos marginais (produto) e fixos (período), e o cálculo do valor do lucro marginal facilita qualquer análise da relação custo-lucro-volume. A análise do ponto de equilíbrio, a taxa de lucro sobre investimento, o lucro marginal de um segmento no total das vendas, o lucro total proveniente de todas as operações, baseado em determinado volume, todos esses problemas de planejamento podem ser resolvidos com o auxílio da metodologia de apropriação e análise dos custos marginais.

9.2.2 Custo como instrumento de controle

O sistema de custeio por absorção é o produto de uma Demonstração de Resultados, alegadamente incompreensível, preparada para administração.

Com seus dados de despesa super ou subabsorvidos e as possíveis flutuações inversas dos custos de produção e dados de venda, parece que se tornava necessário um tipo diferente de procedimento de custo. Adotando-se o método marginal, a administração e vendas, em particular, acham que o *controller* pode fornecer uma demonstração de lucros mais significativa e compreensível. No entanto, destina-se esse novo tipo de apuração de resultados a servir meramente ao departamento de vendas? Os relatórios que o departamento de custo emite devem servir a todas as divisões de uma empresa. Parece adequado, portanto, preparar relatórios também para todos os departamentos ou áreas de responsabilidade, baseados em custo-padrão, orçamentos flexíveis e uma divisão de todos os custos em seus componentes fixos e variáveis, sendo esta última considerada fundamental na aplicação da metodologia do custeamento marginal.

9.3 Comparação entre os métodos de custeio por absorção e marginal

PRIMEIRA ILUSTRAÇÃO

Admitimos que esses são os custos de determinado período da empresa "Lucrativa Ltda.":

Matérias-primas consumidas	R$ 100,00
Mão de obra produtiva	R$ 100,00
Custos Indiretos de Produção (CIP):	
Fixos	R$ 30,00
Marginais	R$ 20,00
Total	R$ 250,00

Informações adicionais:

- Produção do mês (em unidades)   10 un.
- Vendas do mês   5 un.
- Preço unitário de venda   R$ 35,00/un.
- Custos operacionais do período, assim desdobrados:

Fixos	R$ 20,00
Marginais	R$ 10,00
	R$ 30,00

a) Apuração do resultado pelo sistema de custeio por absorção:

$$CUP^2 = \frac{R\$\ 250,00}{10\ un.} = R\$\ 25,00/un.\ \text{(Custo médio de produção)}$$

DEMONSTRAÇÃO DO LUCRO (CUSTEAMENTO POR ABSORÇÃO)	PRODUTO X
Vendas (5 un. a R$ 35,00 un.)	R$ 175,00
(–) CPV (5 un. a R$ 25,00 un.)	(R$ 125,00)
(=) Resultado bruto	R$ 50,00
(–) Despesas operacionais	(R$ 30,00)
(=) Lucro operacional	R$ 20,00
Estoque final do período (5 un. a R$ 25,00 un.)	R$ 125,00

CPV = Custos dos produtos vendidos.
CUP = Custos unitários de produção.
un. = unidades.

---

[2] CUP = Custo unitário médio de produção.

b) Apuração do resultado pelo método de custeio marginal de apropriação de custos:

$$CMU = \frac{120,00}{10 \text{ un.}} = R\$ \ 12,00/\text{un.} \ (\text{Custos Marginais Unitários})$$

DEMONSTRAÇÃO DO LUCRO (CUSTEAMENTO MARGINAL)		PRODUTO X
Vendas (5 un. a R$ 35,00 un.)		R$ 175,00
(–) CPV (5 un. a R$ 12,00 un.)	(R$ 60,00)	
(–) Outros custos marginais	(R$ 10,00)	(R$ 70,00)
(=) Lucro marginal		R$ 105,00
(–) CIP – Fixos do Período	R$ 30,00	
(–) Outros custos operacionais fixos	R$ 20,00	
(–) MOP – fixa	R$ 100,00	(R$ 150,00)
(=) Lucro operacional		(R$ 45,00)
Estoque final do período (5 un. a R$ 12,00 un.)		R$ 60,00

MOP = Mão de obra produtiva tratada como custo da estrutura fixa (CEF) e pertencente à capacidade instalada.

Análise dos Resultados

O resultado apresentado pelo método de custeio marginal aparenta ser o mais realista, apesar de negativo, pois se trata de custos estruturais fixos (CEF), inclusive a mão de obra produtiva (MOP) como pertencente ao período (dia, mês, trimestre etc.) e à capacidade instalada.

É importante lembrar que os custos fixos são gastos necessários e incorridos pelas empresas para manter suas estruturas de processo em estado de "prontidão" para operar o sistema de logística e atender aos pedidos de vendas para os clientes.

SEGUNDA ILUSTRAÇÃO

Admitimos que os custos de determinado período da "Cia. Competitiva" são os seguintes:

APURAÇÃO DO CUSTO DE PRODUÇÃO (HIPÓTESE EM QUE NÃO HAVIA ESTOQUES INICIAIS)				
PRODUTOS / CONTAS	A	B	C	TOTAL
Custos diretos	R$ 56,00	R$ 34,00	R$ 90,00	R$ 180,00
Custos indiretos	R$ 24,00	R$ 26,00	R$ 50,00	R$ 100,00
Custos de produção	R$ 80,00	R$ 60,00	R$ 140,00	R$ 280,00

Capítulo 9

Os custos diretos estão direta e proporcionalmente relacionados ao volume e/ou valor das vendas.

APURAÇÃO DOS CUSTOS DOS PRODUTOS VENDIDOS (CPV)				
CONTAS \ PRODUTOS	A	B	C	TOTAL
Estoque inicial	–	–	–	–
Custos de produção	R$ 80,00	R$ 60,00	R$ 140,00	R$ 280,00
(–) Estoque final	(R$ 50,00)	(R$ 10,00)	(R$ 80,00)	(R$ 140,00)
CPV	R$ 30,00	R$ 50,00	R$ 60,00	R$ 140,00

DEMONSTRAÇÃO DO LUCRO				
CONTAS \ PRODUTOS	A	B	C	TOTAL
Vendas	R$ 80,00	R$ 140,00	R$ 180,00	R$ 400,00
(–) CPV	R$ 30,00	R$ 50,00	R$ 60,00	R$ 140,00
(–) Custos administrativos	R$ 10,00	R$ 20,00	R$ 40,00	R$ 70,00
(–) Custos de vendas	R$ 20,00	R$ 30,00	R$ 40,00	R$ 90,00
Custeamento por absorção	(R$ 60,00)	(R$ 100,00)	(R$ 140,00)	(R$ 300,00)
Lucro operacional	R$ 20,00	R$ 40,00	R$ 40,00	R$ 100,00

O resultado líquido será obtido após a dedução do IRPJ e CSL.

a. Pelo método de custeio marginal:

APURAÇÃO DO CUSTO DE PRODUÇÃO (HIPÓTESE EM QUE NÃO HAVIA ESTOQUES INICIAIS)				
CONTAS \ PRODUTOS	A	B	C	TOTAL
Custos marginais de produção	R$ 64,00	R$ 46,00	R$ 104,00	R$ 214,00
Custos marginais de produção	R$ 64,00	R$ 46,00	R$ 104,00	R$ 214,00

APURAÇÃO DOS CUSTOS DOS PRODUTOS VENDIDOS (CPV)				
CONTAS \ PRODUTOS	A	B	C	TOTAL
Estoque inicial	–	–	–	–
(+) Custos marginais de produção	R$ 64,00	R$ 46,00	R$ 104,00	R$ 214,00
(–) Estoque final	(R$ 40,00)	(R$ 8,00)	(R$ 50,00)	(R$ 98,00)
(=) CPV	R$ 24,00	R$ 38,00	R$ 54,00	R$ 116,00

Sistemas de Custeio

DEMONSTRAÇÃO DO LUCRO				
CONTAS \ PRODUTOS	A	B	C	TOTAL
Vendas	R$ 80,00	R$ 140,00	R$ 180,00	R$ 400,00
(–) CPV	R$ 24,00	R$ 38,00	R$ 54,00	R$ 116,00
(–) Custos variáveis de vendas	R$ 16,00	R$ 28,00	R$ 36,00	R$ 80,00
Custeio marginal	(R$ 40,00)	(R$ 66,00)	(R$ 90,00)	(R$ 196,00)
Lucro marginal	R$ 40,00	R$ 74,00	R$ 90,00	R$ 204,00
(–) CIP – fixos				(R$ 66,00)
(–) Custos fixos de vendas				(R$ 10,00)
(–) Custos fixos administrativos				(R$ 70,00)
Custos não absorvidos pelos produtos				(R$ 146,00)
Lucro operacional				R$ 58,00

COMPARAÇÃO ENTRE OS DOIS MÉTODOS			
Contas	Por absorção	Marginal	Diferença
Lucro operacional	R$ 100,00	R$ 58,00	R$ 42,00
Estoques finais	R$ 140,00	R$ 98,00	R$ 42,00

A diferença entre os dois métodos de apropriação de custos está nos estoques finais. O resultado pelo método marginal de apropriação é menor em R$ 42,00 porque os custos fixos foram alocados como de período.

9.4 Restrições quanto à aplicação do método de custeamento marginal

Esse método de custeamento marginal, se conscientemente aplicado, pode constituir-se em um poderoso instrumento de decisão gerencial, desde que utilizado com coerência para determinados ramos de atividade. Para as empresas com ativo permanente elevado, caso típico das "árias", tais como ferroviárias, aeroviárias, hidroviárias entre outras, esse método poderá não ser tão útil se não houver uma preocupação adicional de incluir as depreciações nas contas do ativo fixo absorvidas pela receita total de cada período.

9.5 Questões propostas e resolvidas

a) Questões

1. Definir método de "custeamento por absorção/*Full cost*".
2. Definir método de "custeamento marginal/variável".
3. Qual é o melhor método para a "formação do preço de venda" de um produto? Por quê?

b) Soluções prováveis

1. Método de custeamento por absorção/*Full cost* é o método ainda utilizado e exigido no Brasil para atender à legislação fiscal do Imposto sobre a Renda. Nele se apropria todo custo incorrido através de rateio, tomando por base, em princípio o volume produzido no período aos produtos fabricados e aos que permanecem em estoque.
Custo nesse método é utilizado apenas para gastos incorridos no processo industrial e comercial. As chamadas "despesas operacionais" são apropriadas dentro do próprio exercício pelo regime de competência e/ou regime de caixa.

2. O custo marginal/variável apropria-se ao produto que permanece em estoque apenas os chamados custos diretos. Todos os custos estruturais utilizados para manter a empresa em pleno funcionamento são apropriados ao exercício, tanto os custos como as chamadas despesas operacionais, como por exemplo: mão de obra direta, salários e respectivos encargos sociais; que dependem de contrato coletivo de trabalho onde os funcionários recebem os seus proventos independentemente da produção alcançada.
Como custo marginal/variável, que está diretamente vinculado às receitas de vendas obtidas, podemos citar: comissão de venda, deságio de cartão de crédito, fretes de entrega, o próprio custo da matéria-prima empregada no produto vendido etc.

3. O melhor método para a formação do preço de venda de um produto ou serviço é pelo método de custeio marginal/variável, pois o mesmo não permite que custos de ineficiências e de não conformidade sejam repassados aos preços dos produtos vendidos.

10

Sistemas de Produção por Processo e por Encomenda

10.1 Sistema de produção por processo

Este conceito de indústria de produção contínua caracteriza-se por possuir fases ou processos de produção determinados por certo tipo de produto ou linha de produtos uniformes.

Normalmente, o produto é padronizado quanto às dimensões e especificações.

É típico, ainda, nesta modalidade de indústria, que suas máquinas e equipamentos estejam colocados de acordo com o fluxo do processo produtivo, visando obter continuidade e maior rendimento na produção.

São características das seguintes indústrias:

- indústria alimentícia;
- indústria de lâmpada;
- indústria de tintas;
- indústria farmacêutica;
- indústria química;
- indústria de cimento etc.

10.1.1 Principais características da produção por processo

As principais características da produção por processo são as seguintes:

- os produtos são padronizados;
- a produção é contínua, isto é, existe um fluxo lógico de operações;
- o custo unitário médio é determinado pela divisão do custo total pelas unidades produzidas;
- os custos são registrados por departamentos ou por fases de fabricação;

- exige-se menor esforço burocrático em comparação à produção por ordem, para controle e apuração dos custos de cada unidade produzida;
- os clientes sujeitam-se aos produtos que existem no mercado;
- apontamentos simplificados de mão de obra em cada departamento, em razão de cada área contar com seu pessoal fixo etc.

10.1.2 Metodologia de apuração de custos

Nesse sistema, a fábrica é dividida por fases de produção para alocação dos custos por determinado período (diário, semanal, mensal etc.). No fim deste período, os custos totais acumulados por fase são divididos pelas unidades produzidas à medida que a produção é transferida para outra fase, para outras transformações. O custo vai sendo acumulado de uma fase a outra até o acabamento final do produto, a débito de quem receber e a crédito de quem expedir.

Exemplo:

O custo unitário de uma cadeira, em uma fábrica de móveis, é obtido por meio das operações hipotéticas, conforme demonstra o Quadro 10.1, e contabilizado conforme fluxo demonstrado:

Quadro 10.1   *Produção por fases*

FASES DE PRODUÇÃO	A	B	C
Total dos custos apropriados (MP, MO e CIP)	R$ 100,00	R$ 70,00	R$ 30,00
Unidades produzidas	10 un.	10 un.	10 un.
Custo unitário médio por fase	R$ 10,00	R$ 7,00	R$ 3,00
Custo unitário médio acumulado	R$ 10,00	R$ 17,00	R$ 20,00

MP = Matéria-prima
MO = Mão de obra
CIP = Custos indiretos de produção

10.1.3 Fluxo geral de contabilização

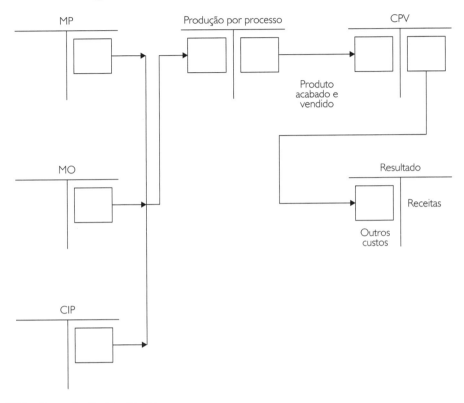

CPV = Custos dos Produtos Vendidos

- Resultado positivo (lucro), quando as Receitas forem maiores do que os custos operacionais (custos dos produtos vendidos e custos administrativos, financeiros e de vendas).

10.2 Sistema de produção por ordem

Este conceito de indústria de produção descontínua trabalha, basicamente, atendendo a encomendas. Sua estrutura fabril tem uma faixa limitada de adaptações para tipos diferentes de produtos, mas pode conter número grande de variações em suas especificações.

Nesse tipo de indústria, as máquinas estão dispostas e agrupadas segundo suas características próprias. Os produtos terão de percorrer os diversos grupos de máquinas sem um fluxo contínuo, uma vez que seus processos de produção nem sempre coincidem ou assemelham-se.

É característica das empresas que produzem:

- navios;
- embarcações;
- alguns móveis;
- impressos gráficos;
- forjas leves e pesadas;
- plataformas submarinas;
- equipamentos especiais;
- filmes cinematográficos etc.

10.2.1 Principais características da produção por ordem

As principais características da produção por ordem são as seguintes:

- nenhum serviço é iniciado sem que seja devidamente autorizado por meio de ordem de produção com um código correspondente;
- identificação da ordem específica de produção por ordem e por cliente;
- a produção não é padronizada;
- o sistema exige maior trabalho burocrático para o registro e controle das unidades produzidas;
- não se mantêm estoques regulares;
- a produção não é contínua, pois não existe um fluxo lógico de operações;
- os custos apurados por ordem são mais precisos, se comparados ao sistema de produção por processo, pelo fato de serem levantados individualmente por ordem de serviço;
- os produtos ou serviços são executados de acordo com as exigências ou projetos de cada cliente;
- possibilita a análise da lucratividade dos produtos por ordem de produção concluída e entregue ao cliente etc.

10.2.2 Metodologia tradicional de apuração de custos

Nesse sistema, os custos com matéria-prima, mão de obra direta e custos indiretos de produção incorridos são registrados em cada ordem de produção ou de serviço, identificados por intermédio de um número ou código.

O formulário, denominado Ordem de Produção (OP), conforme demonstra o Quadro 10.2, deve conter as informações para avaliação de desempenho, conforme exemplo simplificado:

Quadro 10.2   Ordem de Produção (OP)

ORDEM DE PRODUÇÃO (OP)	OP Nº	XX001	PROCESSO	
	DATA:	2-4-20XX	INÍCIO	FIM
PRODUTO: M014	"Mancalino"	Nº 001	10-4-20XX	10-4-20XX
ORÇAMENTO DE VENDA (Pré-cálculo)		Quant.	Unitário	Total
1. Matéria-prima, em kg		1.100	0,90	990,00
2. Mão de obra direta, em horas		5	10,00	50,00
3. Custos indiretos, taxa por peça		1.000	2,50	2.500,00
TOTAL ORÇADO				3.540,00
CUSTOS TOTAIS REAIS (Pós-cálculo)		Quant.	Unitário	Total
1. Matéria-prima, em kg (Quadro 10.2)		1.100	1,00	1.100,00
2. Mão de obra direta, em horas (Quadro 10.4)		6	11,00	66,00
3. Custos indiretos, taxa por peça (Quadro 10.4)		1.000	3,00	3.000,00
TOTAL ORÇADO				4.166,00
VARIAÇÃO TOTAL – DESFAVORÁVEL				– 626,00

Análise do resultado bruto da OP nº XX001:

CONTAS	ORÇADO		REALIZADO	
Preço de venda	R$ 6.000,00	100%	R$ 6.000,00	100%
(–) Custos de produção	– 3.540,00	– 59%	– 4.166,00	– 69%
Lucro bruto	R$ 2.460,00	41%	R$ 1.834,00	31%

Conclusão: O objetivo primordial da Contabilidade é o de propiciar informações para avaliar desempenho e subsidiar as próximas decisões na Gestão do Negócio.

O quadro acima mostra que a empresa obteve R$ 626,00 a menor do que foi planejado.

Composição das informações dos Quadros 10.3, 10.4 e 10.5:

Quadro 10.3   *Requisição de Material (RM)*

Logotipo da empresa	Requisição de Material	RM nº 00006		
		Data 10-4-20XX		
Requisitante:	Depto. Corte	Nº OP 0001		
Quantidade	Descrição do Material	Preço	
		Unit.	Total
1.100 kg	Aço X3	1,00	1.100,00

Quadro 10.4   *Ficha de tempo (FT)*

Logotipo da empresa		Ficha de Tempo			FT nº 0040 Data 10-4-20XX	
Depto.	Horário			Taxa (em $)		Nº OP
	Início	Término	Duração	Horário	Total	
Corte	7:00	8:00	1,00	10,00	10,00	0001
Forja	13:00	17:00	4,00	11,00	44,00	0001
Prensa	15:30	16:30	1,00	12,00	12,00	0001
Total			6,00	Total	66,00	

Quadro 10.5   *Controle de custos indiretos (em $)*

Logotipo da empresa	Controle de custo indireto	Data 10-4-20XX
Quantidade produzida	Taxa real por peça	Total custo indireto aplicado
1.000 pç	R$ 3,00	R$ 3.000,00

Além das informações citadas, os formulários poderão conter:

- Sequência de produção e máquinas a serem utilizadas;
- Necessidade de aprovação das primeiras unidades produzidas pelo controle de qualidade do cliente;
- Horas-máquina, necessárias por fases de produção;
- Preço de venda, lucro esperado etc.

10.2.3 Fluxo geral de contabilização

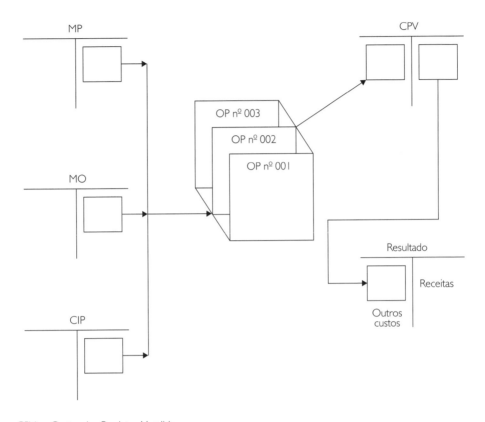

CPV = Custos dos Produtos Vendidos
MP = Matéria-prima
MO = Mão de obra
CIP = Custos Indiretos de Produção

10.3 Questões propostas e resolvidas

a) Questões
1. O que caracteriza a produção por processo? Exemplifique.
2. O que caracteriza a produção por encomenda? Exemplifique.
3. Qual é o sistema de produção em que os custos são mais precisos?

b) **Soluções prováveis**
1. A produção por processo é caracterizada pelas empresas que produzem para o estoque de forma contínua e padronizada. Nesse sistema os negócios são planejados em função de pesquisa de mercado onde se define o quê, quando e quanto produzir de forma uniformizada. São características de processos contínuos as indústrias farmacêuticas, de alimentos, de lâmpadas, químicas, de cimento etc.

    Os custos da chamada produção por processos contínuos são obtidos através de médias.
2. Já as empresas que trabalham com processo por encomenda geralmente não possuem estoques e os pedidos são feitos de conformidade com a exigência específica de cada cliente. São características das empresas que trabalham por encomenda ou ordem: impressos gráficos personalizados, plataformas submarinas, filmes cinematográficos, móvel de cozinha produzido sob encomenda etc.
3. Os custos são mais precisos, pois são apontados e apropriados em cada encomenda no sistema de produção por ordem.

11
Custos de Tributos Embutidos nos Preços de Compras e de Vendas

11.1 Introdução

"A espinha dorsal do Sistema Tributário Brasileiro é baseado no princípio constitucional da 'não cumulatividade' do tributo onde você acaba tributando apenas o 'valor adicionado' no negócio de venda realizado."

Entendemos que a menor tributação incidente sobre as operações de uma empresa recaia sobre o chamado Microempreendedor Individual (MEI) –, que paga R$ 1,00 (um real), a título do imposto referido no art. 13 do inciso VII, caso seja contribuinte do ICMS e de R$ 5,00 (cinco reais), a título de imposto referido no inciso VIII do *caput* do art. 13, caso seja contribuinte do ISS em valores fixos mensais, conforme Lei Complementar nº 128/2008. Logicamente está limitado a um faturamento de R$ 5.000,00 mensais ou R$ 60.000,00 anuais, sem considerar a contribuição previdenciária, que a nosso ver nada mais é do que um "seguro social".

Depois passamos pelas empresas ME – Microempresa e PME – Pequena e Média empresa com faturamento que varia, nos dias atuais, entre R$ 30.000,00 e R$ 300.000,00 mensais ou respectivamente R$ 360.000,00 e R$ 3.600.000,00 anuais.

Projeto de Lei Complementar, aprovado em 04/10/2016, eleva limites de tributação, a vigorar a partir de 2018. Para o Simples Nacional, sobe de R$ 3,6 milhões para R$ 4,8 milhões, o que equivale a uma média mensal de R$ 400 mil. Para o Micro Empresário Individual (MEI), o novo teto de enquadramento passa de R$ 60 mil para R$ 81 mil anuais, o que resulta em uma média mensal de R$ 6,75 mil.

A empresa ME paga uma taxa de 4% sobre o faturamento de vendas e as EPP do Simples Federal (Lei nº 123/2006) paga uma taxa única, que depende das vendas acumuladas anuais, englobando tributos e contribuições relativas a PIS, COFINS, ICMS, ISS, IRPJ, CSLL, IPI, dependendo da adesão dos Municípios e Estados da Federação, conforme legislação regente.

Todas as compras realizadas por uma empresa é notório, como frisamos, a inclusão não apenas nos custos do processo, mas também os tributos incidentes e a margem de lucro (remuneração do capital) no seu preço de venda.

Já as empresas que optam ou são obrigadas a trabalhar sob a tutela da sistemática do "lucro real", que a nosso ver é a forma mais justa para pagar o tributo, pois se há muito lucro paga-se mais imposto e se não há lucro nenhum imposto é devido, logicamente compreendendo também as aludidas contribuições.

A propósito, nossa Constituição Federal de 1988, o Código Tributário Nacional e as nossas jurisprudências definem o tributo como sendo oriundo dos impostos, propriamente ditos, das taxas, das contribuições de melhorias, das contribuições em geral de competências da União, do Distrito Federal, dos Estados e dos Municípios.

De maneira suscinta e geral e a que nos interessa para o desenvolvimento do presente capítulo, cabe à União os impostos e contribuições, tais como: IR (imposto sobre a renda das pessoas jurídicas e das pessoas físicas), PIS (Programa de integração social), COFINS (Contribuição para o financiamento da seguridade social), CSLL (Contribuição social sobre lucro líquido) e do IPI (Imposto sobre produtos industrializados).

Cabe aos Estados e ao Distrito Federal (DF): o ICMS (imposto sobre operações relativas à Circulação de Mercadorias e Prestação de Serviços de Transporte de Serviços de Transporte Interestadual e Intermunicipal e de Comunicação).

Já aos Municípios e ao DF cabem a cobrança do ISSQN (imposto sobre serviços de qualquer natureza).

Os tributos, entre outros, são tratados no CTN dos artigos 1º ao 95, da Lei nº 5.172 de 25/20/1966, recepcionado pela atual CF/88.

11.2 Tributos embutidos nos preços de compras

Todas as compras realizadas por uma empresa têm incluído no preço não apenas dos custos operacionais, mas também os valores necessários para cobrir os tributos incidentes, além da parcela de lucro (remuneração do capital investido no negócio).

Mas, vamos centrar o nosso foco numa empresa que opera sob a tutela da sistemática denominada de "lucro real", de cujas operações, inicialmente, ocorrem em uma indústria onde são adquiridos insumos aplicados no processo e os produtos gerados são vendidos com a incidência do IPI (Imposto sobre produtos industrializados).

Registra-se o *valor dos créditos* correspondentes embutidos no preço pago da compra, tais como PIS, COFINS, ICMS e o IPI destacado na NF-e/DANFE.

Por ocasião da saída do produto por operação de venda, registra-se no competente livro de Escrituração Fiscal Digital, pelo valor integral do tributo devido.

A legislação permite que você faça a contabilidade do que é débito e deduza os créditos dos tributos correspondentes, realizando o competente recolhimento da diferença. No fundo, tal mecanismo nada mais é do que tributar apenas o "valor adicionado" da venda sobre o valor das compras. Tal diferença apurada tem o prazo de cinco anos para ser homologada pelo fisco, caso contrário o valor automaticamente se prescreve.

11.3 O "substituto tributário" do ICMS

O "substituto tributário" do ICMS (Imposto sobre a circulação de mercadorias e serviços), praticamente existia apenas nas compras realizadas por empresas que vendiam cervejas, águas, refrigerantes e sorvetes, mas nos dias atuais a figura do S.T. do ICMS está aumentando a cada dia que passa para outros tipos de produtos, como perfumaria, aço, medicamentos, alguns produtos da construção civil etc.

No fundo, o legislador tributário acabou se utilizando de prerrogativa de fazer com que o ICMS fosse pago na fonte na hora da compra, ou seja, na NF/NF-e recebida além do preço da mercadoria e dos impostos e contribuições embutidos viria também incluso o ICMS sobre o preço de venda final do adquirente do produto – tomando por base a "margem média de lucro" de comercialização do produto intitulada de I.V. A. (Índice de Valor Adicionado), cuja prática requer a assinatura de Acordos entre Estados e Distrito da nossa Federação.

Portanto, não se debita na "formação do preço" de venda o ICMS da saída, pois sairia, como se "isento" fosse. Todavia, por ocasião da formação do preço de compra, além do preço da mercadoria incluiria também o valor do ICMS pago antecipadamente sobre a compra, como se fosse um custo do tipo frete, seguro, imposto de importação etc.

11.4 Crédito do ICMS – Simples Nacional

Conforme Lei Complementar nº 123/2006, as microempresas (ME) e as empresas de pequeno porte (EPP) optantes pelo Simples Nacional não farão jus à apropriação nem transferirão créditos relativos a impostos ou contribuições abrangidos por esse regime simplificado.

De outro lado, as empresas juridicamente constituídas e aquelas a elas comparadas NÃO OPTANTES pelo Simples Nacional têm direito a crédito correspondente ao ICMS incidente sobre as aquisições de mercadorias de ME e EPP optantes, desde que as compras de mercadorias destinem à comercialização ou industrialização, observando como LIMITE, o ICMS efetivamente devido pelas empresas enquadradas como optantes.

Deverá ser informado, no documento fiscal, a alíquota aplicável no cálculo do crédito, conforme previsto nos Anexos I e II da Lei Complementar nº 123/2006 para a faixa de receita bruta a que a ME ou a EPP estiver sujeita no mês anterior ao da operação, constante no documento fiscal do emitente.

Portanto, na nota fiscal com direito ao crédito do imposto deverá ser destacado a expressão: "Permite o crédito de ICMS no valor de R$........; correspondente à alíquota de ...%, nos termos do art. 23 da LC nº 123/2006".

11.5 Créditos do ICMS (Imposto sobre Circulação de Mercadorias e Serviços)

11.5.1 Introdução

A estrutura básica tributária para os créditos de impostos sobre a circulação de mercadorias compradas para a revenda e matérias-primas adquiridas para a aplicação na fabricação de outros produtos é praticamente a mesma entre os Estados da Federação e DF, variando apenas em alguns casos específicos e particulares de cada região.

Para o correto entendimento, aplicação e manutenção de créditos de ICMS, recomenda-se o estudo da legislação específica de cada Estado e do DF.

Nos tópicos seguintes, enumeramos os arts. 56 e 58 do Decreto nº 33.118 de 14-3-91 da legislação do Estado de São Paulo, que abordam o princípio da "não cumulatividade" e do crédito do imposto.

A seguir relatamos o que especifica a legislação no Estado de São Paulo.

11.5.2 Da não cumulatividade do ICMS

Seção I – Disposições Gerais

"Art. 56. O imposto é "não cumulativo", compensando-se o que for devido em cada operação ou prestação com o anteriormente cobrado por este ou outro Estado, relativamente à mercadoria entrada ou à prestação de serviço recebida, acompanhada de documento fiscal hábil, emitido por contribuinte em situação regular perante o fisco (Lei nº 6.374/89, art. 36)".

§ 1º Para efeito deste artigo, considera-se:
1. Imposto devido é resultante da aplicação da alíquota sobre a base de cálculo de cada operação ou prestação sujeita a cobrança do tributo;
2. Imposto anteriormente cobrado é a importância calculada nos termos do item precedente e destacado em documentação fiscal hábil;
3. Documento fiscal hábil é o que atende a todas as exigências da legislação pertinente, seja emitido por contribuinte em situação regular perante o fisco e esteja acompanhado, quando exigido, de comprovante do recolhimento do imposto;
4. Situação regular perante o fisco é a do contribuinte que, à data da operação ou prestação, esteja inscrito na repartição fiscal competente, se encontre em atividade no local indicado e possibilite à comprovação da autenticidade dos demais dados cadastrais apontados ao fisco (1).

§ 2º Não se considera cobrado, ainda que destacado em documento fiscal, o montante do imposto que corresponder a vantagem econômica decorrente da concessão de qualquer subsídio, redução da base de cálculo de crédito presumido ou outro incentivo ou benefício fiscal em desacordo com o disposto no artigo 155, § 2º, inciso XII, alínea 'g' da Constituição Federal (Lei nº 6.374/89, art. 36, § 2º, na redação da Lei nº 9.359/96) (redação dada pelo inciso I do art. 2º do Decreto nº 41.252, de 30-10-96, DOE 31-10-96; efeitos a partir de 19-6-96)."

11.5.3 Do crédito do imposto

Seção II

"Art. 58. Para a compensação, será assegurado ao contribuinte, salvo disposição em contrário, o direito de creditar-se do imposto anteriormente cobrado, nos termos do item 2 do § 1º do art. 56, relativamente à mercadoria entrada, real ou simbolicamente em seu estabelecimento, ou a serviço a ele prestado, em razão de operações ou prestações regulares e tributadas" (Lei nº 6.374/89, art. 38).[1]

§ 1º O direito ao crédito do imposto condicionar-se-á à escrituração do respectivo documento fiscal e ao cumprimento dos demais requisitos previstos na legislação.

§ 2º O crédito deverá ser escriturado por seu valor nominal (Lei nº 6.374/89, art. 38, § 3º, na redação da Lei nº 9.359/96, art. 2º, II). (Revigoramento e redação dada pelo art. 4º do Decreto nº 41.252, de 30-10-96 – DOE 31-10-96; efeitos a partir de 1º-2-94.)

§ 3º O direito ao crédito extinguir-se-á após 5 (cinco) anos, contados da data da emissão do documento fiscal e a ocorrência do fato gerador.

§ 4º Salvo hipótese expressamente prevista neste regulamento, é vedada a apropriação de crédito do imposto destacado em documento fiscal se este:

1. Indicar como destinatário da mercadoria ou tomador do serviço estabelecimento diverso daquele que o registrar;
2. Não for primeira via.

§ 5º Se o imposto for destacado a maior do que o devido no documento fiscal, o excesso não será apropriado como crédito.

§ 6º O disposto no parágrafo anterior também se aplicará quando, em operação interestadual, o Estado de origem fixar base de cálculo superior à estabelecida em lei complementar ou em acordo firmado entre os Estados.

§ 7º O crédito será admitido somente após sanadas as irregularidades contidas em documento fiscal que:

---

[1] Exige-se autenticidade da DANFE/NF-e.

1. Não for o exigido para a respectiva operação ou prestação;
2. Não contiver as indicações necessárias à perfeita identificação da operação ou prestação;
3. Apresentar emenda ou rasura que lhe prejudique a clareza.

§ 8º Quando se tratar de mercadoria importada, que deva ser registrada com direito a crédito, o imposto pago em conformidade com o disposto na alínea 'a' do inciso I e na alínea 'b' do inciso IV do artigo 102 poderá ser escriturado no período de apuração em que tiver ocorrido o seu recolhimento, ainda que a entrada efetiva da mercadoria se verifique em período seguinte.

"§ 9º Em substituição ao sistema de crédito previsto neste artigo, a Secretaria da Fazenda poderá facultar ao contribuinte a compensação de importância resultante da aplicação de percentagem fixa."

11.5.4 Da vedação do crédito

Subseção II

"Art. 63. Qualquer que seja o regime de apuração e de pagamento do imposto, sendo vedado o crédito relativo à mercadoria entrada ou adquirida, bem como ao serviço tomado (Lei nº 6.374/89, arts. 40 e 42)":

I – para integração no ativo imobilizado do estabelecimento;

II – para uso ou consumo do próprio estabelecimento, assim entendida a mercadoria que não for utilizada na comercialização ou a que não for empregada para integração no produto ou para consumo no respectivo processo de industrialização ou produto rural, ou, ainda, na prestação de serviço sujeita ao imposto;

NOTA: A Lei Complementar nº 87/96 atribui crédito do ICMS relativo à entrada de mercadoria para uso ou consumo ou ao Ativo Permanente – art. 20. Todavia, tal benefício foi prorrogado pela LC nº 99/99 para entrar em vigor a partir de 1º-1-2003.

IV – para comercialização ou prestação de serviço, quando a saída ou a prestação de serviço subsequente for beneficiada com a redução da base de cálculo, proporcionalmente à parcela correspondente à redução.

§ 1º Se a mercadoria ou o serviço sujeitar-se ao imposto por ocasião de posterior operação ou prestação ou, ainda, se tiver emprego em processo de industrialização ou produção rural, quando a saída do produto resultante estiver sujeita ao tributo, poderá o estabelecimento creditar-se do imposto relativo à respectiva entrada, nunca superior ao valor devido na operação ou prestação tributada.[2]

---

[2] Para estudo mais aprofundado sobre o assunto, recomendamos a leitura do próprio DL e obra sobre ICMS de OLIVEIRA, Juarêz Cordeiro. **ICMS**. São Paulo: Éfeta, 1997.

"§ 2º A vedação do crédito estende-se ao imposto incidente sobre serviço de transporte ou de comunicação relacionado com mercadoria que vier a ter qualquer das destinações mencionadas neste artigo."

11.5.5 Da apuração do ICMS

De conformidade com a legislação e o princípio da "não cumulatividade", a empresa adquirente pode creditar-se, como visto neste capítulo, do valor do ICMS pago ao fornecedor que vem embutido no preço de compra.

O crédito do ICMS deve ser deduzido do valor da compra e registrado na conta do ATIVO como ICMS a recuperar.

Por ocasião do faturamento das vendas, de produtos diferentes, em períodos mensais, apura-se o ICMS devido integralmente, através da EFD – Escrituração Fiscal Digital.

Mediante o livro de apuração, apura-se o ICMS devido calculado sobre as saídas por vendas faturadas e as entradas por compras.

Pelo livro eletrônico de apuração do ICMS, confronta-se os débitos e créditos de ICMS, se o saldo for devedor, emite-se a correspondente guia de recolhimento (GIA) para pagamento da diferença no prazo estipulado pela legislação. No entanto, se os créditos forem maiores que os débitos de vendas, a diferença permanece no registro para a compensação em futuras vendas.

11.5.6 Caso simplificado de créditos e débitos do ICMS

Vamos admitir que determinada empresa comercial tenha, hipoteticamente, no regime de apuração do "Lucro Presumido", realizado as seguintes operações durante um mês:
- Compra de lote de mercadorias, do tipo ZB40, por R$ 1.000,00 com destaque de ICMS incluso no preço da nota fiscal de compra de R$ 180,00.
- Venda de lote de mercadorias, do tipo ZB40, por R$ 2.000,00 com ICMS destacado na nota fiscal de venda no montante de R$ 360,00.

Pede-se o cálculo do:
1. valor efetivo da compra;
2. montante do crédito de ICMS das compras realizadas;
3. importância correspondente ao débito do ICMS sobre as vendas;
4. valor líquido do ICMS a recolher.

Soluções prováveis

1. Valor efetivo da compra, se será tomado por base para registro do estoque e cálculo do custo da mercadoria vendida:

    O valor efetivo da compra é de R$ 820,00, assim calculado:

Valor total da NF de compra	R$ 1.000,00
(–) Crédito de ICMS incluso no preço	(R$ 180,00)
Valor efetivo da compra	R$ 820,00

2. Montante do crédito de ICMS das compras realizadas:

    O valor do crédito de ICMS sobre as compras é de R$ 180,00 destacado na nota fiscal eletrônica de compra (NF-e) de entrada.

3. Importância correspondente ao débito do ICMS sobre as vendas:

    O valor do débito do ICMS é de R$ 360,00 calculado sobre o valor das vendas faturadas (18% de R$ 2.000,00).

4. Valor líquido do ICMS a recolher (Apuração do tributo a recolher pelo ECF – Escrituração Fiscal Digital)

    O valor do ICMS a pagar é de R$ 180,00, assim calculado:

ICMS calculado sobre as saídas	R$ 360,00
(–) ICMS calculado sobre as compras	(R$ 180,00)
= Saldo líquido a recolher	R$ 180,00

11.6 Créditos do IPI (Imposto sobre Produtos Industrializados) – Decreto nº 2.367, de 25-6-98

11.6.1 Da "não cumulatividade" do IPI

Art. 146. A não cumulatividade do imposto é efetivada pelo sistema de crédito, atribuído ao contribuinte, do imposto relativo a produtos entrados no seu estabelecimento, para ser abatido do que for devido pelos produtos dele saídos, num mesmo período, conforme estabelecido na Lei nº 5.172, de 1966, art. 49.

11.6.2 Dos créditos básicos do IPI

Art. 147. Os estabelecimentos industriais, e os que lhes são equiparados, poderão creditar-se (Lei nº 4.502, de 1964, art. 25):

I – do imposto relativo a matérias-primas, produtos intermediários e materiais de embalagem, adquiridos para emprego na industrialização de produtos tributados, incluindo-se, entre as matérias-primas e produtos intermediários, aqueles que, embora não se integrando ao novo produto, forem consumidos no processo de industrialização, salvo se compreendidos entre os bens do ativo imobilizado;

II – do imposto relativo a matérias-primas, produtos intermediários e materiais de embalagem, recebidos de terceiros para industrialização de produtos por encomenda, quando estiver destacado ou indicado na nota fiscal eletrônica – NF-e (nosso grifo –n.g.);

III – do imposto destacado em nota fiscal relativa a produtos industrializados por encomenda, recebidos do estabelecimento que os industrializou, em operação que dê direito ao crédito;

IV – do imposto pago no desembaraço aduaneiro;

V – do imposto mencionado na nota fiscal eletrônica (NF-e, n.g.) que acompanhar produtos de procedência estrangeira, diretamente na repartição que os liberou, para estabelecimento, mesmo exclusivamente varejista, do próprio importador;

VI – do imposto relativo a bens de produção recebidos por comerciantes equiparados a industrial.

11.6.3 Caso simplificado de créditos e débitos do IPI e do ICMS

A Cia. Industrial Santa Mônica realizou as seguintes operações no mês de abril/20XX, na condição de ser tributada com base na sistemática do "Lucro Presumido".

a) *Compra* de matérias-primas para industrialização:

Base de cálculo da nota fiscal eletrônica de compra	= R$ 500,00
IPI (10%)	= R$ 50,00
Total nota fiscal eletrônica de compra	= R$ 550,00
ICMS incluso no preço NF compra (18%)	= R$ 90,00

b) *Venda* de produtos industrializados:

Base de cálculo da nota fiscal eletrônica de venda	= R$ 1.000,00
IPI (10%)	= R$ 100,00
Total nota fiscal eletrônica de compra	= R$ 1.100,00
ICMS incluso NF-e compra (18%)	= R$ 180,00

Questionamento proposto:

1. Valor efetivo da compra;
2. Montante do crédito de IPI e de ICMS das compras realizadas;
3. Importância correspondente ao débito do IPI e ICMS sobre as vendas; e
4. Valor líquido do IPI e do ICMS a recolher.

Soluções prováveis:

1. O valor efetivo da compra é de R$ 410,00, assim calculado:

Valor total da NF de compra	R$ 550,00
(–) Crédito de IPI destacado no preço de compra	(R$ 50,00)
(–) Crédito de ICMS incluso no preço de compra	(R$ 90,00)
Valor efetivo da compra	R$ 410,00

Portanto, o valor efetivo da compra de matéria-prima corresponde a R$ 410,00, a ser considerado para registro na conta do Estoque do Ativo Circulante, bem como será a base para o cálculo do preço de venda do produto, logicamente se for aplicado apenas essa matéria-prima.

2. O valor do crédito de IPI sobre as compras é de R$ 50,00 e o valor do crédito de ICMS corresponde a R$ 90,00.
3. O valor do débito do IPI é de R$ 100,00 e o débito do ICMS corresponde a R$ 180,00, calculados sobre as vendas realizadas.
4. Valor líquido do IPI a recolher é de R$ 50,00 e o do ICMS a pagar é de R$ 90,00, assim calculados:

IPI calculado sobre as saídas	= (R$ 100,00)
(–) IPI calculado sobre as compras	= (R$ 50,00)
= Saldo IPI a recolher	= R$ 50,00
ICMS calculado sobre as vendas realizadas	(R$ 180,00)
(–) ICMS calculado sobre as compras	= (R$ 90,00)
= Saldo líquido de ICMS a recolher	= R$ 90,00

11.7 Operações de compra e venda em empresa industrial

Simulamos os registros tributários contábeis de compras e vendas (EFD, ECD, EFD-CONTRIBUIÇÕES), da hipotética empresa Ipasa Industrial S.A., cujo processo é realizado com a compra da matéria-prima VZ e produzindo para venda o produto CB.

Esses lançamentos serão realizados em duas partes, cujas transações do mês de maio/XX foram as seguintes, considerando a sistemática de apuração pelo "Lucro Real", assim descritas:

1ª Parte das operações – Compra de matéria-prima "VZ" financiada para pagamento a prazo:

Volume de compras	= 2 toneladas (t)
Preço unitário	= R$ 1.500,00 t
Base de cálculo NF	= R$ 3.000,00
IPI 10%	= R$ 300,00
Total NF	= R$ 3.300,00
ICMS incluso no preço	= R$ 540,00

Pede-se:
1. Memória de cálculo do custo efetivo de compra.
2. Registro das operações de compra, com destaque para os créditos de tributos por razonetes.
3. Elaboração do balanço simplificado das contas.

Solução provável
1. Memória de cálculo do custo efetivo de compra:

Custos de Tributos Embutidos nos Preços de Compras e de Vendas

MEMÓRIA DE CÁLCULO DO CUSTO EFETIVO DA COMPRA

CONTAS	R$ 1,00
Valor da compra	3.300,00
(–) IPI	– 300,00
(–) ICMS (18%)	– 540,00
(–) PIS (1,65%)	– 49,50
(–) COFINS (7,6%)	– 228,00
Valor efetivo	2.182,50

2. Registro da operação de compra por razonetes:

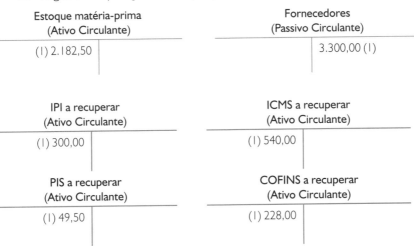

3. Elaboração do Balanço Patrimonial simplificado:

ATIVO CIRCULANTE		PASSIVO CIRCULANTE	
Estoque matéria-prima	R$ 2.182,50	FORNECEDORES	R$ 3.300,00
IPI A RECUPERAR	300,00		
ICMS A RECUPERAR	540,00		
PIS A RECUPERAR	49,50		
COFINS A RECUPERAR	228,00		
TOTAL DO ATIVO CIRC.	3.300,00	TOTAL DO PASSIVO CIRC.	R$ 3.300,00

Capítulo 11

2ª Parte das operações – Produção e venda de parte do produto CB:

- transferência do estoque de uma tonelada da matéria-prima "VZ";
- outros custos incorridos no processo de fabricação no montante de R$ 755,00 pago a vista.

Outras informações adicionais:

- 70% da produção foi vendida a vista no exercício de competência, cuja receita bruta apurada foi de R$ 3.850,00, cujas taxas hipotéticas de embutidas nos preços foram as seguintes:

IPI	– 10,00%	de R$ 3.500,00	= R$ 350,00
ICMS	– 18,00%	de R$ 3.500,00	= R$ 630,00
PIS	– 1,65%	de R$ 3.500,00	= R$ 57,75
COFINS	– 7,60%	de R$ 3.500,00	= R$ 266,00

Pede-se:

1. Registro dos fatos contábeis por "razonetes".
2. Demonstração do resultado bruto.
3. Elaboração de Balanço Patrimonial simplificado.

Soluções prováveis:

1. Registro dos fatos contábeis por "razonetes".

Saldos das contas dos razonetes da primeira parte e registro das operações da segunda parte:

Caixa		Estoque de matéria-prima		Processo de produção	
(2) 3.850,00	755,00 (3)	2.182,50	941,25 (4)	(4) 1.091,25	1.696,25 (6)
3.095,00 (saldo)		1.091,25 (saldo)		(5) 755,00	
				1.846,25	1.846,25

Outros custos		Produção acabada		IPI a recuperar	
(3) 755,00	755,00 (5)	(6) 1.846,25	1.292,37 (12)	300,00	300,00 (1)
		553,88 (saldo)			

118

Custos de Tributos Embutidos nos Preços de Compras e de Vendas

ICMS a recuperar		PIS a recuperar		Cofins a recuperar	
540,00	540,00 (10)	49,50	saldo anterior 49,50 (16)	228,00	saldo anterior 228,00 (17)

Fornecedores a pagar		IPI a pagar		ICMS a pagar	
	3.300,00 saldo	(11) 300,00	350,00 (7)	(10) 540,00	630,00 (8)
			50,00 (saldo)		90,00 (saldo)

PIS a pagar		Cofins a pagar		Receita líquida de vendas	
(16) 49,50	57,75 (14)	(17) 228,00	266,00 (15)	(7) 350,00	3.850,00 (2)
	8,25		38,00	(8) 630,00	
				(14) 57,75	
				(15) 266,00	3.850,00
				1.303,75	
				(5) 2.546,25	

Custos dos produtos vendidos		Resultado bruto	
(12) 1.292,37	1.292,37 (13)	(13) 1.292,37	2.546,25 (9)
			1.253,88 (saldo)

2. Demonstração do resultado bruto:

Receitas brutas de vendas		R$ 3.850,00
(−) Tributo IPI	(R$ 350,00)	
ICMS	(R$ 630,00)	
PIS	(R$ 57,75)	
Cofins	(R$ 266,00)	(R$ 1.303,75)
Receitas líquidas de vendas		R$ 2.546,25
(−) Custo do produto vendido		(R$ 1.292,37)
= Lucro bruto		R$ 1.253,88

Portanto, o lucro bruto corresponde a R$ 1.358,88.

3. Elaboração de balanço simplificado:

ATIVO		PASSIVO E PL	
ATIVO CIRCULANTE		**PASSIVO CIRCULANTE**	
Caixa	R$ 3.095,00	Fornecedores	R$ 3.300,00
Estoque matéria-prima	R$ 1.091,25	PIS a pagar	R$ 8,25
Produção acabada	R$ 553,88	IPI a pagar	R$ 50,00
Total ativo circulante	R$ 4.740,13	ICMS a pagar	R$ 90,00
		Cofins a pagar	R$ 38,00
		Total passivo circulante	R$ 3.486,25
		Passivo não circulante	
		Patrimônio Líquido (PL)	
		Lucro bruto	R$ 1.253,88
Total do ativo	R$ 4.740,13	Total do passivo e PL	R$ 4.740,13

11.8 "Não cumulatividade" do PIS (Programa de Integração Social) e da Cofins (Contribuição para o Financiamento da Seguridade Social)

11.8.1 Das alíquotas

A Cobrança Não Cumulativa da Cofins (Contribuição para o Financiamento da Seguridade Social) já havia sido prevista pela Lei nº 10.637/2002, quando da instituição da Cobrança Não Cumulativa do PIS/Pasep.

Pela Lei nº 10.833, de 29-12-2003, conversão da Medida Provisória nº 135, de 30-10-2003 (*DOU* de 31-10-2003), através dos artigos 1 ao 16, foi instituída a Cobrança Não Cumulativa da Cofins.

Para determinar a Cobrança Não Cumulativa aplicar-se-á sobre a base de cálculo apurada (Lucro Real):

- Para o PIS/Pasep a alíquota de 1,65% (art. 2º da Lei nº 10.637, de 30-12-2002);
- Para a COFINS a alíquota de 7,6% (art. 2º da Lei nº 10.833, de 29-12-2003).

11.8.2 Créditos a descontar

Do valor das contribuições calculadas pelas alíquotas de 1,65% e de 7,60%, poderão ser descontados créditos calculados em relação ao art. 3º da Lei nº 10.637/02 e art. 25 da Lei nº 10.684/2003, IN-SRF 247/02 e 358/03 e art. 3º da Lei nº 10.833, de 29-12-2003:

I.   Bens adquiridos para revenda, exceto os de substituição tributária ou quaisquer submetidos à incidência monofásica da contribuição;
II.   Bens e serviços, utilizados como insumo na prestação de serviços e na produção ou fabricação de bens destinados à venda, inclusive combustíveis;
III. Energia elétrica consumida nos estabelecimentos da pessoa jurídica;
IV.   Aluguéis de prédios, máquinas e equipamentos, pagos a pessoa jurídica, utilizados nas atividades da empresa;
V.   Despesas financeiras decorrentes de empréstimos, financiamentos e o valor das contraprestações de operações de arrendamento mercantil de pessoa jurídica;
VI.   Encargos de depreciação, incorridos no mês, relativos a máquinas, equipamentos e outros bens incorporados ao ativo imobilizado, adquiridos para utilização na produção de bens destinados à venda, ou na prestação de serviços;
VII. Encargos de amortização, incorridos no mês, relativos a edificações e benfeitorias em imóveis próprios ou de terceiros, utilizados na atividade da empresa;
VIII. Bens recebidos em devolução no mês, cuja receita de venda tenha integrado faturamento do mês ou mês anterior e tributada pelas novas alíquotas.

11.8.3 Sem direito a crédito

Não dará direito ao crédito o valor da mão de obra paga a pessoa física (§ 2º do art. 3º da Lei nº 10.833, de 29-12-2003).

Direito ao crédito

O direito ao crédito aplica-se, exclusivamente, em relação ao § 3º do art. 3º da Lei nº 10.833, de 29-12-2003:

I.   aos bens e serviços adquiridos de pessoa jurídica domiciliada no País;
II. custos e despesas, pagos ou creditados a pessoa jurídica domiciliada no País.

11.8.4 Contribuintes do PIS e da Cofins

São contribuintes da Cofins não cumulativa as pessoas jurídicas de direito privado tributadas com base no lucro real, exceto as entidades financeiras, seguros e previdência privada (art. 2º da IN-SRF nº 209, de 27-09-2002).

11.8.5 Não aplicação das regras – "não cumulativa"

Permanecem sujeitas às normas da Cofins, vigentes anteriormente a esta lei, não lhes aplicando as disposições dos arts. 1º a 8º (art. 10 da Lei nº 10.833, de 29-12-2003). Entre as empresas às quais não se aplicam as regras da não cumulatividade, destacamos as tributadas com base no lucro presumido ou arbitrado; as pessoas jurídicas optantes pelo Simples, as sociedades cooperativas, entre outras.

11.8.6 Contabilização do PIS/Pasep e da Cofins não cumulativa

O Conselho Federal de Contabilidade expediu o Comunicado Técnico 01/2003 orientando a respeito da contabilização do crédito da contribuição para o PIS/Pasep ser a mesma adotada para o ICMS.

Exemplo:

Admitindo que uma mercadoria tenha sido comprada por R$ 10.000,00, com IPI de 10% e ICMS de 18%, teremos:

Mercadorias compradas	R$ 10.000,00
IPI de 10%	R$ 1.000,00
Total da Nota Fiscal	R$ 11.000,00

ICMS incluso no preço
18% = R$ 1.800,00

Caso a mercadoria tenha sido adquirida para revenda por empresa comercial, a contabilização será a seguinte:

CONTAS	DÉBITO	CRÉDITO
Estoques de mercadorias	R$ 8.182,50	
IPI a recuperar	0,0	
ICMS a recuperar	R$ 1.800,00	
PIS a recuperar	R$ 181,50	
COFINS a recuperar	R$ 836,00	
Fornecedores		R$ 11.000,00

Caso a matéria-prima tenha sido adquirida para aplicação em produtos industrializados, a contabilização será a seguinte:

CONTAS	DÉBITO	CRÉDITO
Estoques de matérias-primas	R$ 7.275,00	
IPI a recuperar	R$ 1.000,00	
ICMS a recuperar	R$ 1.800,00	
PIS a recuperar	R$ 165,00	
COFINS a recuperar	R$ 760,00	
Fornecedores		R$ 11.000,00

Nota: Sobre a não cumulatividade do PIS (Programa de Integração Social) e da COFINS (Contribuição para financiamento da Seguridade Social), para maiores informações recomendamos consultar:

– Lei nº 10.865 de 30-4-2004;
– Lei nº 10.833 de 29-12-2003;
– Lei nº 10.637 de 30-12-2002;
– Medida Provisória nº 2.158-35 de 24-8-2001;
– Lei Complementar nº 70 de 30-12-1999;
– Lei Complementar nº 128/2008.

É prudente verificar jurisprudência junto ao CARF (Conselho Administrativo de Recursos Fiscais), pois existem muitas despesas operacionais necessárias para obtenção das receitas de vendas, que esse órgão dá guarida para que a empresa não onere os seus recolhimentos com relação ao pagamento de PIS/COFINS, ou mais precisamente permite que os insumos (custos e despesas) necessários para a obtenção da receita operacional de vendas sejam creditados, reduzindo dessa forma o pagamento dos aludidos tributos.

Decreto MP, IN, Atos e Portarias no site: www.receita.fazenda.gov.br

E www.pfe.fazenda.sp.gov.br do Estado de SP e outros sítios em cada Estado correspondente.

11.9 Estudo de caso proposto e resolvido

A IMAL (Indústria de Móvel Automática Ltda.) realizou compra de matéria-prima para o fabrico de móveis, conforme dados hipotéticos abaixo:

Constantes da DANFE/NF-e:
Base de cálculo: $ 10.000,00
IPI de 4%:   400,00
TOTAL DA NOTA   10.400,00
ICMS (incluso no preço)   1.200,00

a) **Questões**
1. Qual é o custo efetivo de compra dessa indústria?
2. Qual é o custo efetivo da matéria-prima que servirá de base para o cálculo do preço de venda do produto?

b) **Soluções prováveis**
1. Custo efetivo da compra de matéria-prima pode ser assim demonstrado:

CUSTO TOTAL DE COMPRA	10.400,00
IPI DE 4%	– 400,00
ICMS 12%	– 1200,00
PIS 1,65%	– 165,00
COFINS 7,6%	– 760,00
CUSTO EFETIVO DE COMPRA	7.875,00

Portanto, o custo efetivo da compra é de $ 7.875,00.

2. É de $ 7.875,00.

11.10 Jurisprudência sobre o creditamento das contribuições do PIS e da COFINS

11.10.1 Controvérsias sobre o creditamento de PIS e da COFINS sobre despesas operacionais

Temos deparado com relevantes controvérsias com relação ao creditamento do PIS e da COFINS sobre despesas operacionais.

O CARF (Conselho Administrativo de Recursos Fiscais) tem se manifestado favoravelmente em favor dos contribuintes.

Métodos Utilizados na Avaliação de Estoques

12.1 Introdução

O desequilíbrio entre a lei da oferta e da procura acarreta variação nos preços de bens e serviços comercializados pela sociedade de consumo.

Quando a procura é maior do que a oferta de bens e serviços, os preços podem aumentar, refletindo no que é chamado de inflação de demanda; caso a oferta de bens e serviços seja maior do que a demanda, os preços tenderão a diminuir, provocando a deflação.

Os métodos utilizados na avaliação de estoques de compras servem para retratar as variações de preços, dependendo do critério usado.

Se compramos uma unidade do produto "X" por R$ 10,00 no momento "1" e outra unidade por R$ 12,00 no momento "2", temos, portanto, duas unidades em estoque e uma variação de preço (inflação) de 20% da segunda compra em relação à primeira.

Se tomamos a decisão de vender uma unidade do produto em estoque por R$ 15,00, temos as seguintes alternativas de resultados:

OPERAÇÕES	RESULTADOS COM BASE NOS PREÇOS DA:					
	1ª COMPRA		2ª COMPRA		MÉDIOS	
Contas	Valor	%	Valor	%	Valor	%
Receita	R$ 15,00	100	R$ 15,00	100	R$ 15,00	100
(–) Custo	(R$ 10,00)	(67)	(R$ 12,00)	(80)	(R$ 11,00)	(73)
= Lucro	R$ 5,00	33	R$ 3,00	20	R$ 4,00	27

Comentários:

No tocante à praticidade, o resultado de R$ 4,00 acaba sendo o mais usado; todavia, em época de variações mais acentuadas de preços, o resultado de R$ 3,00 pode ser considerado o mais completo para avaliação de desempenho e distribuição de lucros.

Como não existe regra sem exceção, o princípio exemplificado também não é diferente, pois, se pensarmos em empresas onde os lucros são formados com base em política de preços baixos e giro rápido dos estoques, a premissa com o resultado de R$ 3,00 pode ser verdadeira.

Se a transação de compra foi realizada no aspecto tempo, por exemplo, no passado, o termo *histórico* é apropriado; se for no presente, o termo deve ser o *corrente*, e se for tomado com preços do futuro, o termo apropriado deve ser *reposição*.

Para avaliação de estoques a preços históricos, isto é, do passado, podemos enquadrar os métodos PEPS, UEPS, média ponderada e média mensal.

Detalhamos e exemplificamos a seguir a metodologia usada para avaliação de estoques de produtos acabados, em elaboração e matérias-primas usadas pela indústria, materiais aplicados na produção de serviços e na avaliação dos preços das mercadorias comercializadas.

12.2 Método PEPS

A expressão *PEPS* é usada para baixar do armazém ou da despensa a compra com o preço mais antigo.

O termo *PEPS* originou-se da expressão inglesa FIFO – *first in first out* – o primeiro a entrar no estoque é o primeiro a sair.

12.3 Método UEPS

A sigla *UEPS* representa o último que entrou no estoque é o primeiro a sair (*LIFO – last in first out*).

Por esse critério, a baixa da mercadoria do estoque é realizada com base no preço das entradas mais recentes.

12.4 Método da média ponderada

A média ponderada é calculada em função de várias entradas do mesmo produto no estoque a preços diferentes.

12.5 Método da média mensal

É aceitável sob o ponto de vista fiscal (PN 06/79) que as saídas sejam registradas unicamente ao final de cada mês desde que avaliadas ao preço médio que, sem considerar o lançamento de baixa, verificar-se naquele mês.

12.6 Método do preço corrente

Aplica-se o método corrente quando se avaliam os estoques de insumos, por exemplo, a preços da data atual.

12.7 Método do preço de reposição

É o método que avalia o estoque com base nos preços dos materiais, por exemplo, que serão recebidos. O termo é derivado da expressão NIFO – *next in first out* – o próximo a entrar é o primeiro a sair.

Por exemplo: elaboramos orçamento de venda de produto que será fabricado com matéria-prima que será adquirida com preço reajustado.

12.8 Aplicação prática dos métodos

Ilustramos a metodologia de avaliação de estoques com as seguintes operações de compra e venda de mercadoria da Cia. de Produtos de Qualidade: (CPQ).

DATA	OPERAÇÃO	
2-1-20XX	1ª compra de 10 un. a	R$ 8,00 un. = R$ 80,00
12-1-20XX	2ª compra de 10 un. a	R$ 10,00 un. = R$ 100,00
22-1-20XX	3ª compra de 15 un. a	R$ 12,00 un. = R$ 180,00
25-1-20XX	1ª venda de 10 un. a	R$ 15,00 un. = R$ 150,00
31-1-20XX	4ª compra de 6 un. a	R$ 15,00 un. = R$ 90,00
1-2-20XX	Reposição	R$ 18,00 un.

Nota: As variações de preços foram consideradas de forma expressiva, a fim de facilitar a compreensão e diferenças entre os vários métodos de avaliação de estoques.

Os gastos com vendas e os impostos e contribuições não foram considerados por simplificação.

Pede-se:

Apurar os resultados de venda com base nos métodos de avaliação de estoques PEPS, UEPS, média ponderada e média mensal e a preço de reposição.

Soluções prováveis:

a. Resultado de venda com base no método de avaliação de estoques PEPS.

DEMONSTRAÇÃO DE RESULTADO		
Receitas de vendas (10 un. a R$ 15,00 un.)	R$ 150,00	100%
(–) CMV (10 un. a R$ 8,00 un.)	(R$ 80,00)	(53%)
= Resultado	R$ 70,00	(47%)

127

Capítulo 12

b. Resultado de venda com base no método de avaliação de estoques UEPS.

DEMONSTRAÇÃO DE RESULTADO		
Receitas de vendas (10 un. a R$ 15,00 un.)	R$ 150,00	100%
(–) CMV (10 un. a R$ 12,00 un.)	(R$ 120,00)	(80%)
= Resultado	R$ 30,00	(20%)

c. Resultado de venda com base no método de avaliação de estoque média ponderada (MP):

Memória de Cálculo

$$\text{1}^{\underline{a}}\text{ Compra} \qquad \text{2}^{\underline{a}}\text{ Compra} \qquad \text{3}^{\underline{a}}\text{ Compra}$$

$$MP = \frac{(10 \text{ un.} \times R\$ 8,00 \text{ un.}) + (10 \text{ un.} \times R\$ 10,00 \text{ un.}) + (15 \text{ un.} \times R\$ 12,00 \text{ un.})}{10 \text{ un.} + 10 \text{ un.} + 15 \text{ un.}}$$

$$MP = \frac{R\$ 80,00 + R\$ 100,00 + R\$ 180,00}{35 \text{ un.}}$$

$$MP = \frac{R\$ 360,00}{35 \text{ un.}} \cong R\$ 10,29 \text{ un.}$$

DEMONSTRAÇÃO DE RESULTADO		
Receitas de vendas (10 un. a R$ 15,00 un.)	R$ 150,00	100%
(–) CMV (10 un. a R$ 10,29 un.)	(R$ 102,90)	(69%)
= Resultado	R$ 47,10	(31%)

CMV – Custo da Mercadoria Vendida.

d. Resultado de venda com base no método de avaliação de estoque pela média mensal (MM).

Memória de Cálculo

$$MM = \frac{\begin{array}{c}(10 \text{ un.} \times R\$ 8,00 \text{ un.}) + (10 \text{ un.} \times R\$ 10,00 \text{ un.}) + \\ + (15 \text{ un.} \times R\$ 12,00 \text{ un.}) + (6 \text{ un.} \times R\$ 15,00 \text{ un.})\end{array}}{41 \text{ un.}}$$

$$MM = \frac{R\$ 80,00 + R\$ 100,00 + R\$ 180,00 \ldots + R\$ 180.000,00 + R\$ 90,00}{41 \text{ un.}}$$

$$MM = \frac{R\$ 450,00}{41 \text{ un.}} \cong R\$ 10,98 \text{ un.}$$

DEMONSTRAÇÃO DE RESULTADO		
Receitas de vendas (10 un. a R$ 15,00 un.)	R$ 150,00	100%
(–) CMV (10 un. a R$ 10,98 un.)	(R$ 109,80)	(73%)
= Resultado	R$ 40,20	27%

e. Resultado de venda com base no método de avaliação de estoque a preço de reposição:

DEMONSTRAÇÃO DE RESULTADO			
Receitas de vendas (10 un. a R$ 15,00 un.)		R$ 150,00	100%
(–) CMV (10 un. a R$ 18,00 un.)		(R$ 180,00)	(120%)
= Resultado		(R$ 30,00)	(20%)

f. Comentários sobre os métodos PEPS, UEPS, média ponderada e média mensal de avaliação de estoque.

Os resultados de vendas apurados pelos métodos PEPS, Média Ponderada e Média Mensal são aceitos pelo fisco para avaliação de estoque. A média mensal é amparada pelo PN nº 6/79.

O resultado de vendas apurado pelo método a preço de reposição pode ser mais realista, pois no caso de preços deflacionados a recíproca também seria verdadeira.

12.9 Questões propostas e resolvidas

a) Questões
1. Qual é o método que a legislação do imposto sobre a renda aceita para à apropriação dos custos dos produtos vendidos e/ou comercializados?
2. Qual é a diferença entre o método PEPS e UEPS? Exemplifique.

b) Soluções prováveis
1. O método aceito pela legislação do imposto sobre a renda é aquele em que o custo é menor e o lucro maior. Por exemplo, custos de mercadorias ou produtos vendidos adquiridos a preços históricos que podem ser ponderados. De outro lado, comprei uma mercadoria por R$ 10 e a vendi no momento 02 por R$ 15, sendo o preço de reposição de R$ 12, o lucro admitido para tributação é de R$ 5 e não de R$ 3.
2. O método de avaliação de estoque denominado de PEPS – Primeiro que entra é o primeiro que sai do estoque é o mais antigo. De outro lado, o método denominado de UEPS – último que entra é o primeiro que sai, os custos dos produtos e mercadorias vendidas são avaliados pelo preço das compras mais recentes.

13

Cálculos do Custo de Depreciação

13.1 Introdução

Em alguns ramos de atividade, as empresas somente conseguem atingir seus objetivos por meio da inversão de maciços recursos financeiros em ativos imobilizados, casos típicos das empresas rodoviárias, aeroviárias, hidroviárias, metroviárias, ferroviárias e outras com tecnologia operacional avançada.

No tocante à avaliação de desempenho, é inconcebível que o resultado operacional de um negócio realizado seja apurado sem considerar o resíduo provocado pela depreciação de máquinas, veículos, instalações e outros imobilizados que foram utilizados para a obtenção do produto final.

A máquina, que trabalhou para que fosse obtida a receita de venda, deve "receber também parte dessa receita".[1] Quando existe, por exemplo, um arrendamento mercantil ou aluguel de uma máquina, o valor pago é reconhecido como um custo; portanto, a máquina recebe sua "remuneração" pelo serviço prestado. Por outro lado, se a máquina estiver operando e pertencer à própria empresa, isto é, se fizer parte de seu ativo permanente também, deverá ser "remunerada" da mesma forma, pela depreciação.

Esse reconhecimento da depreciação do imobilizado representa, em outras palavras, a remuneração pelo trabalho prestado, que resulta da perda de eficiência em função da vida útil média esperada.

O bem é depreciado em função do uso e da ação de elementos da natureza, que poderá torná-lo inadequado, e também obsoleto, em razão do aparecimento de tecnologias mais avançadas.

O ideal seria que a máquina, que trabalha para que a receita de venda seja realizada, também recebesse sua remuneração por intermédio da constituição de um fundo bancário de reposição, pelo valor depreciado mensalmente, de modo que ela fosse reposta no final de sua vida útil.

---

[1] "Remuneração" da máquina no sentido figurado de reconhecimento do custo.

13.2 Métodos de depreciação

Todo "bem" avaliado monetariamente que for imobilizado poderá ser objeto de depreciação em função do uso, desgastes provocados pela natureza ou ainda em função de sua natural obsolescência tecnológica.

A partir do momento em que o bem começar a ser utilizado poderá ser atribuído a título de custo o valor correspondente à quota de depreciação, que poderá ser calculada pelos seguintes métodos:

13.2.1 Método de depreciação pelas "quotas constantes ou lineares"

Trata-se de um método em que o valor do imobilizado é depreciado linearmente pela sua vida útil estimada. É linear, pois todo valor depreciado anual ou mensal é semelhante. É um método utilizado com maior frequência pelos profissionais da contabilidade por ser o mais simples, embora os seus valores possam ser contestados.

Exemplo de cálculo de depreciação pelo Método de Quotas Constantes ou Lineares:

Valor de uma máquina adquirida pelo valor de R$ 40.000,00 e vida útil estimada de 5 anos.

Qual é o valor da quota de depreciação?

ANOS	PROPORÇÃO	VALOR A DEPRECIAR	DEPRECIAÇÃO ANUAL	DEPRECIAÇÃO MENSAL
1	1	5	40.000,00	8.000,00	666,67
2	1	5	40.000,00	8.000,00	666,67
3	1	5	40.000,00	8.000,00	666,67
4	1	5	40.000,00	8.000,00	666,67
5	1	5	40.000,00	8.000,00	666,67

13.2.2 Método de depreciação pelas "somas dos dígitos dos anos"

Por este método calcula-se a depreciação tomando por base no numerador a soma dos anos de vida útil e como denominador os anos sucessivos, em sua proporção.

Exemplo de cálculo de depreciação pelo Método das Somas dos Dígitos dos Anos:

Valor de uma máquina adquirida pelo valor de R$ 40.000,00 e vida útil estimada de 5 anos.

Qual é o valor da quota de depreciação?

Por este método soma-se os algarismos que compõem o número de anos:

1 + 2 + 3 + 4 + 5 = 15

Assim, calculamos a depreciação:

ANOS	PROPORÇÃO	VALOR A DEPRECIAR	DEPRECIAÇÃO ANUAL	DEPRECIAÇÃO MENSAL
1	5	15	40.000,00	13.333,33	1.111,11
2	4	15	40.000,00	10.666,67	888,89
3	3	15	40.000,00	8.000,00	666,67
4	2	15	40.000,00	5.333,33	444,44
5	1	15	40.000,00	2.666,67	222,22

13.2.3 Método de depreciação pelas "horas de trabalho"

O valor da quota de depreciação por este método é apurado pelo valor do bem em função do total de horas de trabalho esperadas de toda a sua vida útil. A quota anual ou mensal é calculada na proporção das horas de trabalho desse período.

Exemplo de depreciação pelo Método de Horas de Trabalho:

Valor de uma máquina adquirida pelo valor de R$ 40.000,00 e vida útil estimada total de 6.000 horas e anual de 1.200 horas.

Qual é o valor da quota de depreciação?

Assim, calculamos a depreciação:

ANOS	HORAS TRABALHO ANUAL	HORAS TRABALHO TOTAL	VALOR A DEPRECIAR	DEPRECIAÇÃO ANUAL	DEPRECIAÇÃO MENSAL
1	1.200	6.000	40.000,00	8.000,00	666,67
2	1.200	6.000	40.000,00	8.000,00	666,67
3	1.200	6.000	40.000,00	8.000,00	666,67
4	1.200	6.000	40.000,00	8.000,00	666,67
5	1.200	6.000	40.000,00	8.000,00	666,67

13.2.4 Comparativo entre os métodos de depreciação

Podemos comparar os três meses conforme quadro abaixo:

ANOS	QUOTA LINEAR ANUAL	QUOTA LINEAR MENSAL	SOMA DOS DÍGITOS ANUAL	SOMA DOS DÍGITOS MENSAL	HORAS DE TRABALHO ANUAL	HORAS DE TRABALHO MENSAL
1	8.000,00	666,67	13.333,33	1.111,11	8.000,00	666,67
2	8.000,00	666,67	10.666,67	888,89	8.000,00	666,67
3	8.000,00	666,67	8.000,00	666,67	8.000,00	666,67
4	8.000,00	666,67	5.333,33	444,44	8.000,00	666,67
5	8.000,00	666,67	2.666,67	222,22	8.000,00	666,67

Conclui-se que a depreciação calculada segundo o "método linear", apesar de sua simplicidade de cálculo, poderá não retratar com exatidão o valor efetivo de desgaste ou obsolescência da máquina, conforme exemplificado acima.

A depreciação calculada com base no "método das somas dos dígitos" o seu uso poderá ser mais interessante, pois, em tese, a máquina tende a perder maior valor enquanto mais nova, e de outro lado esse comentário pode ter sentido, pois a sua manutenção é pequena.

À medida que o tempo passa o valor da depreciação pelo método das somas dos dígitos vai diminuindo e o valor da manutenção tende a ir aumentando mantendo, dessa forma, um sincronismo. O mesmo raciocínio pode ser aplicado para o caso de depreciação com base no "método das horas trabalhadas ou quilômetros rodados", nesse caso de depreciação de veículos de carga.

13.3 Depreciação de equipamento comprado usado

Quando a empresa adquirir ou possuir um conjunto de equipamento, cujo valor de compra ou de mercado, por exemplo, for igual a R$ 240.000,00, e sua vida útil restante for de 24 meses, então teremos uma quota mensal de depreciação, pelo método linear,[2] de R$ 10.000,00.

13.4 Depreciação de equipamento reavaliado a valor de mercado

Admitindo-se que determinado equipamento já tenha sido totalmente depreciado pela contabilidade financeira regida por normas legais, e que o referido bem ainda continue com um valor de mercado no montante de R$ 1.200.000,00, com vida útil estimada restante de 30 meses, e considerando-se que sua venda após esse período seja de R$ 200.000,00, teremos então uma quota mensal de depreciação, pelo método linear, de aproximadamente R$ 33.333,33.

13.5 Depreciação de equipamento comprado novo

A depreciação de equipamento comprado novo é semelhante aos critérios utilizados nos itens 13.3 e 13.4, que levam em conta o valor do equipamento, a vida útil e o valor residual em que o bem será vendido no final pelo método linear.

---

[2] Para um estudo mais aprofundado sobre outros métodos de depreciação, sugerimos consultar ALBUQUERQUE, J. Celso Veloso de. *Tratado do ativo imobilizado*. São Paulo: Rumo, 1975. p. 147-161, e IUDÍCIBUS, Sérgio de. *Teoria da contabilidade*. São Paulo: Atlas, 1980. p. 169-177.

Exemplo:
- Compra/imobilização de conjunto de equipamentos no valor de R$ 300.000,00;
- Vida útil projetada para a fabricação de 100.000 peças;
- Não considerar valor residual.

Pede-se:
Qual é o valor da quota de depreciação por unidade produzida?

Solução:
Quota de depreciação por unidade produzida (DUP)

$$\text{DUP em R\$} = \frac{\text{R\$ } 300.000,00}{100.000 \text{ peças}} = \text{R\$ } 3,00 \text{ peça}$$

Pede-se:
Se, em um dos meses subsequentes, houver a produção de 10.000 peças, qual será o montante de depreciação a ser apropriado como custos?

Solução:
10.000 peças × R$ 3,00 peça = R$ 30.000,00

13.6 Fluxo de contabilização das depreciações

A depreciação, de maneira geral, pode ser assim contabilizada:

a. Equipamentos comprados novos ou usados

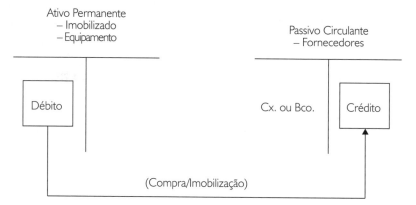

b. Equipamentos reavaliados

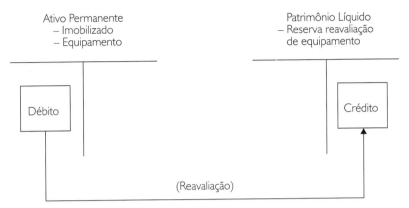

c. Apropriação da depreciação

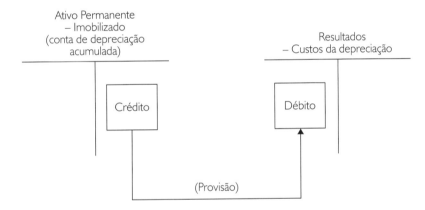

13.7 Aspectos da depreciação segundo o IRPJ

13.7.1 Dedutibilidade

Na apuração do lucro real, as pessoas jurídicas poderão deduzir como custo ou encargo, em cada período de apuração, a importância correspondente à depreciação do valor dos bens do ativo resultante do desgaste pelo uso, ação da natureza e obsolescência normal (art. 305 do RIR/99).

A depreciação, conforme conceituação inicial do capítulo, é resultante do desgaste por uso, ação da natureza ou obsolescência normal, segundo o art. 305 do RIR/99.

A quota de depreciação é dedutível a partir da época em que o bem é instalado, posto em serviço ou em condições de produzir.

Somente será permitida a depreciação de bens móveis e imóveis intrinsecamente relacionados com a produção ou comercialização dos bens e serviços.

13.7.2 Bens depreciáveis

Segundo o art. 307 do RIR/99, são objeto de depreciação todos os bens sujeitos a desgaste pelo uso ou por causas naturais ou obsolescência normal, inclusive:

I – Edifícios e construções:
- a quota de depreciação é dedutível a partir da época da conclusão e início da utilização;
- o valor das edificações deve estar destacado do custo de aquisição do terreno, baseado em laudo pericial.

II – Projetos florestais destinados à exploração dos respectivos frutos:

Não será admitida quota de depreciação referente a:
- terrenos, salvo em relação aos melhoramentos ou construções;
- prédios ou construções não alugados nem utilizados pelo proprietário na produção de seus rendimentos ou destinados a revenda;
- bens que normalmente aumentam de valor com o tempo, como obras de arte ou antiguidades; e
- bens para os quais seja registrada quota de exaustão.

13.7.3 Quota de depreciação

A quota de depreciação registrável na escrituração como custo ou despesa operacional será determinada mediante a aplicação da taxa anual de depreciação sobre o custo de aquisição dos bens depreciáveis, conforme art. 309 do RIR/99.

A depreciação poderá ser apropriada em quotas mensais, dispensando o ajuste da taxa para os bens postos em funcionamento ou baixados no curso do mês.

13.7.4 Taxa anual de depreciação

A taxa anual de depreciação será fixada em função do prazo durante o qual se possa esperar utilização econômica do bem pelo contribuinte, na produção de seus rendimentos.

A Secretaria da Receita Federal publicará periodicamente o prazo de vida útil admissível, em condições normais ou médias, para cada espécie de bem, ficando assegurado ao contribuinte o direito de computar a quota efetivamente adequada às condições de depreciação de seus bens, desde que faça a prova dessa adequação, quando adotar taxa diferente.

A Instrução Normativa nº 162, de 31-12-98, publicada no *DOU* de 7-1-99, fixou prazo de vida útil e taxa de depreciação dos bens que relaciona.

O Anexo da IN nº 162 traz dezenas de bens com sua referência e respectivo prazo de vida útil e taxa anual de depreciação, que devem ser consultados.

Listamos alguns exemplos abaixo:

BENS	VIDA ÚTIL	TAXA ANUAL
Caixas, caixotes e engradados (em plásticos)	5 anos	20%
Barris, cubas, balsas, dornas (em madeira)	5 anos	20%
Construções de alumínio	25 anos	4%
Pás mecânicas e pás carregadoras	4 anos	25%
Máquinas e aparelhos para obras públicas, construção civil ou trabalhos semelhantes	4 anos	25%
Fitas magnéticas para reprodução de fenômenos diferentes de som e de imagem	3 anos	33,30%
Tratores	4 anos	25%
Veículos-automóveis para transporte de 10 pessoas ou mais, incluindo o motorista	4 anos	25%
Veículos-automóveis para transporte de mercadorias etc.	4 anos	25%
Máquinas e instalações	10 anos	10%
Móveis e utensílios	10 anos	10%

13.7.5 Adoção de taxas diferentes de depreciação

É assegurado à empresa o direito de computar a quota efetivamente adequada às condições de depreciação de seus bens, mediante a utilização de taxas diferentes, desde que a empresa faça a comprovação, conforme art. 253, § 1º, do RIR/94.

Taxas diferentes de depreciação poderão ser utilizadas, com parecer técnico emitido pelo Instituto Nacional de Tecnologia (INT), órgão ligado ao Ministério da Ciência e Tecnologia, ou outra entidade oficial de pesquisa científica e tecnológica, como é o caso do Instituto de Pesquisas Tecnológicas do Estado de São Paulo (IPT).

13.7.6 Depreciação de bens usados

A taxa anual de depreciação de bens adquiridos usados será fixa, tendo em vista o maior dos seguintes prazos:

- metade da vida útil admissível para o bem adquirido novo;
- restante da vida útil do bem, considerada em relação à primeira instalação para a utilização do bem.

Segundo exemplos do *Boletim IOB* (2/98):

- "para um veículo adquirido após três anos de uso, o prazo admissível para sua depreciação é de dois anos e meio (metade da vida útil admitida para o bem novo), devendo, portanto, ser utilizada a taxa anual de 40%";

- "para uma máquina adquirida após dois anos de uso pela vendedora, considerando que ela tenha sido comprada nova e que o prazo de vida útil previsto para o bem novo é de 10 anos, o prazo mínimo admissível para a sua depreciação é de oito anos (prazo restante de vida útil, considerado em relação à primeira aquisição), sendo, então, aplicável à taxa anual de 12,5%".

13.7.7 Conjuntos de instalações e equipamentos

Quando o registro do ativo imobilizado da empresa não fizer distinção para as partes que integram um conjunto de instalações e equipamentos, por natureza do bem e taxas diferentes de depreciação, prevalecerá, segundo o art. 310, § 3º, do RIR/99, a utilização das taxas aplicáveis aos bens de maior vida útil que integrem o conjunto.

13.7.8 Bens do imobilizado utilizados na exploração mineral ou florestal

Quando se tratar de bens aplicados exclusivamente na exploração de minas, jazidas e florestas, cujo período de exploração total seja inferior ao tempo de vida útil desses bens, a quota de depreciação poderá ser determinada opcionalmente, em função do prazo da concessão ou do contrato de exploração ou, ainda, do volume da produção de cada período de apuração e sua relação com a possança conhecida da mina ou dimensão da floresta explorada, conforme art. 309 do RIR/99.

13.7.9 Depreciação acelerada contábil

Em relação aos bens móveis, poderão ser adotados, em função do número de horas diárias de operação, os seguintes coeficientes de depreciação acelerada, conforme art. 312 do RIR/99:

a. um turno de oito horas   1,0
b. dois turnos de oito horas   1,5
c. três turnos de oito horas   2,0

13.7.10 Periodicidade da contabilização

Os encargos de depreciação deverão ser contabilizados mensalmente tanto para fins de apuração dos resultados fiscal como para fins gerenciais.

13.7.11 Bens dispensados de imobilização

Não é necessário registrar no Ativo Imobilizado para posterior depreciação os bens:

- que tenham vida útil inferior a um ano;
- cujo valor de aquisição não seja superior a R$ 326,61, ainda que o prazo de vida útil seja superior a um ano, podendo ser baixados diretamente como custo ou despesa.

Esse valor poderá ser atualizado pela Receita Federal do Brasil.

Nota: Recomendamos a consulta dos arts. 305 a 323 sobre particularidades de depreciação de bens previstas no RIR/99.

13.8 Questões propostas e resolvidas

a) Questões
1. Por que depreciar um bem?
2. Quais são as condições para depreciar um bem?
3. Certa vez um proprietário de frota de caminhões estava indo à falência. De uma frota de 10 veículos acabou ficando com apenas 3 quando resolveu procurar a ajuda de um Contador a fim de analisar a sua situação. Qual é a sua resposta.

b) Soluções prováveis
1. Um bem precisa ser depreciado a fim de contabilizar o custo de seu desgaste que pode ocorrer em função do uso, obsolescência natural, ou substituída por nova tecnologia.
2. Os bens para serem depreciados precisam estar ativados como "imobilizado".
3. A resposta é relativamente simples, pois quando o referido proprietário da frota de veículos fazia seu preço de venda do frete, o mesmo não considerava a depreciação de sua frota de veículos. As frotas de caminhões, além da depreciação, precisam considerar os itens de custos por conta de amortização de trocas de pneus, revisão, combustível, seguro etc.

14

Tratamento dos Custos de Encargos Sociais Incidentes sobre Folha de Salários

Quando se tratar de Gestão de Negócio no comércio, na indústria e em serviços em que a incidência da mão de obra humana seja relevante, análise mais profunda deve ser desencadeada com o propósito de se detectar o montante de encargos sociais incidentes sobre os salários contratados, a fim de serem repassados nos preços de vendas.

Além dos salários contratados as empresas são obrigadas a recolher aos cofres públicos contribuições ao INSS, e ao pagamento de férias, décimo-terceiro etc.

14.1 Exemplo de cálculos para empresas em geral

Vamos admitir situação genérica de funcionário contratado sob o regime da Consolidação das Leis do Trabalho (CLT), contratado por R$ 5,00 por hora para trabalhar 220 horas/mês, durante um ano.

Qual é o porcentual de encargo social incidente sobre o salário contratado de R$ 5,00 por hora?

Tratamento dos Custos de Encargos Sociais Incidentes sobre Folha de Salários

COMPOSIÇÃO DO SALÁRIO	DIAS/ANO (a)	DIAS/MÊS (b = a: 12)	HORAS/MÊS (c = b × 7,33 hs)	CUSTO ANUAL (d = c × R$ 5,00 × 12 m)
(–) Domingos (52 semanas/ano)	52	4,3	31,8	1.906,66
(–) Férias (exceto quatro domingos e um feriado)	25	2,1	15,3	916,66
(–) Feriados médios/ano	11	0,9	6,7	403,33
Dias úteis trabalhados	272	22,7	166,2	9.973,29
Total (GRUPO A)	360	30,0	220,00	**13.199,94**
13º Salário				1.100,00
Adicional de férias de 1/3 sobre salário (220 × R$ 5,00)				366,66
Total desembolsado (GRUPO B)				**1.466,66**
Total (GRUPO C = A + B)				**14.666,60**
Contribuições	Taxas			Total
Contribuição da empresa ao INSS	20,0%			2.933,32
RAT (Risco Ambiental do Trabalho) Risco leve	1,0%	×	GRUPO C	146,67
Senai/Senac	1,0%			146,67
Sesi/Sesc	1,5%			220,00
Sebrae	0,6%			88,00
Salário-educação	2,5%			366,67
Incra	0,2%			29,33
Total de contribuições, exceto FGTS (GRUPO D)	26,8%			**3.930,65**
FGTS sobre GRUPO C, exceto adicional de 1/3 férias	8,0%			1.143,99
Multa rescisória sobre FGTS recolhido	50%			572,00
Aviso-prévio de 30 dias (hipótese de demissão s/ justa causa) (item 14.3.3)	(até 1 ano)			1.100,00
FGTS sobre aviso-prévio	8,00%			88,00
Multa de FGTS sobre aviso-prévio	50%			44,00
Total de FGTS e encargos s/ rescisões (GRUPO E)				**2.947,99**
TOTAL GERAL GRUPO F (C+D+E)				**21.545,24**

Soluções prováveis:

Total geral salário anual acrescido de encargos (GRUPO F)	21.545,24
Total salário anual sem encargos (GRUPO A)	13.199,94
Porcentual de encargo social sobre salário bruto contratado anual	63%

Análise dos encargos sociais:

Total dos sálarios pagos durante o ano (220 h × 12 m × 5,00)	13.199,94
Horas totais pagas durante o ano (220 h × 12 m)	2.640
Custo do salário por hora sem encargos sociais	5,00
Total de salário com encargos sociais (anual) - (GRUPO F)	**21.545,24**
Total horas úteis trabalhadas durante o ano (166,2 h × 12 m)	**1.994,4**
Custo do salário por hora com encargos sociais	**R$ 10,80**

Conclusões:

a. Entendemos que o porcentual de encargo social sobre o salário bruto contratado anual corresponde a 63% ou o equivalente a 116% (R$ 10,80 dividido por R$ 5,00) sobre o salário contratado por hora.

b. A explicação sobre a diferença de porcentagem, possivelmente, está em suas bases de cálculos: de um lado, pegamos o valor apurado de R$ 10,80 e dividimos por R$ 5,00 por hora referencial de contratação. Só que além desses cinco reais por hora o trabalhador tem o direito assegurado em Lei de receber o DSR, de receber 8% de FGTS, de receber o 13º Salário e 1/3 de abono de férias, além de gozar um mês de férias por ano trabalhado.

14.2 Exemplo de cálculos para empresas enquadradas no sistema de tributação simples-federal

As empresas consideradas pequenas e médias enquadradas no SIMPLES (Sistema Integrado de Pagamento de Impostos e Contribuições das Microempresas e Empresas de Pequeno Porte) são tributadas com uma "taxa única" sobre o faturamento das empresas, em cada mês, cabendo ao Governo Federal distribuir as verbas correspondentes conforme a Lei.

Tratamento dos Custos de Encargos Sociais Incidentes sobre Folha de Salários

Qual é o porcentual de encargo social sobre o salário de R$ 5,00 por hora, de funcionário contratado por empresa enquadrada no SIMPLES-FEDERAL?

COMPOSIÇÃO DO SALÁRIO	DIAS/ANO (a)	DIAS/MÊS (b = a: 12)	HORAS/MÊS (c = b × 7,33 hs)	TOTAL MENSAL (d = c × 5,00 × 12 m)
(–) Domingos (52 semanas/ano)	52	4,3	31,8	1.906,66
(–) Férias (exceto quatro domingos e um feriado)	25	2,1	15,3	916,66
(–) Feriados médios/ano	11	0,9	6,7	403,33
Dias úteis trabalhados	272	22,7	166,2	9.973,29
Total de salários (GRUPO A)	360	30,0	220,00	13.199,94
13º Salário				1.100,00
Adicional de 1/3 sobre férias				366,66
Total desembolsado (GRUPO B)				1.466,66
Total (GRUPO C=A+B)				14.666,60
Contribuições	Taxas			Total
Contribuição da empresa ao INSS	0,0%			0
SAT (Seguro Acid. Trabalho) Risco leve	0,0%			0
Senai/Senac	0,0%	×	GRUPO C	0
Sesi/Sesc	0,0%			0
Sebrae	0,0%			0
Salário-educação	0,0%			0
Incra	0,0%			0
Total de contribuições, exceto FGTS (GRUPO D)	0,0%			0
FGTS sobre GRUPO B, exceto adicional de 1/3 férias	8,0%			1.143,99
Multa rescisória sobre FGTS recolhido	50%			572,00
Aviso-prévio de 30 dias, hipótese de demissão s/ justa causa				1.100,00
FGTS sobre aviso-prévio	8,00%			88,00
Multa de FGTS sobre aviso-prévio	50%			44,00
Total de FGTS e encargos s/ rescisões (GRUPO E)				2.947,99
TOTAL GERAL GRUPO F (C+D+E)				17.614,59

Soluções prováveis:

Total geral salário anual acrescido de encargos (GRUPO F)	17.614,59
Total salário anual sem encargos (GRUPO A)	13.199,94
Porcentual de encargo social sobre salário bruto contratado anual	33%

Análise dos encargos sociais:

Total de salário pago durante o ano (220 h × 12 m × R$ 5,00)	13.199,94
Horas totais pagas durante o ano (220 h × 12 m)	2.640
Custo do salário por hora sem encargos sociais	5,00
Total de salário com encargos sociais anual (GRUPO F)	17.614,59
Total horas úteis trabalhadas durante o ano (166,2 h × 12 m)	1.994,4
Custo do salário por hora com encargos sociais	R$ 8,83

Conclusões prováveis:

a) Entendemos que o porcentual de encargo social sobre o valor contratado corresponde a aproximadamente 33% sobre o salário bruto ou o equivalente a 77% (R$ 8,83 divididos por R$ 5,00)

b) A explicação sobre a diferença de porcentagem, possivelmente, está em suas bases de cálculos: de um lado, pegamos o valor apurado de R$ 8,83 e dividimos por R$ 5,00 por hora referencial de contratação. Só que além desses cinco reais por hora o trabalhador tem o direito assegurado em Lei de receber o DSR, de receber 8% de FGTS (inclusive sobre verbas rescisórias), de receber o 13º Salário e 1/3 de abono de férias, além de gozar um mês de férias por ano trabalhado.

14.3 Considerações adicionais sobre encargos sociais

14.3.1 Depósito por conta do FGTS

O depósito do FGTS (Fundo de Garantia do Tempo de Serviço), criado por conta de indenização do trabalhador, voltou à sua taxa original de 8% (oito por cento), a partir do início do ano de 2008, sendo suprimido o adicional de 0,5%.

14.3.2 Multa do FGTS por rescisão contratual

Toda vez que a empresa rescindir, sem justa causa, o contrato de trabalho do seu empregado, terá uma indenização de 50% sobre o valor depositado na conta de FGTS, inclusive contribuições devidas sobre verbas rescisórias, da qual caberá ao funcionário apenas 40%.

14.3.3 Aviso-prévio indenizado
Face à publicação da Lei nº 12.506, de 11 de outubro de 2011, os funcionários regidos pela CLT passarão a ter o direito de 3 (três) dias indenizados, a partir do 1º dia do segundo ano trabalhado, a título de aviso-prévio indenizado, a cada ano trabalhado.

A título de exemplo, se o funcionário trabalhou durante exatos 12 meses, terá o seu aviso indenizado de valor igual ao seu último salário recebido. Todavia se for demitido sem justa causa com 1 (um) ano e 1 dia já passará a ter o tempo contado de 33 dias de aviso-prévio indenizado.

Vamos a mais um exemplo, se o trabalhador celetista trabalhou durante dois anos, o seu aviso prévio indenizado será de 36 dias.

14.3.4 Vale-transporte
A empresa contratante pode descontar do funcionário o montante de até 6% dos salários contratados, prevalecendo o valor que for menor. Por exemplo, se o funcionário ganha R$ 1.000,00, o valor a ser descontado será de R$ 60,00. Caso os passes do vale-transporte totalizarem R$ 40,00, este será o limite a ser descontado.

14.3.5 Risco ambiental do trabalho (RAT)
O RAT é devido pelas empresas em geral, não enquadradas no SIMPLES-Federal, em função do pagamento de salários. Sua taxa de contribuição varia de acordo com o risco na execução do trabalho pelo empregado, sendo de 1% para chamado risco leve, de 2% para o trabalho de risco médio e de 3% para o de risco alto.

14.4 Contabilização da folha de salários e encargos

14.4.1 Análise dos salários e encargos
No registro da folha de pagamento de salários, a contabilidade das empresas tem que se preocupar em atender os princípios da contabilidade societária e os parâmetros da contabilidade gerencial.

Estamos em um momento em que precisamos simplificar os registros contábeis e automaticamente gerar informações tanto para atender à contabilidade societária quanto para atender aos princípios da contabilidade gerencial.

Precisamos pensar em transferências automáticas e fundos por meio de sistemas, integrados com os bancos. Da mesma forma, precisamos debitar a conta de nossas empresas e creditar automaticamente a conta de nossos funcionários; enfim, todos os registros contábeis devem ser automáticos.

Existem muitas companhias em que as operações exigem um número reduzido de funcionários e, consequentemente, os custos dos encargos sociais são relativamente pequenos em relação ao faturamento total das vendas. Neste caso, um procedimento simplificado pode perfeitamente atender às necessidades da contabilidade da empresa.

Logicamente, em empresas que dependem exclusivamente da força do trabalho humano para obter o seu faturamento de vendas, a atenção deve ser redobrada no tocante à análise do custo da folha de pagamento de salários e de seus encargos sociais, a fim de repassar o custo correspondente para o preço da venda.

Temos assistido a uma tendência muito grande de terceirização da mão de obra, em razão de incidência, aparentemente elevada, dos encargos sobre a folha de pagamento. Nessa situação, os controles da rotina de administração de pessoal acabam sendo bastante simplificados, embora seja isto indiferente no caso de alguns procedimentos padrões, pois para alguns ou muitos funcionários o trabalho, praticamente, acaba sendo o mesmo.

14.4.2 Contabilização dos salários mensais e respectivos encargos

Os modelos exemplificados para empresas em geral e enquadradas no regime de tributação Simples-Federal para apuração de encargos sociais incidentes sobre a folha de pagamento de salários foram desenvolvidos para apuração dos custos efetivamente incorridos (competência de exercícios) de funcionários contratados, para atender aos princípios da contabilidade, especialmente a que contribui com informações para a gestão do negócio.

Todavia, para fins fiscais, ou propriamente para atender à legislação do Imposto sobre a Renda da Pessoa Jurídica, haverá a necessidade de fazer o competente ajuste do livro Lalur (Livro de Apuração do Lucro Real), estornando os encargos não admitidos como "dedutíveis".

Como dedutíveis para a apuração do lucro tributável do IR são admitidos apenas as Férias e 13º salários proporcionais a vencer e seus encargos recíprocos. Os outros encargos são também dedutíveis, mas apenas no momento em que forem efetivamente pagos (regime de caixa).

À medida que os Encargos Sociais vão sendo pagos, as contas correspondentes são baixadas (a débito), inclusive computando-se possíveis variações de valores provisionados para a mais ou para menos comparados com os valores reais pagos.

Tratamento dos Custos de Encargos Sociais Incidentes sobre Folha de Salários

a) Provisão de salários e encargos sociais, para fins de contabilização, de empresas em geral.

SALÁRIOS E ENCARGOS	TOTAL ANUAL	TOTAL MENSAL	LANÇAMENTOS
Total de salários (GRUPO A)	13.199,94	1.100,00	Conta de Custo (a débito) e Salários a pagar (a crédito)
13º Salário	1.100,00	91,67	Conta de Custo (a débito) e 13º salário a pagar (a crédito)
Adicional de 1/3 sobre férias	366,66	30,56	Conta de Custo (a débito) e adicional de férias a pagar (a crédito)
Total desembolsado (GRUPO B)	1.466,66	122,22	
Total C = (GRUPO C = A + B)	14.666,60	1.222,22	
Contribuição da empresa ao INSS	2.933,32	244,44	
RAT (Risco Ambiental do Trabalho) Risco leve	146,67	12,22	
Senai/Senac	146,67	12,22	
Sesi/Sesc	220,00	18,33	
Sebrae	88,00	7,33	
Salário-educação	366,67	30,56	
Incra	29,33	2,44	
Total de contribuições, exceto FGTS (GRUPO D)	3.930,66	327,56	Conta de Custo (a débito) e INSS a recolher (crédito)
FGTS sobre GRUPO A, exceto adicional de 1/3 férias	1.143,99	95,33	Conta de Custo (a débito) e FGTS a depositar (a crédito)
Multa rescisória sobre FGTS recolhido	572,00	47,67	Conta de Custo (a débito) e Multa de FGTS a recolher (a crédito)
Aviso-prévio de 30 dias (hipótese de demissão s/ justa causa)	1.100,00	91,67	Conta de Custo (a débito) e aviso-prévio a pagar (a crédito)
FGTS sobre aviso-prévio	88,00	7,33	Conta de Custo (a débito) e FGTS a pagar (a crédito)
Multa de FGTS sobre aviso-prévio	44,00	3,67	Conta de Custo (a débito) e FGTS a pagar (a crédito)
Total de FGTS e encargos s/ rescisões	2.947,99	245,67	
TOTAL GERAL	21.545,25	1.795,44	

Capítulo 14

b) Provisão de salários e encargos sociais, para fins de contabilização, de empresas enquadradas no SIMPLES-Federal.

SALÁRIOS E ENCARGOS	TOTAL ANUAL	TOTAL MENSAL	LANÇAMENTOS
Total de salários	13.199,94	1.100,00	Centro Custo (a débito) e salários a pagar (a crédito)
13º Salário	1.100,00	91,67	Centro Custo (a débito) e 13º salário a pagar (a crédito)
Adicional de 1/3 sobre férias	366,66	30,56	Centro Custo (a débito) e adicional de férias a pagar (a crédito)
Contribuição da empresa ao INSS	0,00	0,00	
SAT (Seguro Acid. Trabalho) Risco leve	0,00	0,00	
Senai/Senac	0,00	0,00	
Sesi/Sesc	0,00	0,00	0,00 Centro Custo (a débito) e INSS a recolher (a crédito)
Sebrae	0,00	0,00	
Salário-educação	0,00	0,00	
Incra	0,00	0,00	
Total do 13º Salário e Adicional de Férias (1/3)	1.466,66	122,22	
FGTS sobre GRUPO A, exceto adicional de 1/3 férias	1.143,99	95,33	Centro Custo (a débito) e FGTS a depositar (a crédito)
Multa rescisória sobre FGTS recolhido	572,00	47,67	Centro Custo (a débito) e multa de FGTS a recolher (a crédito)
Aviso-prévio de 30 dias (demissão s/ justa causa)	1.100,00	91,67	Centro Custo (a débito) e aviso-prévio a pagar (a crédito)
FGTS sobre aviso-prévio	88,00	7,33	Centro Custo (a débito) e FGTS sobre aviso-prévio a depositar (a crédito)
Multa de FGTS sobre aviso-prévio	44,00	3,67	Centro Custo (a débito) e multa de FGTS s/ aviso-prévio a depositar (a crédito)
Total de FGTS e encargos s/ rescisões	2.947,99	245,67	
TOTAL GERAL	17.614,59	1.467,89	

Conclusão provável

Entendemos que as empresas que utilizam de forma expressiva mão de obra de funcionários registrados para a fabricação, comercialização ou prestação do serviço acabam oneradas com taxas de 116% (em função de horas úteis) (empresas em geral) e 77% (em função de horas úteis) (empresas pequenas e médias), nos modelos exemplificados neste capítulo.

As empresas precisam ater-se em registrar, calcular e analisar cuidadosamente não apenas o custo do salário contratado, mas também os encargos sociais pagos ao funcionário, recolhidos ao Governo e a terceiros a fim de repassá-los nos preços de vendas.

Se compararmos duas empresas que vendem o mesmo produto, só que uma detém de moderna tecnologia e a outra o faz artesanalmente, a que usa de melhor técnica pode obter custo mais baixo e poder de competição maior no mercado.

Temos que buscar sempre a melhor tecnologia, mas talvez o Governo devesse estudar formas, na legislação, de incentivar as empresas com maior possibilidade de gerar empregos. Quem sabe contribuiria para diminuir o contingente de desempregados!

14.5 Questões propostas e resolvidas

a) Questões
1. Como definir o "encargo social"?
2. Quais são os encargos sociais de responsabilidade das empresas incidentes sobre a folha de pagamento de salários?
3. O que vem a ser "desoneração da folha de pagamentos"?
4. A Ind. de Sapatos Calça Bem Ltda. (ISCBL), enquadrada no SIMPLES-NACIONAL tem funcionário que trabalha no setor de corte, com salário médio de R$ 1.000,00 (um mil reais), contratado pelo regime da CLT, que trabalha durante 200 horas médias durante o mês e produz 2.400 peças médias por mês. Além a encargos sociais desembolsados por força da Lei, o Sr. José proprietário da ISCBL paga vale-transporte no valor de R$ 160,00 e vale refeição no valor de R$ 400,00.

    O sócio da ISCBL precisa de auxílio para saber das seguintes informações para controle e repasse no preço de venda do produto SAPATO BACANA:
    a) Qual é o valor do custo do salário com os respectivos encargos sociais?
    b) Qual é a porcentagem de encargos sociais sobre os salários contratados, nas condições citadas?
    c) Qual é o custo do salário com encargo social para cada unidade produzida?

b) Soluções prováveis
1. Encargo social é um custo adicional assumido pelas empresas quando da contratação de um funcionário conforme regras da CLT (Consolidação das Leis do Trabalho) e acordo coletivo do trabalho.

Capítulo 14

2. Os encargos sociais normalmente incidentes sobre o valor bruto dos salários dos trabalhadores correspondem a: FGTS, FÉRIAS, 13º Salário, os primeiros 15 dias de afastamento por doença etc.
3. A desoneração da folha de pagamento está em vigor desde 31/12/2013 e veio para baratear os encargos sociais de algumas atividades de empresas, que ao invés de pagar 20% de INSS sobre os salários brutos passaram a pagar entre 1% e 2% sobre as receitas de vendas.
4. Cálculo do custo do salário e respectivos encargos sociais conforme memória de cálculo mensal e anual:

STATUS	CONTA	SALÁRIOS E ENCARGOS SOCIAIS MENSAL	ANUAL
A	SALÁRIOS	1.000,00	12.000,00
B	ENCARGOS SOCIAIS:		
C	Vale-transporte estimado – parte da empresa	160,00	1.920,00
D	Vale-refeição estimado	400,00	4.800,00
F	Décimo-terceiro	1.000,00	12.000,00
G	Férias + Adicional	1.300,00	15.600,00
H	FGTS (a + g + f)	264,00	3.168,00
J	Multa FGTS (Turn-over 1 ano) de 50% sobre saldo* de R$ 1.040,00	43,33	520,00
K	Correção estimada FGTS (0,5% a.m. cálculo linear)	0,22	2,60
L	Adicional INSS patronal 20% s/ salários (a + g + f)	120,00	1.440,00
	TOTAL DE SALÁRIOS E ENCARGOS SOCIAIS**	4.677,33	51.450,60
	dividido pelo tempo direto médio trabalhado, em horas	200,00	2.200,00
	custo salário médio, por hora, com encargos sociais	R$ 23,39	R$ 4.678,00

Detalhes de informações complementares:

*SAT - risco leve de 1%.

**Saldo FGTS composto de depósitos de 13 meses, que é composto de depósitos
           acumulados, além de correção estimada na ordem de 0,5% ao mês
           (forma linear), assim desdobrado:
           Salários de 13 meses multiplicado por 8%, também multiplicado
           por 13 meses (por causa do FGTS) vezes 0,5% a.m (correção),
           cujo resultado aí sim multiplicamos por 50% (multa rescisória) assim
           detalhada:

Tratamento dos Custos de Encargos Sociais Incidentes sobre Folha de Salários

SALÁRIOS	MESES	FGTS		TOTAL DEPÓSITO	COR-REÇÃO	TOTAL GERAL
1000	13	0,08	0,5	520	2,600	R$ 522,60

a) O custo do salário com encargo social, por hora, será, portanto, de R$ 23,39.

b) A porcentagem de encargos sociais sobre os salários contratados, nas condições citadas é de 133,9% (R$ 23,39 divididos por R$ 10,00 − 1,00 x 100).

c) O custo do salário com encargo social para cada unidade produzida é de aproximadamente R$ 1,95.

15

Reconhecimento dos Custos Conjuntos

15.1 Introdução

Existem duas formas de produção conjunta: uma em que os produtos são obtidos com a simples reunião, transformação ou acoplamento de matérias-primas diferentes para a elaboração do produto final; outra em que as matérias-primas sofrem, por intermédio de um processo químico ou físico, a separação em diversos elementos que formarão os produtos finais. A produção conjunta está associada a esta última forma de produção.

A produção conjunta, portanto, ocorre quando, a partir de uma mesma matéria-prima, surgem diversos produtos. A industrialização do frango de corte pelos abatedouros inicia-se pela compra do frango vivo, que se constitui na matéria-prima básica para este tipo de atividade, cujo ciclo de produção, até atingir a carne, é o seguinte: o frango é abatido, passando pelo processo de retirada das penas, cabeça e vísceras, quando então serão obtidos os diferentes tipos de carnes, como coxa, sobrecoxa, asas, peito etc. O bovino precisa ser abatido com retirada do couro, vísceras etc., para que se obtenham diferentes tipos de carnes, como picanha, filé mignon, costela etc.

Outro exemplo clássico de produção conjunta temos com a industrialização do petróleo bruto, em que podemos obter gasolina, querosene, gás, óleos lubrificantes etc. Podemos citar outros exemplos, como moinhos de farinha, serraria, laticínios etc.

15.2 Definição de custos conjuntos

Custos conjuntos são aqueles decorrentes da produção conjunta, do ponto em que os diversos produtos emergem como unidades individuais.

São custos divisíveis, não podendo ser identificados com cada produto, tornando a apropriação dos custos, qualquer que seja o método empregado, arbitrária.

O problema dos custos conjuntos surge em uma fase intermediária da produção, sendo que o custo final dos produtos compõe-se de uma parcela dos custos conjuntos mais os custos subsequentes ao ponto de cisão, necessários para tornar o produto em condição de comercialização.

Os custos adicionais, após o ponto de cisão, se identificáveis com os produtos, são alocados diretamente aos produtos; caso contrário, como despesas do período, no linguajar da contabilidade societária.

Adota-se distribuir os custos conjuntos aos diversos produtos, baseados em métodos que procuram com maior ou menor propriedade retratar o fluxo dos custos aos diversos produtos. Cabe salientar que, em qualquer método empregado, sempre haverá arbitrariedade na distribuição dos custos conjuntos, e que, caso seja utilizado, devemos estar conscientes das limitações de cada um e que os valores obtidos são de significância comprometida.

15.3 Diferença entre custos comuns e custos conjuntos

Os custos comuns são formas de acumulação de custos, isto é, são custos acumulados de acordo com certas afinidades (incorridos num mesmo departamento, numa mesma operação etc.) que são passíveis de serem apropriados aos diversos produtos conforme bases significativas. Para tais custos a Contabilidade está habilitada para sua correta distribuição, não havendo distorções nos custos unitários dos produtos.

Os custos conjuntos são decorrentes da produção conjunta; portanto, não possuem base significativa para sua distribuição aos diversos produtos. Em outras palavras, qualquer tentativa de distribuição dos custos aos produtos envolverá arbitrariedade. As decisões com base nos custos conjuntos distribuídos aos produtos são preocupantes, visto que podem comprometer a situação da empresa.

Dessa forma, a principal diferença entre os custos conjuntos e os custos comuns é que estes são divisíveis e aqueles não.

15.4 Métodos para distribuição dos custos conjuntos

Existem diversos métodos para a alocação dos custos aos diversos produtos conjuntos. Contudo, é importante salientar que qualquer deles não retrata exatamente a ocorrência efetiva dos custos, porque qualquer que seja o método empregado, os custos serão sempre alocados de maneira arbitrária, devido à característica de os custos conjuntos serem indivisíveis.

15.4.1 Método do valor de mercado ou de venda

Por esse método, os custos conjuntos são distribuídos aos diversos produtos, de acordo com as unidades produzidas de cada um, ponderados pelo preço de venda dos produtos no ponto em que emergem como unidades individuais, ou no ponto de cisão, supondo-se que possam ser vendidos neste estado.

Capítulo 15

Existe uma pressuposição da existência de uma relação entre o preço de venda e os custos incorridos na elaboração. Em outras palavras, este método considera que os diferentes preços decorrem da maior ou menor dificuldade em sua elaboração. Assim, os produtos que tiverem maior preço de mercado serão aqueles que receberão maior custo. Como consequência deste método, temos uma margem bruta homogênea para todos os produtos.

Muitas vezes, não encontramos valores de mercado para todos os produtos no estágio de acabamento ao ponto de cisão, sendo necessária adaptação do método, que consiste no emprego de um valor de mercado hipotético no ponto de cisão, que se refere ao valor de mercado dos produtos finais, subtraído dos custos adicionais de cada produto para torná-los em condição de venda. A explicação para este procedimento é a de que os custos adicionais estariam mais associados às possibilidades de se conseguir melhor preço e maiores lucros relacionados a cada produto isoladamente do que ao processo de produção conjunta.

Esse método, apesar de bastante empregado, é passível de muitas críticas. O comportamento dos preços do mercado é menos decorrente de fatores de produção do que de fatores de mercado, como concorrência, escassez, estágio de vida dos produtos (produto no início do ciclo de vida, produto saturado etc.). Outro problema é que os preços encontrados no mercado estão longe de ser homogêneos, existe muita dificuldade, se não impossibilitasse, de se estabelecer esses preços em muitas situações. (Veja Quadros 15.1 e 15.2.)

Quadro 15.1 *Exemplo do método de valor de mercado ou de venda*

PRODUTOS	UNIDADES	PREÇO UNITÁRIO DE MERCADO (EM R$)	PREÇO TOTAL DE MERCADO (EM R$)	PARTICIPAÇÃO DE CADA PRODUTO	DISTRIBUIÇÃO DOS CUSTOS CONJUNTOS (EM R$)
A	2.000	1,00	2.000,00	83,3%	1.249,50
B	1.200	0,30	360,00	15,0%	225,00
C	400	0,10	40,00	1,7%	25,50
Total	3.600	0,67	2.400,00	100,0%	1.500,00

Quadro 15.2 *Adaptação do método quando há processamento posterior ao ponto de cisão*

PRODUTOS	UNIDADES	PREÇO TOTAL DE MERCADO (EM R$)	CUSTOS APÓS O PONTO DE CISÃO (EM R$)	VALOR DE MERCADO PROVÁVEL (EM R$)	PARTICIPAÇÃO DE CADA PRODUTO	DISTRIBUIÇÃO DOS CUSTOS CONJUNTOS (EM R$)
A	2.000	2.000,00	400,00	1.600,00	82,9%	1.243,50
B	1.200	360,00	60,00	300,00	15,5%	232,50
C	400	40,00	10,00	30,00	1,6%	24,00
Total	3.600	2.400,00	470,00	1.930,00	100,0%	1.500,00

Preço de mercado dos produtos A = R$ 1,00
B = R$ 0,30
C = R$ 0,10

15.4.2 Método da unidade quantitativa

Esse método distribui os custos conjuntos com base em unidades de medida comuns a todos os produtos de maneira proporcional à quantidade obtida de cada produto. Essas unidades de medida podem ser: unidades, quilos, litros ou qualquer outro padrão de medida que possa mensurar todos os produtos.

O princípio que rege esse método é o de que todos os produtos que emergem de um mesmo processo deveriam receber uma parcela proporcional dos custos com base na quantidade produzida de cada produto, mensurada pela unidade de medida escolhida.

A principal crítica a esse método é a de que podemos encontrar diversas formas possíveis de medir a produção, como galões, toneladas, unidades etc., sendo que, de acordo com a lógica de cada uma, poderemos ter diversos custos para os produtos. Os produtos que possuem preços de mercado diferentes deveriam receber outro tratamento, onerando mais aqueles que possuem maior valor de venda. (Veja Quadro 15.3.)

Quadro 15.3   *Avaliação pelo método da unidade quantitativa*

PRODUTOS	PESO DOS PRODUTOS RECUPERADOS (KG)	DISTRIBUIÇÃO DO RESÍDUO	PESAGEM REVISADA (KG)	PARTICIPAÇÃO DE CADA PRODUTO (%)	DISTRIBUIÇÃO DOS CUSTOS CONJUNTOS (R$)
A	200	17	217	56%	840,00
B	120	10	130	33%	495,00
C	40	3	43	11%	165,00
Resíduo	30	0	0	0%	0
Total	390	30	390	100%	1.500,00

Obs.: A base proporção para a distribuição do resíduo é de 360 kg.

15.4.3 Método da média ponderada

Esse método é baseado na premissa de que os produtos conjuntos deveriam receber custos conjuntos em conformidade com as dificuldades encontradas em sua obtenção. Assim, os fatores de produção, devidamente analisados, receberiam ponderações. Esses fatores poderiam ser: peso de cada unidade, tamanho do produto, dificuldade na elaboração, tempo consumido na fabricação, tipo de mão de obra utilizada, quantidade do material etc.

Entre os três métodos, esse é o que merece maiores críticas, visto que as ponderações que sofrem os produtos são completamente subjetivas e arbitrárias. (Veja Quadro 15.4.)

Exemplo:

Quadro 15.4 *Avaliação pelo método da média ponderada*

PRODUTOS	UNIDADES PRODUZIDAS	PESO	UNIDADES EQUIVALENTES	PARTICIPAÇÃO DE CADA PRODUTO (%)	DISTRIBUIÇÃO DOS CUSTOS CONJUNTOS (R$)
A	2.000	10	20.000	64%	960,00
B	1.200	6	7.200	23%	345,00
C	400	10	4.000	13%	195,00
Total	3.600		31.200	100%	1.500,00

15.4.4 Comparação dos métodos de distribuição dos custos em valores absolutos (em R$)

PRODUTOS/ PARTES	MÉTODO PELO VALOR DE MERCADO	MÉTODO COM PROCESSAMENTO APÓS PONTO DE CISÃO	MÉTODO DE UNIDADE QUANTITATIVA	MÉTODO DA MÉDIA PONDERADA
A	1.249,50	1.243,50	840,00	960,00
B	225,00	232,50	495,00	345,00
C	25,50	24,00	165,00	195,00
Total	1.500,00	1.500,00	1.500,00	1.500,00

15.4.5 Comparação dos métodos de distribuição dos custos em valores relativos

PRODUTOS/ PARTES	MÉTODO PELO VALOR DE MERCADO	MÉTODO COM PROCESSAMENTO APÓS PONTO DE CISÃO	MÉTODO DE UNIDADE QUANTITATIVA	MÉTODO DA MÉDIA PONDERADA
A	83,3%	82,9%	56,0%	64,0%
B	15,0%	15,5%	33,0%	23,0%
C	1,7%	1,6%	11,0%	13,0%
Total	100,0%	100,0%	100,0%	100,0%

Comentários:

Qualquer método de apropriação de custos conjuntos aos produtos, como frisamos, é arbitrário, limitado e de resultado comprometido, pois dependendo do critério usado o produto pode receber uma carga maior ou menor de custos.

Como é o mercado que dita os preços, na maioria dos casos, recomendamos que os custos derivativos do produto principal sejam tratados de forma global, apurando-se, dessa forma, os resultados marginais de todos os produtos comercializados.

15.5 Distinção entre sucata, coprodutos e subprodutos

Justifica-se a inserção de algumas definições de termos pela importância do correto entendimento, que evita distorções na transmissão de ideias por meio de termos mal-empregados.

15.5.1 Sucatas
As sucatas são os resíduos que podem ou não ser decorrência normal do processo de produção, não possuindo valor de venda e condições de negociabilidade boas. As rendas provenientes da venda de sucatas são lançadas diretamente em receitas eventuais.

15.5.2 Coprodutos
São os produtos decorrentes da produção conjunta; sendo que cada um deles não possui maior importância do que os outros, e todos têm posição relevante no mercado. São produzidos simultaneamente e não há maneira objetiva de determinação do custo aplicável a cada um deles.

15.5.3 Subprodutos
Trata-se de um ou mais produtos de valor relativamente pequeno, produzidos simultaneamente com outro produto de maior valor, denominado produto principal. É consequência normal do processo produtivo e tem condições de negociabilidade em sua forma original, ou com processamento adicional.

15.5.4 Formas de apropriação do custo dos subprodutos
Podemos tratar de três formas os subprodutos, suas receitas e seus custos:

a) As receitas provenientes das vendas dos subprodutos são lançadas como outras rendas, após o lucro operacional conforme a seguinte demonstração:

Vendas	R$ 10.000,00
(−) Custo dos produtos vendidos	(R$ 6.000,00)
Resultado bruto	R$ 4.000,00
(−) Outros custos adicionais	(R$ 3.000,00)
Lucro operacional	R$ 1.000,00
(+) Receita das vendas de subprodutos	**R$ 200,00**
= Resultado líquido	R$ 1.200,00

b) As receitas provenientes das vendas dos subprodutos são lançadas como receita adicional das vendas, antes do resultado bruto, conforme a seguinte demonstração:

Vendas	R$ 10.000,00
(+) Receita das vendas de subprodutos	R$ 200,00
Total das receitas operacionais	R$ 10.200,00
(–) Custos dos produtos vendidos	(R$ 6.000,00)
Resultado bruto	R$ 4.200,00
(–) Outros custos adicionais	(R$ 3.000,00)
= Resultado líquido	R$ 1.200,00

c) As receitas provenientes das vendas dos subprodutos são lançadas como dedução dos custos dos produtos vendidos, conforme a seguinte demonstração:

Vendas		R$ 10.000,00
(–) Custos dos produtos vendidos	(R$ 6.000,00)	
(+) Receita de vendas de subprodutos	R$ 200,00	(R$ 5.800,00)
Resultado bruto		R$ 4.200,00
(–) Outros custos adicionais		(R$ 3.000,00)
= Resultado líquido		R$ 1.200,00

15.5.5 Considerações sobre a produção conjunta

O custeio de produção conjunta, normalmente, surge na fase intermediária da produção, isto é, no ponto de cisão. Os custos adicionais identificáveis com cada produto devem ser separados e distribuídos a cada produto.

Características importantes da produção conjunta:
- Os produtos conjuntos não podem ser identificados separadamente antes do ponto de cisão;
- A produção de um produto depende da produção de outro produto.

O estudo para a eliminação de um produto da linha de produção poderá ocorrer; porém, na maioria das vezes, não é compensador, pois basta o preço de venda cobrir os custos de processamento adicional para se tornar vantajosa a comercialização do coproduto resultante da produção conjunta.

Os vários métodos apresentados foram elaborados com base no princípio do "rateio" dos custos conjuntos, que é uma das características do método de custeamento por absorção. Esta sistemática poderia ser útil, apesar da arbitrariedade e subjetivismo dos dados causados pelos "rateios", para avaliar estoques e atender a contabilidade financeira regida por regras legais. Todavia, para fins de tomada de decisões com preços, *mix* de vendas, retirar produto de linha etc. são necessários relatórios diferenciados, notadamente destacando-se o lucro marginal por produto necessário para cobrir não só os custos fixos estruturais do período, mas também os custos conjuntos que deram origem aos produtos vendidos desse mesmo período.

O Quadro 15.5 apresenta um exemplo de como poderiam ser tratados os custos conjuntos, de forma a dar maiores subsídios para a análise e a tomada de decisão.

Quadro 15.5 *Demonstração de resultados da venda de produtos conjuntos*

PRODUTOS	A	B	C	TOTAL	AV*
Vendas	20.000,00	3.600,00	400,00	24.000,00	100%
(–) Custos identificáveis aos produtos	(3.000,00)	(680,00)	(213,00)	(3.893,00)	(16%)
= Ganho para cobrir os custos conjuntos e fixos do período	17.000,00	2.920,00	187,00	20.107,00	84%
(–) Custos conjuntos não identificáveis aos produtos				(11.107,00)	47%
(–) Custos fixos				(2.707,00)	11%
Resultado líquido				6.293,00	26%

* AV = Análise vertical.

16

Análise de Casos de Preços de Venda

16.1 Introdução

A preocupação em formar preços está ligada às condições de mercado, às características da concorrência, aos custos, ao nível de atividade e à remuneração do capital investido (lucro).

O cálculo do preço de venda deve levar a um valor

- que traga à empresa a maximização dos lucros;
- que possa manter a qualidade, atender aos anseios do mercado àquele preço determinado;
- que melhor aproveite os níveis de produção etc.

Condições que devem ser observadas na formação do preço de venda:

- forma-se um preço-base;
- critica-se o preço-base à luz das características existentes do mercado, como preço dos concorrentes, volume de vendas, prazo, condições de entrega, qualidade, logística, assistência técnica etc.;
- testa-se o preço às condições do mercado, levando-se em consideração as relações custo/volume/lucro e demais aspectos econômicos e financeiros da empresa;
- fixa-se o preço mais apropriado com condições diferenciadas para atender:
  – volumes diferentes;
  – prazos diferentes de financiamento de vendas;
  – descontos para prazos mais curtos;
  – comissões sobre vendas para cada condição.

16.2 Fatores que interferem na formação do preço de venda

Na missão de formar preços, devem ser levados em consideração os seguintes fatores:
- a quantidade do produto em relação às necessidades do mercado consumidor;

- a existência de produtos substitutos a preços mais competitivos;
- a demanda esperada do produto;
- o mercado de atuação do produto;
- os níveis de produção e de vendas que se pretende ou que se pode operar;
- os custos de fabricar, administrar e comercializar o produto;
- os níveis de produção e de vendas desejados etc.

16.3 Formação do *mark up*

16.3.1 Definição do *mark up*

O *Mark up* é um índice aplicado sobre o custo de um bem ou serviço para a formação do preço de venda.

O confeiteiro, por exemplo, aplica o índice 02 sobre o custo de produção de um quilo de "bolo" para a formação do preço de venda.

O dono de um bar aplica o índice 1,5 sobre o preço de compra de determinado litro de bebida, também para formar o preço de venda.

Esses dois casos servem para caracterizar objetivamente o que vem a ser o *Mark up*.

16.3.2 Objetivo do *mark up*

O *mark up* tem por objetivo cobrir as seguintes contas:
- impostos e contribuições sociais sobre vendas;
- comissão sobre vendas;
- margem de lucro sobre vendas.

16.4 Lucro da operação

16.4.1 Casos ilustrativos de análise de preços

Caso da Metalúrgica Aço Bom

A Metalúrgica Aço Bom deseja alterar sua tabela de preços para a venda de arruelas de aço, e dispõe das seguintes informações:

- custos diretos para produzir e vender, para pagamento a vista: R$ 12,00/kg;
- impostos e taxas incidentes sobre vendas para pagamento a vista: 20%;
- lucro marginal desejado: 16%;
- volume previsto de venda: 500 kg;
- custos fixos do período: R$ 1.000,00;
- hipótese de entrega do produto no momento da formação do preço.

Capítulo 16

Pede-se:

1. O preço por kg, para venda a vista e financiado em 30 ou 60 ou 90 dias, considerando custo financeiro à razão de 3% ao mês.
2. Ponto de equilíbrio: em unidade, em valor, justificação e representação gráfica.
3. Margem de segurança operacional: em unidade, em valor, em porcentagem e comprovação da porcentagem de lucro.
4. Comprovação do percentual de lucro encontrado.

Solução provável:

Questão nº 1

a) Formação do Preço de Venda a Vista (PVV), tomando-se por base a seguinte equação:

PVV = R$ 12,00/kg + 0,16 PVV + 0,20 PVV

PVV − 0,36 PVV = R$ 12,00

PVV (1 − 0,36) = R$ 12,00

$$PVV = \frac{R\$ \ 12,00}{1 - 0,36} = \frac{R\$ \ 12,00}{0,64}$$

PVV = R$ 18,75/kg

Portanto, o preço para recebimento a vista é de R$ 18,75 por kg.

b) Formação do preço de venda a vista tomando-se como base o *mark up* na forma vertical:

Preço de venda a vista (PVV)	100%
(−) Impostos e taxas a vista	(20%)
(−) Lucro marginal	(16%)
= *Mark up* divisor	64%
= *Mark up* multiplicador (100% : 64%)	1,5625

Preço de venda a vista com base no *mark up* divisor:

$$PVV = \frac{R\$ \ 12,00 \ kg}{0,64} = R\$ \ 18,75$$

Preço de venda a vista com base no *mark up* multiplicador:

PVV = R$ 12,00 kg × 1,5625
PVV = R$ 18,75

c) Formação do preço de venda financiado para recebimento a prazo (PVP)

Venda financiada em 30 dias
$PVP_{30d} = PVV (1 + i)^n$
$PVP_{30d} = R\$ 18,75 (1 + 0,03)^1$
$PVP_{30d} = R\$ 18,75 \times 1,03$
$PVP_{30d} \cong R\$ 19,31$

Venda financiada em 60 dias
$PVP_{60d} = R\$ 18,75 (1 + 0,03)^2$
$PVP_{60d} = R\$ 18,75 \times 1,0609$
$PVP_{60d} \cong R\$ 19,89$

Venda financiada em 90 dias
$PVP_{90d} = R\$ 18,75 (1 + 0,03)^3$
$PVP_{90d} = R\$ 18,75 \times 1,092727$
$PVP_{90d} \cong R\$ 20,49$

Portanto, se os preços financiados a prazo forem para recebimento em 30, 60 ou 90 dias, os valores serão respectivamente de R$ 19,31, ou R$ 19,89, ou R$ 20,49.

Questão nº 2

Ponto de Equilíbrio (PE)

$PE_{unidade} = \dfrac{R\$ 1.000,00}{R\$ 3,00 * kg} = 333,33 \text{ kg}^1$

$PE_{valor} = 333,33 \text{ kg} \times R\$ 18,75 = R\$ 6.250,00$

Justificação do ponto de equilíbrio (PE)

DEMONSTRAÇÃO DO LUCRO		
Vendas	R$ 6.250,00	100%
(–) Impostos e taxas sobre vendas	(R$ 1.250,00)	(20%)
(–) Custos diretos	(R$ 4.000,00)	(64%)
(=) Lucro marginal	R$ 1.000,00	16%
(–) Custos fixos	(R$ 1.000,00)	(16%)
(=) Lucros	0	0

---

[1] Lucro marginal por kg (0,16 × R$ 18,75) = R$ 3,00
Custos marginais = custos diretos, imp. e taxas e outros gastos variáveis sobre vendas.

Representação gráfica do PE

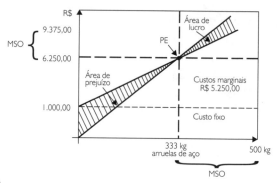

Questão nº 3

Margem de segurança operacional (MSO)

$MSO_{unidades} = 500 \text{ kg} - 333,33 \text{ kg}$

$MSO_{unidades} = 166,67 \text{ kg}$

$MSO_{unidades} = (500 \text{ kg} \times R\$ \ 18,75 \text{ kg}) - R\$ \ 6.250,00$

$MSO_{valor} = R\$ \ 3.125,00$

$\% \ MSO = \dfrac{R\$ \ 3.125,00}{R\$ \ 9.375,00} = 33,33\%$

% Lucro = % lucro marginal × % MSO

$\% \ Lucro = \dfrac{16\% \times 33,33\%}{100\%} = \boxed{5\%}$

Questão nº 4

Comprovação do percentual de lucro

DEMONSTRAÇÃO DO LUCRO		
Vendas	R$ 9.375,00	100%
(–) Impostos e taxas sobre vendas	R$ 1.875,00	20%
(–) Custos diretos (500 kg a R$ 12,00/kg)	R$ 6.000,00	64%
(=) Lucro marginal	R$ 1.500,00	16%
(–) Custos fixos	R$ 1.000,00	11%
(=) Lucro operacional	R$ 500,00	5%

Portanto, o percentual de 5% de lucro operacional sobre as vendas é o mesmo obtido pela multiplicação da porcentagem da margem de segurança pelo lucro marginal na questão nº 3.

16.4.2 Caso da Empresa de Bicicletas Velozes (EBV)

A EBV elabora planilha de preços utilizando-se da forma tradicional do *mark up*.

A empresa tem como hábito trabalhar com a "margem fixa" de 30%.

A planilha de preço encontrada na empresa continha as seguintes informações:

Dois modelos de bicicletas: cano longo e cano curto

Tributos sobre vendas	25,00%
Margem de lucro	30,00%
Despesas financeiras	3,00%
Despesas Administrativas / Comerciais	20,76%
Total	78,76% (a)

Cálculo do *mark up* divisor (MKD):

MKD	100,00% (a)
(–) Total acima	– 78,76%
MKD	21,24% (b)

Ou

Cálculo do *mark up* multiplicador (MKM):

MKM	4,7081 (a : b)

Hipótese de CUSTOS DIRETOS para os dois produtos de R$ 105,95

Cálculo do **PREÇO DE VENDA** para os dois produtos com base no conceito do *MARK UP* (Planilha):

Tomando por base o MKD:

PREÇO DE VENDA (PV)

R$ 105,95 (dividido) por 0,2124   é igual a   **R$ 498,82**

Ou

Tomando por base o MKM:

R$ 105,95 (vezes) 4,7081   é igual a   **R$ 498,82**

Matematicamente falando, podemos comprovar o preço apurado acima da seguinte forma:

DRE	VALOR	MARK UP
Preço de venda	498,82	100,00%
(–) Custos diretos	– 105,95	– 21,24%
(–) Tributos sobre vendas	– 124,71	– 25,00%
(–) Despesas financeiras	– 14,96	– 3,00%
(–) Despesas administrativas e comerciais	– 103,56	– 20,76%
Margem de lucro	149,65	30,00%

Capítulo 16

A empresa de EBV (Empresa de Bicicletas Velozes) tem encontrado sérias dificuldades para venda de seus dois principais produtos no preço de R$ 498,82. O mercado apesar da forte concorrência é comprador.

Pede-se:
1. Critique esses dados.
2. Enumere o que pode estar errado.

Respostas do que poderia estar errado:

1. *Mark up* (planilha) usado de forma inadequada, contribuindo para "inchar" o preço.
2. A margem de lucro não deveria ter sido incluída no *mark up*.
3. As despesas financeiras, administrativas e comerciais também não deveriam ser incluídas no *mark up*.
4. Não há informação sobre o lucro efetivo.
5. Não existe informação sobre o tempo do ciclo de produção dos produtos vendidos etc.

DADOS ADICIONAIS DO ESTUDO DE CASO

A EBV, inconformada com os péssimos resultados de suas vendas de bicicletas, principalmente a de "cano curto", buscou consultoria externa para análise de seus custos e mudança de política de preços, cuja análise revelou para o período:

BICICLETAS	CANO LONGO	CANO CURTO	DADOS GERAIS
Tempo do ciclo de produção	4 horas	1 hora	
Capacidade prática instalada	1.000 unidades	6.000 unidades	
Potencial de mercado	1.000 unidades	6.000 unidades	
CUSTO ESTRUTURAL FIXO DO PERÍODO			R$ 153.300,00
CAPITAL INVESTIDO NO NEGÓCIO			R$ 3.672.000,00
TAXA DESEJADA DE RETORNO SOBRE O CAPITAL INVESTIDO			5%
TRIBUTOS SOBRE VENDAS			25%
CUSTOS DIRETOS PARA CADA PRODUTO			R$ 105,95

Pede-se:

Quais são os novos preços competitivos de vendas das bicicletas?

Primeiro passo:

Calcular qual é o valor do "lucro desejado" resultante do capital investido no negócio de R$ 3.672.000,00 a uma taxa de 5%, que equivale a R$ 183.600,00.

Segundo passo:

Determinar o "lucro marginal total" a ser coberto pelo *mix* de venda dos dois produtos, com base nas premissas do caso, assim composto:

CUSTO ESTRUTURAL FIXO	R$ 153.300,00
LUCRO DESEJADO	R$ 183.600,00
TOTAL DO LUCRO MARGINAL	R$ 336.900,00

LUCRO MARGINAL POR FATOR RESTRITIVO

BICICLETAS	CANO LONGO	CANO CURTO
TEMPO DE PRODUÇÃO POR UNID.	4 horas	1 hora
X VOLUME DE PRODUÇÃO	1.000 unidades	6.000 unidades
TOTAL DE HORAS-MÁQUINA POR PRODUTO	4.000	6.000
CAPACIDADE INSTALADA ACUMULADA	4.000	10.000

LUCRO MARGINAL POR HORA-MÁQUINA

R$ 336.900,00 dividido por 10.000   R$ 33,69

NOVO PREÇO DE VENDA DA BICICLETA DE CANO:
LONGO ⟶ (R$ 105,95 + (R$ 33,69 × 4 horas)) dividido por (1 − 0,25) = **R$ 320,95**
CURTO ⟶ (R$ 105,95 + (R$ 33,69 × 1 hora)) dividido por (1 − 0,25) = **R$ 186,19**

Relembrando:

R$ 105,95 se referem ao custo direto do produto, composto principalmente por matéria-prima, comissão e frete.

25% se referem aos tributos incidentes sobre vendas, tais como: IPI, PIS, COFINS, ICMS e ISS, dependendo do tipo de negócio desenvolvido.

Conclusão sobre o caso:

É importante frisar que o caso desenvolvido é meramente ilustrativo e incompleto. Há necessidade de ajustar os valores, em moeda da mesma data, especialmente se o negócio estiver sendo operado em ambiente com expressiva variação de preços.

Capítulo 16

Mas, de outro lado, acreditamos ter conseguido mostrar ao leitor sob uma ótica diferente a "formação do preço de venda", levando-se em consideração os fatores tempo e capital investido no negócio, além de "alerta" para uso indiscriminado das tradicionais "planilhas de preços".

Os cálculos de preços são importantes para atender o quesito do "planejamento", tendo em vista as relações do preço com o volume e o lucro.

Além do fator preço, as empresas precisam, para atingir o objetivo do negócio, possuir um "bom sistema de comunicação com os clientes", preservar a qualidade e buscar sistematicamente o aumento da produtividade para a redução dos preços praticados.

TABELA COMPARATIVA DE PREÇOS		
Bicicletas	Preços não competitivos	Preços competitivos
Cano longo	R$ 498,82	R$ 320,95
Cano curto	R$ 498,82	R$ 186,92

Portanto, o uso do "princípio" da planilha de preços, de forma individual, e com informações incompletas, gerou um acréscimo no preço da bicicleta de cano longo de aproximadamente 57%, e de 163% na bicicleta de cano curto.

17

A Margem de Lucro Embutida nos Preços

17.1 Introdução

A maioria das empresas ainda usa o tradicional *mark up* ou fator fixo para correção dos preços. Esses parâmetros de preços não possuem sustentação científica, pois são calculados por estimativas. Algumas vezes, são determinados em função de práticas de concorrentes ou com base em costumes antigos ainda arraigados na atual administração.

Os fatores de preços (*mark up*) funcionam mais ou menos assim: pega-se o custo de compra de determinada mercadoria e aplica-se, por exemplo, o fator de 1,80 para aumentar o valor de compra em 80% e vender a R$ 18,00 o produto adquirido por R$ 10,00.

Como frisamos, os fatores de preços aplicados, conforme exemplos, são "estereótipos" que podem conduzir uma empresa ao fracasso, especialmente se a mesma ignora os preços praticados pelos concorrentes.

Analisamos os resultados gerenciais de uma companhia que distribui produtos hospitalares e constatamos que o problema do prejuízo dessa empresa estava nas margens médias, pois a contabilidade utilizava todos os preços de compras e agregava o fator de 1,42 linear para todas as mercadorias adquiridas para comercialização. Depois da análise de seus custos constatamos que para gerar um mínimo de lucro a referida empresa deveria trabalhar com o fator médio de 1,66, ou seja, com um incremento médio nos preços de 17%.

A decisão de adequação nos preços acabou acarretando uma pequena redução na demanda, mas, de outro lado, o lucro começou a ocorrer.

Os preços devem ser formados, como chamamos, "de baixo para cima", na demonstração de resultados, isto é, primeiramente, precisamos determinar qual é o lucro desejado. Em segundo lugar, precisamos conhecer o total do "custo estrutural fixo" a ser coberto pelo preço.

Em terceiro lugar, precisamos somar o valor do lucro desejado com o custo estrutural fixo, daí encontraremos o "total do lucro marginal" a ser coberto pelo "mix" de

Capítulo 17

venda de todos os produtos vendidos. A partir daí, temos que seguir a *lei da oferta e da procura*, pois os preços dos produtos com maior demanda precisam ser menores, e os preços dos produtos com menor procura precisam ser maiores – que aparentam ser perfeitamente lógicos...

O percentual de margem sobre os custos de cada produto dependerá dos volumes e da composição do *mix* de venda. Dessa forma, o fator (*mark up*) passa a ter uma função de derivada e não do fim em si mesmo para a formação dos preços.

Os preços de venda são basicamente compostos de dois fatores: o "custo marginal" e o montante do "lucro marginal".

A seguir, ilustramos um caso sobre o cálculo do "lucro marginal" a ser embutido em um preço de venda.

17.2 Caso ilustrativo da Empresa Emisa

O contador de custos da Empresa EMISA precisa formar os preços referenciais para a venda de seus três produtos denominados de EM1, EM2 e EM3, cujos dados para o período são os seguintes:

Lucro desejado (R$)	10.000,00
Custo estrutural fixo (R$)	40.000,00
Custo direto unitário (para os três produtos) (R$)	200,00
Volume produção/venda em unid./horas (VPH)	500
Impostos e taxas de vendas	20%

Informações adicionais:
- hipótese de formar os preços e entregar os produtos no mesmo momento.
- valores e porcentagens a valores correntes e a vista.

Pede-se:

1. Total do ganho marginal dos três produtos.
2. Lucro marginal por unidade/hora.
3. Cálculo do lucro marginal a ser atribuído aos produtos EM1, EM2 e EM3, que demoram, respectivamente, uma hora, duas horas e três horas para serem fabricados, em valor e porcentagem.
4. Quais os preços referenciais de vendas dos produtos EM1, EM2 e EM3 para recebimento a vista e financiados para recebimento após 30 dias com juros de 3% ao mês?

A Margem de Lucro Embutida nos Preços

Solução provável:

1. Total do lucro marginal dos três produtos (*mix*):

	R$
Lucro desejado	10.000,00
+ Custo estrutural fixo	40.000,00
Total do lucro marginal total (LMT)	50.000,00

Portanto, o ganho marginal total (LMT) a ser coberto pela venda dos três produtos corresponde a R$ 50.000,00.

2. Lucro marginal por unidade/hora (LMH)

   LMH = GMT/VPH

   $$LMH = \frac{R\$ \ 50.000,00}{500 \ hs.}$$

   LMH = R$ 100,00 unidade/hora

Portanto, o lucro marginal por hora corresponde a R$ 100,00.

3. Cálculo do lucro marginal a ser atribuído aos produtos EM1, EM2 e EM3, que demoram, respectivamente, uma hora, duas horas e três horas para serem fabricados, em valor e porcentagem:

- Produto EM1: LMH × 1 hora
  EM1: R$ 100,00 × 1 = R$ 100,00
- Produto EM2: LMH × 2 horas
  EM2: R$ 100,00 × 2 = R$ 200,00
- Produto EM3: LMH × 3 horas
  EM3: R$ 100,00 × 3 = R$ 300,00

Portanto, o valor do lucro marginal a ser atribuído no preço de vendas dos produtos EM1, EM2 e EM3 corresponde, respectivamente, a R$ 100,00, R$ 200,00 e R$ 300,00.

4. Os preços referenciais de vendas dos produtos EM1, EM2 e EM3 para recebimento a vista e financiados para recebimento após 30 dias com juros de 3% ao mês são os seguintes:

$$\text{Preço de venda a vista} = \frac{(\text{custo direto} + \text{lucro marginal})}{(100\% - \text{impostos e taxas})}$$

PVV = Preço de venda a vista
CD = Custo direto
LM = Lucro marginal
ITV = Impostos e taxas de vendas

Produto EM1:

$$PVV = \frac{(R\$\ 200,00 + R\$\ 100,00)}{(100\% - 20\%)}$$

$$PVV = \frac{R\$\ 300,00}{0,80}$$

$$PVV = R\$\ 375,00$$

Produto EM2:

$$PVV = \frac{(R\$\ 200,00 + R\$\ 200,00)}{(100\% - 20\%)}$$

$$PVV = \frac{R\$\ 400,00}{0,80}$$

$$PVV = R\$\ 500,00$$

Produto EM3:

$$PVV = \frac{(R\$\ 200,00 + R\$\ 300,00)}{(100\% - 20\%)}$$

$$PVV = \frac{R\$\ 500,00}{0,80}$$

$$PVV = R\$\ 625,00$$

Os preços para a venda a vista correspondem, respectivamente, para os produtos EM1, EM2 e EM3, a R$ 375,00, R$ 500,00 e R$ 625,00.

Os preços para a venda financiada para recebimento após 30 dias, com juros financeiros de 3% ao mês, correspondem, respectivamente, a R$ 386,25, R$ 515,00 e R$ 643,75.

18

A Medida do Lucro e dos Juros Embutidos nos Preços

18.1 Introdução

O lucro operacional apurado, com base nos princípios legais, poderá não retratar de maneira efetiva o desempenho de um negócio empresarial, se não levar em consideração uma moeda de poder aquisitivo de uma mesma data.

O chamado lucro operacional apurado em conformidade com a legislação pode ser considerado heterogêneo e incompleto por espelhar um resultado apurado com valores de épocas diferentes, embora vivamos em época de estabilidade nos preços (Plano Real). Se partirmos do exemplo em que determinada mercadoria foi adquirida no período 1 por R$ 10,00, e vendida no período 2 por R$ 20,00, sabendo-se, ainda, que o preço corrente da mercadoria, no momento da venda, em face do princípio da continuidade, passou a ser de R$ 15,00, teremos os seguintes resultados:

- Nos moldes da contabilidade financeira:

Vendas	20,00	100%
(–) Custos a preços de compra (histórico)	(10,00)	(50%)
(=) Resultado	10,00	50%

- Nos moldes da contabilidade gerencial:

	R$	
Vendas	20,00	100%
(–) Custos a preços correntes	(15,00)	(75%)
(=) Resultado	5,00	25%

À luz dessas duas demonstrações, podemos concluir que o melhor relatório pode ser o que reflete o resultado com base no preço corrente, apesar da premissa comercial de que, quando se compra "barato", deve-se vender também a mercadoria com preço baixo.

18.2 As variações de preços

O desempenho real de uma empresa apenas poderá ser obtido se forem consideradas as variações de preços. Para melhor elucidação desse problema, supomos a seguinte situação hipotética:

- lote de mercadorias adquiridas em 31-3-20XX por R$ 1.000,00;
- venda de 70% do lote de mercadoria em 30-6-20XX por R$ 1.000,00;
- preço corrente de 100% do lote, no momento da venda, por R$ 1.400,00;
- inflação entre o período de compra e venda = 20%.

Pede-se:

1. Qual o resultado a preços históricos?
2. Qual o resultado a preços correntes?
3. Qual o resultado a preços históricos corrigidos pela inflação do período?
4. Qual o resultado operacional e o não operacional total do período?

Solução:

1. **Resultado a preços históricos:**

	R$	
Vendas	1.000,00	100%
(–) Custos a preços históricos	(700,00)	(70%)
(=) Resultado	300,00	30%

2. **Resultado a preços correntes:**

	R$	
Vendas	1.000,00	100%
(–) Custos a preços correntes	(980,00)	(98%)
(=) Resultado	20,00	2%

3. **Resultado a preços históricos corrigidos pela inflação:**

	R$	
Vendas	1.000,00	100%
(–) Custos a preços históricos corrigidos (R$ 700,00 × 1,20)	(840,00)	(84%)
(=) Resultado	160,00	16%

4. Resultado operacional e não operacional total do período:

	R$	
Vendas	1.000,00	100%
(–) Custos a preços de reposição (70% de R$ 1.400,00)	(980,00)	(98%)
(=) Resultado operacional	20,00	2%
(+) Ganho não operacional realizado com estoque de mercadorias vendidas (R$ 980,00 – R$ 700,00 × 1,20)	140,00	14%
(=) Resultado realizado	160,00	16%
(+) Ganho não operacional a ser realizado com estoque (R$ 420,00 – R$ 300,00 × 1,20)	60,00	6%
(=) Resultado do período	220,00	22%

Comentários:

O resultado de R$ 300,00, apurado a preços históricos, não reflete com exatidão o desempenho real do negócio, por estar comparando valores de épocas diferentes.

O resultado de R$ 20,00, apurado a preços correntes, apesar de menor, poderá representar o verdadeiro lucro operacional por comparar valores de uma mesma época.

O resultado de R$ 160,00, apurado a preços históricos corrigidos pela inflação do período, somente será verdadeiro se tais valores, após a correção, não estiverem inferiores aos preços correntes considerados do momento da entrega das vendas. Essa metodologia de corrigir preços históricos (ou originais de compra) por uma taxa média de inflação apenas será válida se com algum esforço a empresa tabular os preços de suas mercadorias ou insumos, a fim de determinar um índice geral de preços interno (IGPI).

18.3 O significado da correção monetária[1]

De outro prisma, o desempenho real de um negócio será medido a partir do momento em que as perdas (do ativo monetário)[2] e os ganhos (do passivo monetário)[3] relativos aos valores que ficaram expostos à inflação do período forem reconhecidos.

As perdas e os ganhos nos itens monetários refletem a correção monetária do balanço referida na legislação.

Para melhor elucidação do significado da correção monetária, suponha a seguinte situação hipotética:

---

[1] Adaptado de MARTINS, Eliseu. *Análise de correção monetária das demonstrações financeiras.* 2. Ed. São Paulo: Atlas, 1985.
[2] Ativo monetário = caixa, bancos e valores a receber.
[3] Passivo monetário = fornecedores e outras contas a pagar.

Capítulo 18

- Um grupo de empresários constitui empresa para a exploração de serviços de propaganda, cujo capital foi formado, em parte, por um imóvel que servirá de sede e, em parte, por dinheiro, assim composto:

ATIVO	VALORES
Ativo Circulante (AC)	R$ 1.000,00
Ativo Imobilizado (AI)	R$ 10.000,00
PATRIMÔNIO LÍQUIDO (PL)	
Capital	R$ 11.000,00

No primeiro ano de atividade, a empresa obteve receitas de serviços de R$ 50.000,00 e custos de R$ 40.000,00, todos a vista.

No final do período, não havia valores a receber e a pagar.

A taxa de inflação, hipotética do período, foi de 60%, cujo balanço no final do exercício foi o seguinte:

BALANÇO DO FINAL DO 1º ANO

ATIVO	
Ativo Circulante	
Disponibilidades (R$ 1.000,00 + R$ 10.000,00)	R$ 11.000,00
Ativo Imobilizado	
Bens imóveis (R$ 10.000 × 1,6)	R$ 16.000,00
Total do Ativo	R$ 27.000,00
PATRIMÔNIO LÍQUIDO (PL)	
Capital (R$ 11.000,00 × 1,60)	R$ 17.600,00
Resultado do período	R$ 9.400,00
Total do PL	R$ 27.000,00

O resultado do período de R$ 9.400,00 foi obtido pela diferença entre R$ 27.000,00 (total do ativo) e R$ 17.600,00 (capital corrigido).

CORREÇÃO MONETÁRIA DO BALANÇO NOS MOLDES DA LEGISLAÇÃO

Bens imóveis / A.I.

Débito	Crédito
10.000,00	
(1) 6.000,00	
16.000,00	

Capital / PL

Débito	Crédito
	11.000,00
	6.600,00 (2)
	17.600,00

Correção Monetária do Balanço

Débito	Crédito
(2) 6.600,00	6.000,00 (1)
600,00	

O saldo da conta de correção monetária do balanço é devedor em R$ 600,00. Isto quer dizer que o resultado será diminuído desta importância para a apuração do resultado do período, pelo fato de o Patrimônio Líquido ser maior que o Ativo Permanente, assim demonstrado:

Receitas	R$ 50.000,00
(–) Despesas	(R$ 40.000,00)
(=) Resultado bruto	R$ 10.000,00
(–) Correção monetária do balanço	(R$ 600,00)
(=) Resultado do período	R$ 9.400,00

O resultado do período de R$ 9.400,00 coincide com o resultado apurado no balanço final por diferença entre o total do ativo ajustado e o capital corrigido no final do balanço.

Demonstração plena de resultados

O resultado do período também poderá ser levantado, desprezando-se o mecanismo adotado pela legislação, da seguinte forma:

1º) Calcula-se a taxa de inflação média do período, corrigindo-se as despesas incorridas e as receitas realizadas, admitindo-se que aconteceram de forma semelhante do início ao final do período, que é igual a 26,5% ($\sqrt{1,60} - 1 \times 100$).

2º) Corrigem-se as receitas e os custos com base no coeficiente 1,265.

Capítulo 18

3º) Corrigem-se as disponibilidades de R$ 1.000,00 pela taxa de 60%, a fim de determinar a perda monetária e o resultado bruto nominal de R$ 10.000,00 pela inflação de 26,5%, cujo resultado é o seguinte:

DEMONSTRAÇÃO PLENA DE RESULTADOS		
Receitas $ 50.000,00 × 1,265		R$ 63.250,00
(−) Custos (R$ 40.000,00 × 1,265)		(R$ 50.600,00)
(=) Resultado parcial		R$ 12.650,00
(−) Perdas monetárias Disponibilidade inicial (R$ 1.000 × 0,6) =	(R$ 600,00)	
Disponibilidade média/ano (R$ 10.000,00 × 0,265)	(R$ 2.650,00)	(R$ 3.250,00)
(=) Resultado do período		R$ 9.400,00

Os mecanismos de cálculos das perdas ou ganhos monetários (correção monetária) levam ao mesmo resultado; todavia, a forma de detalhamento contida na demonstração plena de resultados oferece maiores subsídios no tocante à tomada de decisão.

18.4 Juros financeiros incidentes sobre impostos e taxas de vendas

Os juros financeiros embutidos nos preços, certamente, contribuem ainda mais para realimentar as taxas de inflação. Vejamos um exemplo:

- Comerciante compra lote de mercadoria a vista por R$ 1.000,00[4] para vender, também a vista, no mesmo momento da compra, por R$ 1.600,00. Qual o resultado da venda, admitindo-se a incidência de ICMS, PIS, COFINS e comissão no montante de 23,25%?

DEMONSTRAÇÃO PLENA DE RESULTADOS		
Receitas de vendas	R$ 1.600,00	100,00%
(−) Impostos e taxas de vendas	(R$ 372,00)	(23,25%)
= Receitas líquidas	R$ 1.228,00	76,75%
(−) Custo das mercadorias vendidas	(R$ 1.000,00)	(62,50%)
= Resultado líquido	R$ 228,00	14,25%

---

[4] Valor da mercadoria já excluída do ICMS por simplificação.

O resultado líquido foi de R$ 228,00, representando 14,25% das receitas de vendas ou 22,8% sobre o valor da mercadoria comprada.

Continuando com o exemplo, porém admitindo-se agora que a referida mercadoria seja vendida para recebimento a prazo, em 60 dias com juros, hipotéticos, de 3% ao mês.

Pede-se:

Qual o novo preço de venda para que o lucro de R$ 228,00 do comerciante seja mantido?

Solução:

PVP = PVV $(1 + i)^n$
PVP = R$ 1.600,00 $(1 + 0,03)^2$
PVP = R$ 1.600,00 × 1,0609
PVP = R$ 1.697,44

Comprovação do resultado:

Receitas de vendas a prazo	R$ 1.697,44	100,00%
(–) Impostos e taxas de vendas	(R$ 394,65)	(23,25%)
= Receitas líquidas	R$ 1.302,79	76,75%
(–) CMV (R$ 1.000,00 × 1,0609)	R$ 1.060,90	62,50%
= Resultado líquido	R$ 241,89	14,25%

O resultado líquido foi de R$ 241,89 para receber no prazo de 60 dias, representando a valor presente o montante de R$ 228,00, que equivale à venda como se fosse a vista, assim calculado:

$$PVV = \frac{PVP}{(1 + i)^n}$$

$$PVV = \frac{R\$ \, 241,89}{(1 + 0,03)^2}$$

$$PVV = \frac{R\$ \, 241,89}{1,0609}$$

PVV = R$ 228,00
PVP = Preço de venda a prazo
PVV = Preço de venda a vista
i = taxa de juros
n = prazo

Capítulo 18

Até aí não há novidades maiores. Os preços de vendas a prazo com relação aos preços a vista aumentaram em 6,09%, isto é, exatamente igual ao acréscimo dos juros financeiros!

O que aconteceria com o preço de venda a prazo se houvesse uma distinção clara do valor econômico, resultante do preço de venda a vista e do valor financeiro que está intimamente relacionado com o fluxo de caixa? E os juros financeiros incidindo somente sobre o valor econômico?

Utilizando-se dos mesmos valores dos exemplos anteriores:

Preço de venda a vista	R$ 1.600,00	100,00%
(–) Impostos e taxas incidentes sobre vendas	(R$ 372,00)	(23,25%)
= Preço de venda líquida (PVL)	R$ 1.228,00	76,75%

Portanto, não admitindo a incidência de juros financeiros sobre impostos e taxas de vendas, o novo preço de venda a prazo passaria a ser o seguinte:

PVP = PVL $(1 + i)^n$ + R$ 372,00
PVP = PVL $(1 + 0,03)^2$ + R$ 372,00
PVP = (R$ 1.228,00 × 1,0609) + R$ 372,00
PVP = R$ 1.302,79 + R$ 372,00
PVP = R$ 1.674,79

Comprovação do resultado:

Receitas de vendas a prazo	R$ 1.674,79	100,00%
(–) Impostos e taxas incidentes sobre as vendas a vista (0,2325 × R$ 1.600,00)	(R$ 372,00)	(22,21%)
= Receita de vendas líquidas	R$ 1.302,79	77,79%
(–) Custo das mercadorias vendidas a prazo (R$ 1.000,00 × 1,0609)	(R$ 1.060,90)	(63,35%)
= Resultado líquido	R$ 241,89	14,44%

O resultado do comerciante, de R$ 241,89 para recebimento a prazo, foi mantido intacto. O valor de R$ 372,00, relativo a impostos e taxas sobre o preço de venda a vista, também foi assegurado, além de o preço para venda a prazo ter-se reduzido em R$ 22,65 ou aproximadamente 1,3%, assim obtido:

$$\frac{(R\$\ 1.697,44 - 1.674,79) \times 100}{R\$\ 1.697,44}$$

A Medida do Lucro e dos Juros Embutidos nos Preços

Outro fator que também onera a atividade empresarial, em termos de descapitalização, é a necessidade de financiar, muitas vezes, as vendas com prazos superiores aos estabelecidos pelo governo para o pagamento dos tributos!

18.5 Operação de compra de mercadoria financiada para pagamento a prazo

Partiremos do caso adaptado de duas empresas que comercializam mercadorias equivalentes. O único item que diferencia é o capital de giro, porque uma delas se dá ao "luxo" de comprar as matérias-primas a vista. A outra, para administrar e vender, precisa recorrer a financiamentos onerosos ou comprar a prazo. Os preços de vendas de ambas as empresas são elaborados, tomando-se como base o preço de compra das mercadorias ocorridas, também na mesma data.

Informações hipotéticas obtidas dos registros das duas empresas para vendas de 100 (cem) unidades das mercadorias do tipo k:

- a empresa "A" adquiriu a mercadoria para pagamento a prazo pelo valor total de R$ 4.630,00;
- a empresa "B" adquiriu lote idêntico de mercadoria para pagamento, porém a vista, pelo valor de R$ 4.000,00;
- hipótese de venda e entrega da mercadoria no mesmo momento da compra.

Pede-se por empresa:

1. O preço de compra unitário da mercadoria nos moldes dos registros da contabilidade financeira.
2. O preço de venda a ser praticado por ambas as empresas, admitindo-se que o "*mark-up* multiplicador" seja igual ao índice 2 (dois) sobre os preços de compra da citada mercadoria. Qual a empresa que teria o preço mais competitivo? Por quê?
3. Os juros financeiros embutidos nos preços, em razão da compra a prazo de mercadoria, podem trazer distorções na formação do preço de venda? Por quê?
4. O preço de compra da mercadoria da empresa "A", após a exclusão do juro financeiro.
5. O registro contábil das operações da empresa "A".
6. A fim de que não haja a condição de desigualdade, em termos de concorrência e competitividade, qual será o novo preço a ser praticado por ambas as empresas?

Capítulo 18

Solução provável:

1. Preço de compra unitário da mercadoria tipo k:

   Empresa "A"
   Preço total de compra = R$ 4.630,00
   Volume = 100 unidades
   Preço unitário = R$ 46,30 por unidade

   Empresa "B"
   Preço total de compra = R$ 4.000,00
   Volume = 100 unidades
   Preço unitário = R$ 40,00 por unidade

2. Preço de venda por unidade da mercadoria k:

   Empresa "A"
   Preço de venda = R$ 46,30 × 2 = R$ 92,60

   Empresa "B"
   Preço de venda = R$ 40,00 × 2 = R$ 80,00

À luz desses números, logicamente seria a empresa "B" que passaria a ter preço mais competitivo, por operar com capital de giro próprio, isto é, não depende de financiamentos onerosos, como é o caso da compra a prazo.

3. Realmente, porque não podemos confundir o fato financeiro com o fato econômico, justamente para não causar distorção na formação dos preços de venda.

4. Preço de compra de mercadoria da empresa "A", após a exclusão do juro financeiro:

Total da mercadoria adquirida a prazo	R$ 4.630,00
(–) Juro financeiro (R$ 4.630,00 – R$ 4.000,00)	(R$ 630,00)
= Total da mercadoria, sem juro financeiro	R$ 4.000,00
÷ Quantidade comprada (em unidades)	100
= Novo preço por unidade	R$ 40,00

5. Registro contábil das operações da empresa "A"

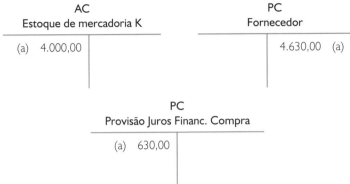

AC = Ativo circulante
PC = Passivo circulante
PL = Patrimônio líquido

BALANÇO PATRIMONIAL DAS OPERAÇÕES

ATIVO		PASSIVO	

AC
  Estoque de
  mercadoria K
	R$ 4.000,00	PC
		  Fornecedores
		  (–) Prov. encargo financeiro de
		        compra a prazo
			R$ 4.630,00
			
			(R$ 630,00)

Total do Ativo	R$ 4.000,00	Total do passivo	R$ 4.000,00

6. Novo preço de venda por unidade a ser praticado por ambas as empresas:
   Empresa "A"
   Preço de venda = R$ 40,00 × 2 = R$ 80,00
   Empresa "B"
   Preço de venda = R$ 40,00 × 2 = R$ 80,00

A desigualdade entre as duas empresas deixaria de existir, justamente em virtude de os registros dos fatos passarem a ser analisados de maneira correta. Embora a empresa "B" fique com o ônus do encargo financeiro incorrido com a passagem de tempo.

18.6 Operação de venda de mercadoria financiada para recebimento a prazo

Vamos admitir, partindo-se do exemplo citado no item 18.5, que a Empresa "A" tenha vendido 50 peças do produto k ao preço de R$ 80,00 por unidade para recebimento a prazo, cujos detalhes adicionais são os seguintes:

- Os impostos e taxas sobre as vendas não foram considerados por simplificação;

Capítulo 18

- A entrega das mercadorias ao cliente ocorreu no mesmo momento em que os preços foram formados;
- Prazo de financiamento das vendas equivale a 2 (dois) meses da data de entrega;
- Encargo financeiro hipotético embutido no preço de venda a prazo corresponde a 4% ao mês.

Pede-se:

1. Valor do encargo financeiro embutido no preço de venda.
2. Demonstração do resultado de venda.
3. Registro contábil das operações da empresa "A".

Solução:

1. Total do encargo financeiro embutido no preço de venda onde:

PVV = Preço de venda a vista
PVP = Preço de venda a prazo
i = Taxa de juros
n = Prazo de financiamento das vendas

$$PVV = \frac{PVP}{(1+i)^n} = \frac{R\$ \ 80,00 \ peça}{(1+0,04)^2}$$

$$PVV = \frac{R\$ \ 80,00 \ peça}{1,0816}$$

PVV = R$ 73,96 peça
TEF = (PVP − PVV) × VV
TEF = Total dos encargos financeiros
VV = Volume vendido
TEF = (R$ 80,00 un. − R$ 73,96 un.) × 50 peças
TEF = R$ 6,04 un. × 50 un.
TEF = R$ 302,00

Portanto, o encargo financeiro embutido no preço equivale a R$ 302,00.

2. Demonstração do resultado de venda (no momento da entrega da mercadoria)

Receitas brutas de vendas (R$ 80,00 un. × 50 un.)	R$ 4.000,00
(−) Provisão enc. financ. venda a prazo (R$ 6,04 un. × 50 un.)	(R$ 302,00)
= Receita de vendas a valor presente	R$ 3.698,00
(−) Custo das vendas (50 un. a R$ 40,00)	(R$ 2.000,00)
= Resultado operacional	R$ 1.698,00

Impostos e taxas sobre vendas (ICMS, IPI, PIS, Finsocial, Comissões etc.).
TEF = Encargo financeiro.

A Medida do Lucro e dos Juros Embutidos nos Preços

3. Registro contábil das operações da empresa "A"
a) Razonetes das operações

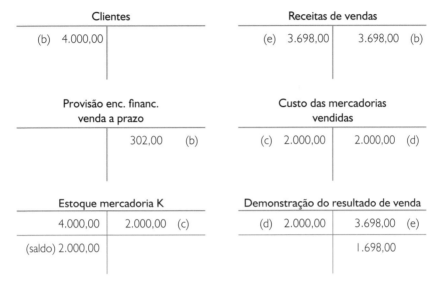

b) Balanço patrimonial das operações

ATIVO		PASSIVO	
AC		PC	
Clientes	R$ 4.000,00	Fornecedores	R$ 4.630,00
(−) Prov. encargo financeiro de vendas a prazo	(R$ 302,00)	(−) Prov. encargo financeiro de compra a prazo	(R$ 630,00)
Estoque mercadoria K	R$ 2.000,00	PNC	
Total do Ativo	R$ 5.698,00	PL	
		Resultados acumulados	R$ 1.698,00
		Total do Passivo	R$ 5.698,00

AC – Ativo circulante
PC – Passivo circulante
PL – Patrimônio líquido
PNC – Passivo Não Circulante

Nesse modelo exemplificado, o reconhecimento do juro financeiro de compra e venda a prazo se dará apenas quando ocorrer o fato gerador que, no caso, é o tempo. Por exemplo, se comprarmos determinado bem ou serviço para pagamento daqui a 60 dias, hoje não teremos incorrido em nenhum encargo financeiro. Já amanhã, ou após 30 ou 60 dias, aí sim, teremos condições de reconhecer, de fato, os juros de financiamento embutidos nos preços de venda, compras e demais compromissos para pagamento a prazo de acordo com a ocorrência do tempo.

185

Análise do Custo de Transformação

19.1 Definição do custo de transformação (CT)

É um custo estrutural incorrido no processo por uma empresa para transformar ideias e materiais em produtos e serviços para atender as expectativas e necessidades de cada cliente. Acreditamos que o CT seja uma ferramenta eficaz para repassar aos clientes, através do preço, a parcela do custo estrutural fixo efetivamente utilizado, dentro da sistemática do custeio predeterminado para que a ineficiência (não conformidade) não seja repassada aos preços.

Sob a óptica do custo de transformação, acreditamos que os custos são formados de maneira mais consistente, propiciando com isso maior facilidade de análise dos custos das fases de um processo.

19.2 Aplicação da metodologia do custo de transformação

A metodologia do custo de transformação (CT) funciona mais ou menos assim:

a. a empresa internamente precisa ser geograficamente mapeada em "centros de custos produtivos (CCP)", para cada processo.
b. deverá ser distinguido o fator "crítico" de cada centro produtivo, normalmente volumes de fatores vendidos integrantes do processo e para obtenção do produto final;
c. registram-se todos os custos incorridos em cada CCP, relativos a materiais diversos (os chamados indiretos) consumidos, o salário do pessoal envolvido em cada centro com os seus respectivos encargos sociais, a depreciação dos equipamentos instalados na própria unidade, a energia elétrica etc.;
d. apuram-se os custos unitários e cumulativos de cada centro de custos produtivos.

19.3 Primeiro caso ilustrativo

Vamos partir de um suposto caso em que a empresa possa, também, aquilatar quais são os custos-padrão de sua administração para serem repassados para o pedido de venda do cliente: CASA SANTA CLARA LTDA., cujos dados hipotéticos são os seguintes:

	CONTAS	VOLUME	UNITÁRIO	TOTAL	%
CM	a) Matérias-primas	100 un.	R$ 0,200	R$ 20,00	17,00%
	b) ICMS (18%)	100 un.	R$ 0,211	R$ 21,11	17,95%
	c) Contribuições sociais	100 un.	R$ 0,043	R$ 4,30	3,66%
	d) Comissão de vendas	100 un.	R$ 0,039	R$ 3,90	3,32%
GM	e) Custo transformação – CCP1	70 un.	R$ 0,500	R$ 35,00	29,76%
	f) Custo transformação – CCP2	20 un.	R$ 0,200	R$ 4,00	3,40%
	g) Custo transformação – CCP3	10 un.	R$ 0,300	R$ 3,00	2,55%
	h) Suposto Lucro	100 un.	R$ 0,263	R$ 26,30	22,36%
PREÇO VENDA TOTAL		100 un.	R$ 1,756	R$ 117,61	100%

Os "centros de custos produtivos (CCPs)" referidos funcionam como se fossem minifábricas do processo de dados, informações, produtos etc., como o exemplo adiante simplificado:

O custo de transformação por unidade de fatores, calculados em função dos CCPs, foi assim obtido:

CUSTO DE TRANSFORMAÇÃO	FASES DO PROCESSO		
CONTAS	CCP1	CCP2	CCP3
Materiais consumidos diversos	R$ 100,00	R$ 110,00	R$ 50,00
Salários e encargos sociais	R$ 2.000,00	R$ 3.000,00	R$ 3.500,00
Depreciação/*leasing* equipamentos	R$ 1.000,00	R$ 500,00	R$ 400,00
Energia elétrica etc.	R$ 120,00	R$ 110,00	R$ 80,00
TOTAL	R$ 3.220,00	R$ 3.720,00	R$ 4.030,00
Volume de atividade	6.440,00 un.	18.600,00 un.	13.433,33 un.
Custos unitários	R$ 0,50	0,20	R$ 0,30
Produtos vendidos à SANTA CLARA LTDA.	70 un.	20 un.	10 un.
Custo Transformação por fase	R$ 35,00	R$ 4,00	R$ 3,00

Capítulo 19

O caso ilustrativo exemplificado poderá ser utilizado, principalmente, para as empresas que trabalham por encomenda.

A expressão *suposto lucro* foi usada, pois o lucro de uma empresa acontece apenas quando ela consegue ultrapassar com faturamento seu ponto de equilíbrio, que é o mínimo de vendas exigido para cobrir o custo de transformação (ou CEF) mais a parcela de lucro desejado, conforme Capítulo 6.

19.4 Segundo caso ilustrativo

A "Metalúrgica de Peças para Auto Ltda." produziu peças (pç) para montadora de automóveis, cujos custos incorridos hipotéticos foram os seguintes:

- Custo direto   R$ 0,40 pç
- Custo de transformação   R$ 1,46 pç
- Volume   10.000 pç

Os custos apurados foram assim detalhados:

Quadro 19.1   *Custo direto (CD)*

CD		MATÉRIAS-PRIMAS APLICADAS		
RM	TIPO	QUANT.	UNIT.	TOTAL
205	XL110	1.500 kg	R$ 1,50	R$ 2.250,00
240	XL118	500 kg	R$ 3,50	R$ 1.750,00
Total		2.000 kg	R$ 2,00/kg	R$ 4.000,00

Quadro 19.2   *Custo de transformação (CT)*

CONTAS	CENTROS DE CUSTO			
	CORTE	FORJA	PRENSA	TOTAL
Salários	R$ 2.000,00	R$ 3.000,00	R$ 5.000,00	R$ 10.000,00
Materiais indiretos	0	R$ 1.500,00	R$ 200,00	R$ 1.700,00
Depreciação	R$ 700,00	R$ 900,00	R$ 1.000,00	R$ 2.600,00
Manutenção	R$ 50,00	R$ 150,00	R$ 100,00	R$ 300,00
Total	**R$ 2.750,00**	**R$ 5.550,00**	**R$ 6.300,00**	**R$ 14.600,00**
Tempo (min.)	1.920	1.500	3.780	7.200
Volume	10.000 pç	10.000 pç	10.000 pç	10.000 pç
CT por peça	R$ 0,275	R$ 0,555	R$ 0,630	R$ 1,46
CT por min.	R$ 1,43229	R$ 3,70333	R$ 1,66667	R$ 2,027
Peças por minuto	5,20833	6,66667	2,64550	1,38889

Conclusão:

O ideal é canalizar os esforços para a obtenção do custo de transformação em tempo, pois os produtos diferem muito uns dos outros em fatores físicos e em tempo de processo.

O custo de transformação ainda poderia ser desdobrado em direto (para o que é identificado com o centro de custos) e indireto (para o que é comum para a fábrica e, portanto, não identificado).

Os custos reais deverão ser comparados aos custos-padrão para daí desencadear o processo de análise e avaliação de desempenho.

Análise da Produtividade da Mão de Obra

20.1 Introdução

Os funcionários contratados por uma empresa são pagos por meio de formulário denominado de "Folha de Pagamento", que registra o nome do funcionário e respectivos proventos oriundos de soldos contratados e com adições de pagamentos extraordinários, eventuais ajudas de custo e subtrações derivadas de descontos por conta do INSS, do IRF etc.

Os valores líquidos da folha de pagamento são pagos aos respectivos funcionários ou depositados em conta bancária, em geral após o encerramento do mês.

20.2 Nova ótica de análise da mão de obra

A empresa, em princípio, não deve manter em seu quadro funcionário que não agregue valor, pois a consequência é a natural elevação dos custos e diminuição dos lucros.

Todo funcionário contratado é, em princípio, para exercer atividade de natureza produtiva, quer realizando atividade administrativa, fabril ou comercial necessária para concluir o "ciclo da venda".

Tanto faz se a empresa tem um funcionário para comprar a matéria-prima (de uma indústria), produzir o produto, embalar o produto, escriturar e contabilizar a nota fiscal de compra ou emitir a nota fiscal de venda. Todas essas atividades exemplificadas são necessárias e produtivas. Caso contrário a empresa poderia estar impossibilitada de se estabelecer se deixasse de cumprir com essas atividades básicas exemplificadas.

Isso tudo para dizer que aquela classificação que estávamos acostumados não tem mais sentido (exceto para atender a necessidade da legislação societária), separando a "Mão de Obra" em três categorias: mão de obra direta (produção), mão de obra indireta (produção) e salários administrativos e de vendas.

Todo o contingente de pessoal contratado por uma empresa é para produzir papéis, informações, engenharia do produto, marketing do produto, a venda, a administração de recursos financeiros, a administração de seu ativo fixo, a produção, montagem e embalagem de peças, a entrega, a logística de distribuição, os serviços de crédito e cobrança, a tomada de decisão etc.

Normalmente, a quantidade de pessoal locado nos vários centros de custos das empresas está diretamente relacionada com o volume de produção/vendas. Se uma companhia detectar que tem funcionários em excesso, ela acaba automaticamente demitindo-os e também por causa da descoberta de um processo de automação que pode produzir mais com menos recursos.

A empresa não pode ter funcionário improdutivo. O que ela pode possuir é funcionário com tempo momentaneamente ocioso, por falta de pedidos de vendas.

As empresas que têm períodos prolongados de "baixa carteira" de pedidos de vendas acabam demitindo funcionários para adequar seus custos à nova demanda de mercado.

A recíproca também é verdadeira, pois as empresas abrem novas vagas para funcionários quando se detecta o incremento de novas vendas.

Essa teoria de contratar e de demitir funcionários varia muito de empresa para empresa. Temos o caso de empresas que vendem produtos com alto valor agregado de tecnologia. Neste caso, os funcionários técnicos contratados não podem ser demitidos por qualquer razão, pois novas contratações poderiam ser mais difíceis e onerosas.

O que apresentamos até aqui, em nova visão de análise dos custos, é que a quantidade de funcionários está relacionada à capacidade instalada da empresa. Se queremos aumentar a produção, contratamos mais gente. Se queremos diminuir a produção, demitimos funcionários.

Normalmente, os funcionários de uma empresa são contratados para ficar de prontidão, ou seja, para receber o pedido de vendas de clientes, processar esses pedidos, entregá-los, receber o "fruto" da venda por meio de dinheiro e assim sucessivamente.

Vale a pena a empresa planejar, para que sua capacidade de produção ou distribuição esteja compatível com a demanda do mercado. "Faça chuva ou faça sol", quando terminar o mês o proprietário da empresa ou seus procuradores são obrigados a processar a "folha" e realizar o pagamento a cada funcionário com seus respectivos holerites. Por isso, toda folha de pagamento de uma empresa precisa ser tratada como de "estrutura fixa" e com custos pertencentes aos períodos correspondentes do mês, trimestre, ano etc.

Esta nova metodologia de tratamento dos custos da folha de pagamento como "fixos" acaba eliminando muitas distorções causadas nas análises e que acabavam prejudicando a empresa na competição de preços de seus produtos.

Reforçamos, afirmando que toda a "folha de pagamento" de salários de uma empresa deve ser tratada como PRODUTIVA dentro do perfil, modelo e particularidade em que cada empresa opera. E toda sua "massa" de salários, bem como seus respectivos encargos sociais (analisados no Capítulo 14), devem ser, portanto, tratados como custos pertencentes à capacidade instalada (VOLUME) e como CUSTOS ESTRUTURAIS FIXOS (CEF).

São louváveis e inteligentes as decisões tomadas por um grande número de empresas em terceirizar parte da mão de obra. Parte dessa mão de obra continua como

Capítulo 20

custo fixo, pois não pode estar diretamente relacionada com o volume e receita auferida com a venda dos produtos, como é o caso de serviços de segurança, de cozinha, industriais, serviços de limpeza, de contabilidade etc.

A mão de obra, quando é paga por peça produzida e vendida, considera-se como **Custo Marginal (ou variável)**. O mesmo ocorre quando esta mesma peça é paga para ser produzida ao fornecedor credenciado e terceirizado.

20.3 Controle de produtividade

É muito importante a empresa controlar a produtividade de cada funcionário. É lógico que o custo e benefício do controle têm que ser levados em consideração.

A tendência, graças ao avanço da informática, é a empresa controlar a produtividade de funcionário por funcionário. Basta você abrir uma "folha" para cada um e registrar ali o que você espera dele (expectativa) e comparar com o que ele produz para que a ação seja tomada em função dos "desvios" ou compensá-lo pela alta produtividade alcançada.

Exemplo de controle de produtividade por funcionário:

CONTROLE DE PRODUTIVIDADE POR FUNCIONÁRIO (CPF)					
NOME DO FUNCIONÁRIO: JOSÉ MARIA Nº 101 MÊS: MAIO/XX					
DIA/ MÊS	TEMPO DIÁRIO-HR	VOLUME PRODUÇÃO – PROD. X			DESVIO (UNID.)
		POR DIA	POR HORA	META HORA	
	(a)	(b)	(c = b / a)	(d)	(e = d – c)
1º	7,33	100	13,64	13,50	0,14
2º	7,33	80	10,91	13,50	– 2,59
3º	7,33	90	12,28	13,50	– 1,22
4º	7,33	105	14,32	13,50	0,82

HR = hora   U.P.M. = Unidade Padrão de Medida

A produção ilustrada no CPF acima pode ser apurada por unidades, peça, litro, quilo, m^2, m^3, documento emitido etc.:

Na coluna do DIA/MÊS, registram-se os dias úteis correntes do mês.

Na coluna do TEMPO DIÁRIO-HR, indicam-se as horas de trabalho, calculado o limite da Lei de 220 HR dividido por 30 dias, que equivale a 7,33 HR.

Na coluna PRODUÇÃO POR DIA, registra-se o que o funcionário efetivamente fabricou durante o dia.

A meta de 13,50 unidades por dia foi apurada com base em médias apuradas em períodos anteriores.

A coluna de desvios indica as variações acima ou abaixo.

20.4 Classificação da mão de obra

As metas de produção com os maiores desvios e ineficiências devem ser analisadas.

A classificação da mão de obra poderá ser feita de várias maneiras, dependendo do tamanho da empresa e da necessidade de controle.

Em uma empresa de tamanho pequeno, por exemplo, com 20 funcionários, o controle simplificado da folha de pagamento pode ser a forma recomendada.

Quando, porém, se tratar de empresas médias e grandes, prioritariamente de 200 funcionários, o controle já poderá ser diferente e mais sofisticado, dependendo sempre da necessidade desse controle.

Podemos, por exemplo, classificar os funcionários por departamento, por cargo e por atividade.

O controle dos salários por departamento tem por objetivo conhecer os custos totais para serem relacionados com a respectiva produtividade do departamento.

O controle dos salários por atividade tem por propósito saber o custo correspondente da atividade. Por exemplo: atividade de comprar. Levanta-se o custo dos salários dessa atividade e divide-se pelo valor médio do número de compras/mês.

Você pode classificar os salários também por grandes grupos: **Salários administrativos, Salários de fábrica, Salários de manutenção industrial, Salários de vendas** etc.

Em qualquer circunstância, sempre é importante saber para quê a classificação está sendo feita. A simplicidade deve ser a tônica de qualquer procedimento.

Os norte-americanos usam com frequência a expressão *KISS*, que não é beijo, e sim *"Keep it simple, stupid!"*, literalmente, *faça as coisas simples!*

Segue adiante conceituação geral sobre "lotação de pessoal por área", finalidade do cartão de ponto, conceito sobre horas contratadas, horas produtivas, horas improdutivas, sistema decimal para cômputo das horas e eficiência das horas produtivas.

20.5 Lotação de pessoal por área

A lotação de pessoal em cada área produtiva ou administrativa de uma empresa deve levar em consideração, a princípio, o volume físico médio de operações diárias, multiplicado pelo tempo médio para realizar cada operação.

Na área de produção, essa tarefa de definição de lotação de pessoal já é feita de forma mais ordenada, porque o fator de variabilidade é o próprio volume de produção planejado. Vamos, entretanto, destacar alguns exemplos da área administrativa partindo de padrões físicos perfeitamente alcançados.

Capítulo 20

ITENS	DEPARTAMENTO ADMINISTRAÇÃO DE VENDAS			
^	TAREFAS	QUANTIDADE PREVISTA	TEMPO EM MINUTOS	
^	^	^	POR UNID.	TOTAL
1	Emissão notas fiscais	100	5	500
2	Estatísticas de vendas	10	30	300
3	Relatório de clientes principais	30	10	300
4	Análise de pedido de vendas	200	5	1.000
	Totais		50	2.100
TOTAL DE HORAS (2.100 minutos dividido por 60 minutos)				35,00
Tempo de trabalho por funcionário dia-hs				7,33
Número de funcionários necessários				4,8

Chega-se à conclusão de que o Departamento de Administração de Vendas necessitará de aproximadamente cinco funcionários diretos para realizar suas operações diárias.

É lógico que a situação exemplificada é meramente hipotética. Numa situação real, o empregado não deve deixar de lado o processamento das operações repetitivas, por meio de computadores, a fim de agilizar as informações e facilitar o processo de análise, inclusive usando recurso do *software* "The Papers Less Office" (Escritório sem Papel).

20.6 Cartão de ponto

O cartão de ponto é um dos instrumentos mais simples utilizados pelas empresas para o registro das horas contratadas de seus funcionários, tomando-se como base as 220 horas mínimas previstas pela legislação brasileira, por mês.

Algumas companhias já estão utilizando, em substituição ao tradicional cartão de ponto, cartões magnetizados para o registro do horário de entrada e saída de cada funcionário por processamento eletrônico de dados.

O apontamento de horas de início e término de operações é realizado por apontadores ou cronometristas, ou ainda, mediante cronômetros instalados nas próprias máquinas de produção.

Quando se tratar de indústrias que produzem por encomenda, isto é, fabricam um determinado bem com exclusividade para determinado cliente, é quase obrigatória a abertura de uma ficha de serviço para o registro de tempo gasto, desde que o trabalho artesanal (feito à mão) seja significativo se comparado às operações das máquinas.

É importante o registro preciso do tempo trabalhado, para que os relatórios espelhem como os funcionários gastaram o tempo vendido para a empresa.

20.7 Horas contratadas

O controle exercido pelo cartão de ponto, na realidade, aponta as horas que o funcionário permaneceu dentro da empresa para o trabalho.

Normalmente, a chapeira de cartões de ponto fica instalada na portaria ou na entrada principal da empresa. O funcionário, para iniciar o trabalho, pode deslocar-se até o vestiário para troca de roupa e, posteriormente, encaminhar-se ao posto de trabalho. Durante o horário de trabalho, ele pode ter interrupções decorrentes de necessidades fisiológicas, além de paradas ocorridas antes e após o almoço e ao final do expediente. Essa situação exposta mostra que as horas contratadas diferem das horas trabalhadas.

20.8 Horas produtivas

As horas produtivas, o tempo em que o funcionário realmente produz, são aquelas derivadas de apontamento do tempo aplicado na execução de atividades produtivas ou administrativas. É importante o registro do tempo trabalhado a fim de se averiguar se a empresa está recebendo efetivamente o serviço comprado, no caso as horas contratadas.

Os relatórios do tempo trabalhado revelam o tempo gasto na execução das operações por parte dos funcionários e propiciam meios de se estabelecerem prêmios por produtividade alcançada, além de fornecerem meios para avaliação do desempenho das horas aplicadas na execução de qualquer tarefa, desde que exista algum parâmetro de comparação.

RELATÓRIO DE HORAS PRODUTIVAS							
Centro de custo _____ Data ___/___/___							
Fase de produção _____							
Tipo de operação _____							
Nº de funcionários	Horários			Tempo Produtivo		Volume Produção	
	Início		Fim				
	Hora	Min.	Hora	Min.	Hora	Min.	

20.9 Horas improdutivas

As horas improdutivas são derivadas de paralisações no processo produtivo por:

- deficiência de programação de produção;
- falta de ferramentas adequadas de trabalho;
- falta de matéria-prima;
- quebra de máquinas;
- falta de padrões;
- ausência de treinamento;
- funcionário desqualificado etc.

Para melhor elucidação desse assunto, vamos admitir o seguinte exemplo, sem levar em consideração qualquer padrão comparativo para se aquilatar o rendimento da força de trabalho humano da empresa.

RELATÓRIO DIÁRIO CONSOLIDADO DE HORAS APLICADAS NA PRODUÇÃO DA "CIA. SÃO JOSÉ DE PEÇAS"

Data: 12-1-20XX

TIPO DE PRODUTO POR CÓDIGO	VOLUME PRODUÇÃO (a)	TEMPO/ HORA POR PRODUTO (b)	TEMPO TOTAL PRODUTIVO (c = a × b)	TOTAL HORAS DISPONÍVEIS (d)	RENDIMENTO DA MÃO DE OBRA (e = c : d)	HORAS IMPRODUTIVAS (e = 1 − c)
P5	92	1,00	92	100	92%	8%
X4	210	1,50	315	360	88%	12%
X8	234	0,25	58,5	130	45%	55%
H1	1505	0,10	150,5	180	84%	16%
Totais	2041		616	770	80%	20%

MÃO DE OBRA DISPONÍVEL DE PRODUÇÃO (MODP)

MODP = Nº de funcionários × Tempo diário de que cada um deve prestar conta

A título de exemplo:

MODP = 110 funcionários × 7 horas diárias

MODP = 770 horas (h) ou 46.200 minutos

O referido relatório diário consolidado de horas aplicadas na produção da hipotética "Cia. São José de Peças", embora simples, propicia as seguintes informações de mão de obra produtiva para análise e tomada de decisão:

- O produto X8 apresentou o pior desempenho, se comparado aos outros produtos, atingindo o patamar de 55% de horas improdutivas ou ociosas. As causas de tão baixo desempenho devem ser detectadas, para que ações corretivas sejam tomadas;
- O produto P5 foi o que apresentou o melhor desempenho, atingindo a marca de 92%, havendo apenas 8% de horas improdutivas;
- O fator crítico de produção apresentado pelo produto X4, por gastar o maior tempo unitário de produção, também é preocupante. Por isso, providências devem ser tomadas no sentido de analisar a alteração do *mix* de produção, com o objetivo de incrementar as vendas de produtos cujo tempo de fabricação seja menor, a fim de aumentar a lucratividade absoluta da empresa, desde que haja possibilidade de aumentar também o volume de vendas.

20.10 Sistema decimal para o cômputo das horas

O grau de precisão no relato de tempo pode variar de empresa para empresa, mas, na maioria das vezes, os minutos exatos não são necessários e muito menos práticos. Muitas empresas acham vantajoso adotar um sistema decimal, medindo a hora em dez períodos de seis minutos cada um, em vez do intervalo regular do relógio de períodos de cinco minutos e 12 períodos por hora.

A computação do tempo em termos de décimos de hora é muito mais prática do que em minutos ou duodécimos. Em um sistema decimal, um serviço iniciado às 9:30 h e concluído às 11:45 h seria relatado como 9,5 e 11,75, com o período correspondente a 2,25 horas (ou 2 horas e 15 minutos).

20.11 Eficiência das horas produtivas

De um lado temos, como foi visto no item 20.8, o acompanhamento das horas produtivas e, por outro, o rendimento em relação às horas disponíveis para a execução de determinadas tarefas.

Quando não temos padrão de referência ou meta para comparar as horas produtivas efetivamente despendidas, a princípio temos de aceitar o desempenho apresentado por todo o quadro de pessoal da empresa como bom. Embora haja um acompanhamento visual global por parte das gerências, chefias e supervisores, se não possuímos base de comparação, não podemos dizer se o desempenho foi ótimo, bom, regular ou deficiente.

As áreas responsáveis pela engenharia de produtos e de estudos de tempo devem estabelecer previamente os padrões de tempo, por fase de produção para cada produto, concentrando seus esforços, primeiramente, nos produtos que representam, por exemplo, 70% do faturamento da empresa, em valores absolutos.

Capítulo 20

A partir do instante em que os padrões de horas forem estabelecidos, a eficiência das horas produtivas será depurada para fins de avaliação de desempenho e tomada de decisão.

A criação de padrão, que no contexto do planejamento representa a decisão prévia do que deveria acontecer, pode dar respostas a duas questões:

1ª) Quais são as fases de fabricação do produto?

2ª) Quanto tempo se deve gastar por fase de fabricação do produto?

As respostas com relação à primeira pergunta caberão à engenharia de produtos, que, além das fases de fabricação, vai informar o fluxo lógico das operações, bem como as máquinas e ferramentas que deverão ser utilizadas.

As respostas com relação à segunda pergunta caberão à área responsável pelo estudo de tempo, que determinará previamente o tempo-padrão a ser aplicado em cada operação, considerando as medições médias de produção passadas, testes laboratoriais de tempo do produto e condições normais de trabalho da fábrica.

Todo cuidado e discernimento serão poucos nas definições dos padrões, porque, se forem folgados ou difíceis de serem atingidos, poderão prejudicar os objetivos de análises, e até constituírem-se em fator de desmotivação do pessoal por não acreditar nas metas estabelecidas.

A eficiência das horas trabalhadas pode ser depurada por meio de adaptação do exemplo da "Cia. São José de Peças", detalhado no item 20.9 (horas improdutivas), com o acréscimo do total das horas-padrão, como segue:

RELATÓRIO DE DESEMPENHO DA PRODUÇÃO DA "CIA. SÃO JOSÉ DE PEÇAS"

TIPO DE PEÇAS	VOLUME PRODUÇÃO	TOTAL HORAS-PADRÃO (a)	TOTAL HORAS PRODUTIVAS (b)	TOTAL HORAS DISPONÍVEIS (c)	RENDIMENTO $d = (b : c)$	EFICIÊNCIA HORAS PRODUTIVAS $e = (a : b)$	VARIAÇÃO DO PADRÃO $f = e - 100$
P5	92 p	94,0 h	92,0 h	100,0 h	92,0%	102,2%	2,2% (F)
X4	210 p	300,0 h	315,0 h	360,0 h	88,0%	95,2%	(4,8%) (D)
X8	234 p	40,0 h	58,5 h	130,0 h	45,0%	68,4%	(31,6%) (D)
H1	1.505 p	140,0 h	150,5 h	180,0 h	83,6%	93,0%	(7,0%) (D)
Total	2.041 p	574,0 h	616,0 h	770,0 h	80,0%	93,2%	(6,8%) (D)

F = Favorável
D = Desfavorável

Análise da Produtividade da Mão de Obra

A análise de eficiência das horas produtivas (reais) comparadas ao padrão apresentou o seguinte desempenho:

- o produto P5 apresentou uma variação favorável de 2,2%, isto é, foram gastas duas horas a menos das que estavam previstas pelo padrão;
- o produto X4 apresentou uma variação desfavorável de 4,8%, isto é, foram gastas 15 horas a mais das que estavam previstas pelo padrão;
- o produto X8 apresentou uma variação desfavorável de 31,6%, isto é, foram gastas 18,5 horas a mais das que estavam previstas pelo padrão;
- o produto H1 apresentou uma variação desfavorável de 7%, isto é, foram gastas 10,5 horas a mais das que estavam previstas pelo padrão.

Devemos destacar na sequência os produtos com a maior variação desfavorável de tempo, cujos detalhes são os seguintes:

ORDEM	PRODUTO	VARIAÇÕES EM HORAS
1º	X8	18,5 (D)
2º	X4	15,0 (D)
3º	H1	10,5 (D)

Partindo-se dos princípios da materialidade e da exceção, os produtos que apresentaram as variações mais significativas deverão ser analisados, primeiramente, no tocante à apuração das causas prováveis das variações e, posteriormente, tais medidas deverão ser estendidas aos demais produtos, na ordem.

As variações favoráveis também deverão ser analisadas com o intuito de servirem de subsídio para melhorar o desempenho de outras áreas e estabelecer prêmios por metas alcançadas.

Análise do Custo-Padrão

21.1 Introdução

A eficiência somente é medida a partir do instante em que possuímos parâmetros de comparação. À medida que as operações vão sendo realizadas, apuram-se os custos para comparação aos padrões previamente estabelecidos.

Com base nas variações entre os custos-padrão e custo-real, inicia-se o processo de análise, a fim de constatar as causas prováveis das oscilações e dar início às decisões com efeitos preventivos.

O seguinte exemplo sintetiza a importância do custo-padrão:

- custo-padrão determinado previamente para produzir a peça K igual a R$ 100,00, que é base para a formação do preço de venda desse mesmo produto;
- custo real incorrido para produzir a peça K igual a R$ 120,00;
- a variação desfavorável foi, portanto, de R$ 20,00, e deverá ser analisada para que as causas prováveis sejam detectadas.

As causas prováveis das variações entre o que deveria ser (padrão) e o que foi (real) podem ser devidas a alterações de preços, matéria-prima fora dos padrões, máquinas mal reguladas, ineficiência da mão de obra etc.

Os custos-padrão devem ser desdobrados em padrões físicos e padrões monetários.

Os padrões físicos mensuram as variações de quantidades consumidas ou produzidas, tanto de homens-hora, hora-máquina, como quantidade de matéria-prima e volume de produção.

Os padrões monetários mensuram as variações de preços e de taxas, tanto de matérias-primas e produtos como da eficiência da mão de obra.

Na análise das variações dos principais insumos (matéria-prima e salários diretos), primeiro se computa a variação total. Esta, por sua vez, é dividida em dois componentes:

- variação de preço ou de taxa salarial; e
- variação de quantidade ou variação de eficiência salarial.

21.2 Modelo de análise das variações

Para fins de análise das variações de matérias-primas e salários diretos, consideramos o seguinte exemplo hipotético:

A Empresa "Produtos Alimentícios de Qualidade Ltda." produziu durante um mês um lote de 6.830 kg do produto do tipo "Supernutrido". Vamos ajudar seu contador na análise dos custos do mês encerrado, cujos dados exemplificados são:

a. Mão de obra à disposição da produção – quantidade de funcionários   10
b. Número de horas que cada funcionário precisa prestar conta por dia   7
c. Número de dias trabalhados no mês   21
d. Total de horas disponíveis da produção no mês (a × b × c)   1.470

Custo-padrão total (CPT)	R$ 5.220,00
(–) Custo real total (CRT)	(R$ 5.707,00)
Variação desfavorável total (VDT)	(R$ 487,00)

Composição do custo-padrão total (CPT):

DESCRIÇÃO	QUANTIDADE/ HORA	UNITÁRIO	TOTAL	ACUMULADO
Matéria-prima fase 01, em kg	400	R$ 1,30	R$ 520,00	R$ 520,00
Matéria-prima fase 02, em kg	300	R$ 1,00	R$ 300,00	R$ 820,00
Mão de obra, em horas	1.100	R$ 4,00	R$ 4.400,00	R$ 5.220,00

Composição do custo real total (CRT):

DESCRIÇÃO	QUANTIDADE/ HORA	UNITÁRIO	TOTAL	ACUMULADO
Matéria-prima fase 01, em kg	430	R$ 1,20	R$ 516,00	R$ 516,00
Matéria-prima fase 02, em kg	270	R$ 1,30	R$ 351,00	R$ 867,00
Mão de obra, em horas	1.210	R$ 4,00	R$ 4.840,00	R$ 5.707,00
Variação desfavorável total (VDT):	R$ 5.220,00	(menos)	R$ 5.707,00	(R$ 487,00)

- Índice de aproveitamento de horas disponíveis (IAHD)

$$IAHD = \frac{1.210 \text{ horas}}{1.470 \text{ horas}} = 0,82 \text{ ou } 82\% \text{ (ociosidade} = 18\%)$$

Capítulo 21

- Índice de eficiência das horas produtivas (IEHP)

$$IEHP = \frac{1.100 \text{ horas}}{1.210 \text{ horas}} = 0,91 \text{ ou } 91\% \text{ (ineficiência} = 9\%)$$

Portanto, a ociosidade foi de 18% e a ineficiência, de 9%.

Nos tópicos seguintes, será analisada a composição das variações a maior ou a menor de preço e quantidade/hora.

21.3 Análise do desempenho de matéria-prima

a) Matéria-prima aplicada na Fase 01 no produto "Supernutrido"
Variação total de matéria-prima na fase 01 (VTMP)

$VTMP_{01} = CPT - CRT$
$VTMP_{01} = R\$ 520,00 - R\$ 516,00$
$VTMP_{01} = R\$ 4,00 \text{ (F)}$

Onde:

CPT = Custo-padrão total
CRT = Custo real total
F   = Favorável

Portanto, as variações da matéria-prima aplicadas na Fase 01 são favoráveis, pelo fato de o custo real não ter atingido o custo-padrão de R$ 4,00.

Variação de preço (VP)

A variação de preço equivale à diferença de preços multiplicada pela quantidade padrão.

$$VP = (PP - PR) \times QP$$

Onde:

PP = Preço-padrão
PR = Preço real
QP = Quantidade-padrão
$VP = (R\$ 1,30 \text{ kg} - R\$ 1,20 \text{ kg}) \times 400 \text{ kg}$
$VP = R\$ 0,10 \text{ kg} \times 400 \text{ kg}$
$VP = R\$ 40,00 \text{ (F)}$
F = Favorável

Variação de quantidade (VQ)

A variação de quantidade equivale à diferença de quantidades multiplicada pelo preço-padrão.

$$VQ = (QP - QR) \times PP$$

Onde:
QP = Quantidade-padrão
QR = Quantidade real
PP = Preço-padrão
VQ = (400 kg – 430 kg) × R$ 1,30 kg
VQ = – 30 kg × R$ 1,30 kg = (R$ 39,00) (D)
D = Desfavorável

O somatório de VP + VQ é de R$ 1,00 (F) equivalente a R$ 40,00 (F) – R$ 39,00 (D).
A variação total da matéria-prima aplicada na Fase 01 representa o montante de R$ 4,00 (F). O que representaria a variação favorável restante de R$ 3,00?

Variação mista (VM)

A variação mista equivale à diferença de preços multiplicada pela diferença de quantidade.
VM = (PP – PR) × (QP – QR)
VM = (R$ 1,30 kg – R$ 1,20 kg) × (400 kg – 430 kg)
VM = R$ 0,10 kg × 30 kg
VM = (R$ 3,00) × (– 1) = R$ 3,00 (F)

Obs.: Para que as premissas matemáticas fossem mantidas foi necessário multiplicar o resultado da equação por "– 1", porque já sabemos que o total deve ser positivo. Por essa razão, a variação mista deve ser obtida após os cálculos das variações de preço e quantidade, e também por se tratar de um complemento (±) da variação total.

Graficamente, a variação mista pode ser assim visualizada:

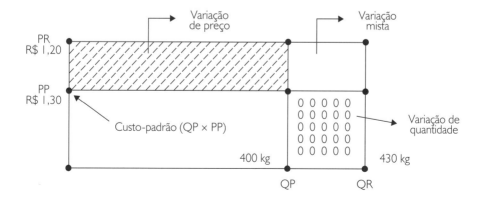

A variação mista é de difícil entendimento para efeito de análise de custos.

Capítulo 21

Se as variações de quantidade de matéria-prima forem de responsabilidade da gerência de produção de uma fábrica, esta assumirá a responsabilidade pela variação quantitativa valorizada aos custos-padrão das matérias-primas consumidas. Se, de outro lado, atribuirmos a responsabilidade pela variação de preço ao profissional responsável pelas compras, este admitirá as variações de preços, porém nos níveis do padrão de matérias-primas consumidas pela fábrica.

No exemplo citado, a somatória das variações de preço e de quantidade totaliza R$ 1,00 (F) (Favorável). A variação total da matéria-prima aplicada na Fase 01 equivale a R$ 4,00 (F) (Favorável).

A quem atribuir o mérito pela variação mista favorável (F) de R$ 3,00?

Aparentemente, a resposta seria complicada. Poderíamos partir para algum tipo de rateio, mas cairíamos no "campo" do subjetivismo e da arbitrariedade e não chegaríamos a nada!

Como a variável custo é de difícil controle por depender do meio externo, costuma-se englobar a variação mista à variação de preço, por meio da seguinte fórmula:

$$VP = (PP - PR) \times QR$$

A única diferença é que passamos a calcular a variação de preço em função da quantidade real, em vez da quantidade-padrão.

Apesar das restrições apresentadas, é importante ressaltar que o modelo inicial, com destaque para a variação mista, é também válido para avaliação de desempenho.

Cálculo da variação de preço (VP), tomando-se como base a quantidade real de materiais:

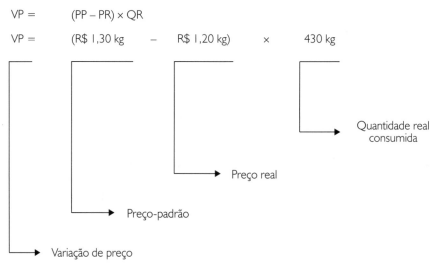

VP = R$ 0,10 × 4,30 kg
VP = R$ 43,00 (F)

Onde:

F = Favorável

Se agregarmos a VP (variação de preço) e a VQ (variação de quantidade), chegaremos ao total de R$ 4,00 (F), R$ 43,00 (F) – R$ 39,00 (D), que é exatamente o total da variação procurada.

b) **Causas das variações das matérias-primas aplicadas no produto "Supernutrido"**

Variações favoráveis (F)

Em muitas oportunidades, costuma-se dar atenção somente às falhas e ao baixo desempenho das pessoas que compõem a força de trabalho humano de uma empresa.

A premiação pelo cumprimento de metas alcançadas deve fazer parte dos objetivos de uma empresa como forma de motivar a força de trabalho humano e obter melhores índices de produtividade.

Em alguns casos, a *performance* obtida por determinado setor da firma deve ser analisada com o intuito de ser estendida a outras áreas da empresa.

Variações desfavoráveis (D)

A análise das variações desfavoráveis é importante. Inicialmente, deve-se dar atenção àquelas variações mais significativas, em termos de valores absolutos e, posteriormente, aos valores menos significativos, conforme os princípios da materialidade e da administração por exceção.

Após o instante em que as variações entre o que deveria ser (padrão) e o que aconteceu (real) foram apuradas, inicia-se o processo de análise pelos itens, cujos valores são mais expressivos. Essa análise consiste na depuração das causas prováveis das variações. Entre elas, destacamos:

Na área produtiva

- Matéria-prima fora do padrão por ineficiência do controle de qualidade no recebimento do fornecedor;
- Matéria-prima fora de especificação;
- Deficiência na manutenção de máquinas, provocando excessivo consumo de matéria-prima;
- Deficiência no processo de corte e pesagem de matéria-prima;
- Deficiência em ferramentas e estampos de trabalho;
- Baixa qualidade de mão de obra;
- Deterioração por deficiência no armazenamento de matérias-primas;
- Deficiência no fluxo de materiais etc.

Capítulo 21

Na área de suprimentos (compras)

- Falta de programação de compras;
- Inexistência de cotação de preços;
- Compras de última hora;
- Falta de acompanhamento de mercado por parte da área de suprimentos etc.

c) Análise da matéria-prima aplicada na Fase 02 no produto "Supernutrido"

Variação total de matéria-prima – Fase 02 (VTMP 02)

VTMP 02 = CPT – CRT
VTMP 02 = R$ 300,00 – R$ 351,00
VTMP 02 = (R$ 51,00) (D)

Onde:

CPT = Custo-padrão total
CRT = Custo real total
D = Desfavorável

Portanto, a variação da matéria-prima é desfavorável pelo fato de o Custo real ter sido superior ao custo-padrão em R$ 51,00.

Variação de preço (VP)

VP = (PP – PR) × QP
VP = (R$ 1,00 kg – R$ 1,30 kg) × 300 kg
VP = R$ – 0,30 kg × 300 kg
VP = (R$ 90,00) (D)

Onde:

PP = Preço-padrão
PR = Preço real
QP = Quantidade-padrão

Variação de quantidade (VQ)

VQ = (QP – QR) × PP
VQ = (300 kg – 270 kg) × R$ 1,00 kg
VQ = 30 kg × R$ 1,00 kg
VQ = R$ 30,00 (F)

Variação mista (VM)

VM = (PP − PR) × (QP − QR)
VM = (R$ 1,00 kg − R$ 1,30 kg) × (300 kg − 270 kg)
VM = R$ − 0,30 kg × 30 kg × (− 1)
VM = R$ 9,00 (F)

Composição da variação total:

VT = VP + VQ + VM
VT = (R$ 90,00) (D) + R$ 30,00 (F) + R$ 9,00 (F)
VT = (R$ 51,00) (D)

Portanto, as variações de preço (D) somadas às variações de quantidade e mista (F) equivalem à variação total de R$ 51,00 (D).

Pela fórmula que agrega a variação mista à variação de preço, teremos:

VP = (PP − PR) × QR
VP = (R$ 1,00 kg − R$ 1,30 kg) × 270 kg
VP = R$ − 0,30 × 270 kg
VP = (R$ 81,00) (D)

Somando a variação de quantidade já obtida de R$ 30,00 (F) à variação de preço de R$ 81,00 (D), temos o montante de R$ 51,00 (D), que corresponde à variação total desfavorável da matéria-prima aplicada na fase 02.

Onde:

CPT = Custo-padrão total
CRT = Custo real total
D = Desfavorável
F = Favorável

21.4 Análise do desempenho de mão de obra

Exemplo da empresa "Produtos Alimentícios de Qualidade Ltda.", conforme item 21.2.

Variação total da mão de obra (VTMO)

VTMO = CPT − CRT
VTMO = R$ 4.400,00 − R$ 4.840,00
VTMO = (R$ 440,00) (D)

Capítulo 21

Portanto, as variações da mão de obra correspondem a R$ 440,00, desfavorável, pelo fato de o custo real ter sido superior ao padrão em número de horas aplicadas.

Variação de taxa da mão de obra (VMO)

VMO = (TMP − TMR) × HPT
VMO = (R$ 4,00 h − R$ 4,00 h) × 1.100 h
VMO = 0 × 1.100 h
VMO = 0

Onde:

TMP = Taxa mão de obra-padrão
TMR = Taxa mão de obra real
HPT = Hora-padrão total
h = horas

Variação de eficiência da mão de obra (VEM)

VEM = (HPT − HRT) × TMP
VEM = (1.100 h − 1.210 h) × R$ 4,00
VEM = − 110 h × R$ 4,00
VEM = (R$ 440,00) (D)

Onde:

HPT = Hora-padrão total
HRT = Hora real total
TMP = Taxa mão de obra-padrão

Variação mista da mão de obra (VMM)

VMM = (TMP − TMR) × (HPT − HRT)
VMM = (R$ 4,00 h − R$ 4,00 h) × (1.100 h − 1.210 h)
VMM = 0 × − 110 h
VMM = 0

Onde:

VTMO = VMO + VEM + VMM
VTMO = 0 + (R$ 440,00) (D) + 0
VTMO = (R$ 440,00) (D)

Portanto, as variações de taxa de mão de obra somadas às variações de eficiência e mista equivalem à variação total de R$ 440,00 (D).

Análise do Custo-Padrão

Pela fórmula que agrega a variação mista à variação de taxa da mão de obra, teremos:

VTMO = (TMP − TMR) × HRT
VTMO = (R$ 40,00 − R$ 40,00) × 1.210 h
VTMO = 0 × 1.210 h
VTMO = 0

Portanto, mesmo agregando a hora real total em vez da hora-padrão total à fórmula da variação da taxa de mão de obra (VTMO), nesse exemplo, o resultado não se altera em razão de não ter havido variação entre a taxa-padrão e a taxa real, prevalecendo a variação de eficiência da mão de obra (VEM) no montante de R$ 440,00 (D).

d) Causas prováveis das variações da mão de obra

Variações favoráveis (F)

O rendimento positivo acima do padrão deve ser analisado, a fim de premiar as pessoas e áreas envolvidas com o intuito de motivar e melhorar os resultados da empresa como um todo.

A maioria dos seres humanos, por excelência, vive à procura de desafios, logicamente atingíveis. Por esse fato, a remuneração da força do trabalho humano de uma empresa deveria ser constituída de parte fixa, que seria paga em função de um desempenho mínimo aceitável, e de parte variável, que dependeria da produtividade de cada pessoa ou de operações.

Hoje, até as próprias operações administrativas deveriam ser quantificadas fisicamente com o objetivo de serem conhecidos os padrões. Por exemplo, se um funcionário administrativo emite, em média, 10 notas fiscais por dia, gastando 12 minutos por nota, então o tempo médio despendido por dia seria de 120 minutos, ou 2 horas.

Admitindo-se que o funcionário tenha de prestar conta diária de sete horas, então cinco horas seriam, se houvesse controle, consideradas ociosas. Nesse caso, outras tarefas administrativas deveriam ser delegadas ao referido trabalhador exemplificado.

Os padrões de operações administrativas devem existir, também, como forma de distribuir tarefas, definir a lotação de funcionários por área e evitar atrasos de serviços de alguns funcionários sobrecarregados.

Variações desfavoráveis (D)

As variações desfavoráveis ocorrem quando os custos reais são superiores aos padrões. Se a ficha técnica de determinado produto constatar que o tempo-padrão para fabricação é igual a 30 minutos, e se for constatado após a conclusão da produção que o tempo real gasto foi igual a 45 minutos, então temos uma variação desfavorável de 15 minutos, ou seja, 50% acima da meta inicialmente estabelecida.

Como foi mencionado no início deste capítulo, se não tivermos padrões de referência, não teremos condições de aquilatar o desempenho efetivo do processo.

As empresas que não se preocuparem com a análise de custo, que na realidade representa controle, poderão estar repassando, aos preços de venda, aquela variação de 50% do tempo gasto a maior da produção, podendo, com isso, estar perdendo poder de competição nas vendas.

Quando no exemplo citado forem notadas variações acima dos padrões, tais variações devem ser investigadas, iniciando-se por aquelas que apresentam os maiores valores absolutos (princípio de materialidade), cujas causas principais poderão ter ocorrido em função de:

- mão de obra não qualificada para a função;
- matéria-prima inadequada, exigindo maior tempo de mão de obra para executar a operação;
- funcionários não treinados convenientemente para executar a tarefa;
- fluxo inadequado de operações, exigindo maior tempo de mão de obra etc.

21.5 Reconhecimento e contabilização das variações

O reconhecimento e a contabilização das variações poderão ser feitos por intermédio de três alternativas, como seguem:

a) **Primeira alternativa: reconhecimento e contabilização das variações**

Esta alternativa prevê os seguintes lançamentos contábeis:

- debitando a conta de produção em processo pelos custos reais (MP, MOD e CIP);[1]
- creditando a conta de produção em processo pelos custos-padrão à medida que os produtos vão sendo concluídos;
- restaria na conta de produção em processo sempre um saldo devedor ou credor relativo às variações, pelo fato de a referida conta ter sido debitada por custos reais e creditada pelos custos-padrão, devendo ser ajustada também no final do período fiscal em função de produtos semiacabados para atender à legislação;

---

[1] MP = Máteria-prima; MOD = Mão de obra direta; CIP = Custos indiretos de produção.

- por sua vez, a conta de produtos acabados receberia a débito os produtos concluídos e a crédito os produtos vendidos.

Fluxo de contabilização

Para ilustração da contabilização, tomemos o exemplo da matéria-prima transferida do estoque de R$ 13,00, MOD apropriada de R$ 5,00 e CIP de R$ 2,00:

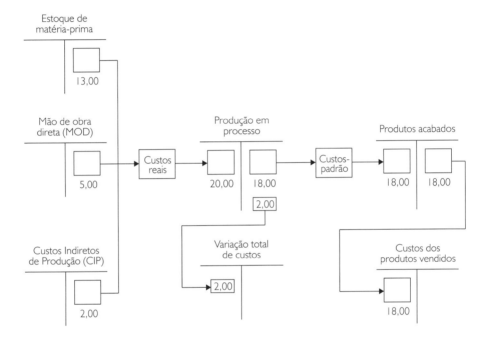

b) Segunda alternativa: reconhecimento e contabilização das variações

Essa alternativa prevê os seguintes lançamentos contábeis:

- debitando a conta de produção em processo pelos custos-padrão, isto é, as variações de matérias-primas, mão de obra direta e custos indiretos de produção são reconhecidas à medida que esses insumos são aplicados na produção;
- à medida que os produtos vão sendo concluídos e vendidos, são também registrados a custos-padrão.

Fluxo de contabilização

Supomos os mesmos dados do exercício anterior, porém levando em consideração o custo-padrão, como segue:

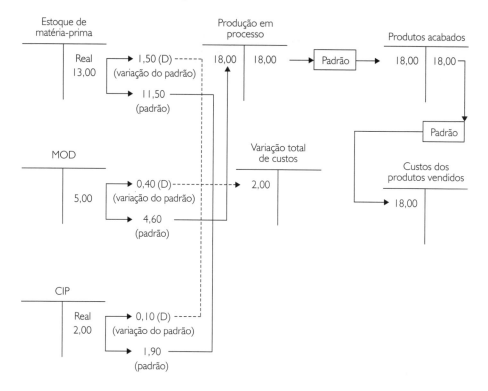

c) **Terceira alternativa: reconhecimento e contabilização das variações**

Essa alternativa prevê os seguintes lançamentos contábeis:

- debitando as contas de estoque de matérias-primas, mão de obra e custos indiretos de produção pelos custos-padrão, e reconhecendo as variações à medida que estes insumos vão sendo transferidos para produção;
- fazendo com que as contas de insumos disponíveis para a produção permaneçam a valores-padrão e, consequentemente, as contas de processo de produção, produtos acabados e custos dos produtos vendidos. As variações de quantidade MP e de eficiência MOD seriam reconhecidas somente no momento do término da produção.

Análise do Custo-Padrão

Fluxo de contabilização:

Fornecedores		
Compra	13,00 (Real)	(1)

Estoque de matéria-prima			
(1)	11,50 (padrão)	11,50	(4)

Salários a pagar		
Provisão	6,00 (Real)	(2)

Mão de obra			
(2)	4,60 (padrão)	4,60	(5)

Depreciação acumulada		
Provisão	0,50 (Real)	(3)

Custos indiretos de produção				
Padrão	(2)	0,95		
Padrão	(3)	0,50		
Padrão	(3)	0,45	1,90	(6)
		1,90	1,90	

Outras contas a pagar		
	0,50 (Real)	(3)

Variação total de custos		
Mat. prima	(1)	1,50
Mão de obra indireta	(2)	0,05
Mão de obra direta	(2)	0,40
Outras contas a pagar	(3)	0,05
		2,00

Produção em processo			
(4)	11,50		
(5)	4,60		
(6)	1,90	18,00	(7)
	18,00	18,00	

Custos dos produtos vendidos		
(8)	18,00	

Produtos acabados			
(7)	18,00	18,00	(8)

Os três modelos de reconhecimento e contabilização das variações oferecem alternativas diferenciadas de registros. Os dois últimos modelos são mais complexos. A adoção de qualquer um deles exige muita prudência, perspicácia e regularidade do sistema de contabilidade da empresa.

A conta "variação total de custos" poderá ser desdobrada em:

- variação de preço de matéria-prima (por fase, por departamento e por produto);
- variação de quantidade de matéria-prima (por fase, por departamento e por produto);
- variação mista de matéria-prima (por fase, por departamento e por produto);
- variação de taxa da mão de obra (por fase, por departamento e por produto);
- variação de eficiência da mão de obra (por fase, por departamento e por produto);
- variação mista de taxa de mão de obra (por fase, por departamento e por produto).

Se os padrões e respectivas variações forem inseridos no sistema contábil, no final do exercício fiscal deverão ser feitos os ajustes nos inventários dos produtos acabados e semiacabados e no custo dos produtos vendidos, para que os valores sejam convertidos em originais ou históricos, conforme os princípios que regem a legislação, e os correspondentes ajustes no Livro de Apuração do Lucro Real (e-Lalur).

Análise Diferencial de Custos

22.1 Introdução

A análise diferencial, marginal ou incremental constitui-se em um poderoso instrumento para análise de custos e a tomada de decisões no tocante aos seguintes assuntos:

- aceitação de pedido adicional;
- eliminação de um produto da linha de fabricação;
- comprar ou produzir.

22.2 Aceitação de pedido adicional

Uma companhia que fabrica determinado produto, encontrando-se com sua produção abaixo da capacidade prática instalada de 200.000 unidades, espera o seguinte lucro (em R$) para o período:

R$ 1,00

CONTAS	TOTAL	UNITÁRIO
1. Vendas 130.000 unidades	136.500,00	1,05
2. Custos de produção: 2.1 Marginais	67.600,00	0,52
2.2 Fixos	29.900,00	0,23
Total dos custos de produção	(97.500,00)	(0,75)
3. Resultado bruto	39.000,00	0,30 (A)
4. Custos gerais: 4.1 Marginais de vendas	9.100,00	0,07
4.2 Fixos de vendas	7.800,00	0,06
4.3 Fixos de administração	6.500,00	0,05
Total dos custos gerais	(23.400,00)	0,18 (B)
5. Lucro	15.600,00	0,12 (A – B)

Capítulo 22

A empresa recebe uma proposta para venda de 40.000 unidades adicionais ao preço de R$ 0,65 a unidade, sendo que o custo marginal de vendas de R$ 0,07 por unidade correrá por conta do cliente. A gerência de vendas encontra-se relutante, uma vez que o custo total de produção é de R$ 0,75 por unidade; portanto, acima do preço de venda proposto.

As informações da forma em que foram apresentadas dificultam a tomada de decisão; por isso, devemos reformulá-la dando ênfase a seus aspectos relevantes e irrelevantes, como segue:

R$ 1,00

CONTAS	SEM PEDIDO ADICIONAL	COM PEDIDO ADICIONAL	DIFERENCIAL
1. Vendas	136.500,00	162.500,00	26.000,00
2. Total custos marginais	(76.700,00)	(97.500,00)	(20.800,00)
2.1 Produção	67.600,00	88.400,00	20.800,00
2.2 Vendas	9.100,00	9.100,00	
3. Lucro marginal (1 – 2)	59.800,00	62.200,00	5.200,00
4. Custos fixos de produção	(29.900,00)	(29.900,00)	
5. Custos fixos de adm./vendas	(14.300,00)	(14.300,00)	
6. Lucro (3 – 4 – 5)	15.600,00	20.800,00	5.200,00

Na coluna do diferencial da demonstração de resultados, podemos destacar os seguintes valores afetados pelo pedido adicional:

Receita diferencial   (R$ 26.000,00
(–) Custo diferencial   (R$ 20.800,00)
Resultado diferencial   (R$ 5.200,00

Além disso, o quadro demonstra a irrelevância dos demais itens, que, independentemente da decisão tomada, permanecem constantes.

Com essa nova demonstração, a administração poderia aceitar o pedido adicional, porque o resultado diferencial contribuiria para aumentar o lucro do período em mais R$ 5.200,00 ou 33,3%.

O pedido adicional poderá ser aceito, desde que não prejudique, a longo prazo, a política de preços da empresa e seja realizado em clientes diferentes.

22.3 Eliminação de um produto da linha de fabricação

A demonstração de lucro, por lote de produto da empresa de "alto valor agregado", é apresentada da seguinte forma:

R$ 1,00

PRODUTOS	A	B	C	TOTAL
Receitas de vendas	600.000,00	450.000,00	225.000,00	1.275.000,00
(–) Custos marginais de vendas	(336.000,00)	(250.000,00)	(181.250,00)	(767.250,00)
Lucro marginal	264.000,00	200.000,00	43.750,00	507.750,00
(–) Custos estruturais reais fixos (rateados)	(175.000,00)	(170.000,00)	(93.750,00)	(438.750,00)
Lucro	89.000,00	30.000,00	(50.000,00)	69.000,00

O resultado negativo apresentado pelo produto C faz com que a empresa pense em abandoná-lo. Todavia, com base neste relatório, não se devem tomar decisões, porque a maioria dos custos fixos foi atribuída arbitrariamente a cada produto. Assim, o resultado reformulado apresentaria a seguinte situação:

R$ 1,00

DEMONSTRAÇÃO DE LUCRO			
CONTAS	COM O PRODUTO C	SEM O PRODUTO C	DIFERENCIAL
Receitas de vendas	1.275.000,00	1.050.000,00	225.000,00
(–) Custos marginais de vendas	767.250,00	586.000,00	(181.250,00)
Lucro marginal	507.750,00	464.000,00	43.750,00
(–) Custos estruturais reais fixos (rateados)	(438.750,00)	(430.000,00)	(8.750,00)
Lucro	69.000,00	34.000,00	35.000,00

Tomando-se por base essa demonstração, se for abandonar o produto "C", piora a situação, porque se perdem R$ 43.750,00 de lucro marginal e, considerando custos fixos específicos de R$ 8.750,00 pertencentes ao produto C, reduz-se o resultado de R$ 69.000,00 para R$ 35.000,00.

Outra hipótese que poderia ser considerada seria a de abandonar o produto "C" e canalizar todos os esforços no incremento de 50% na produção/venda do produto "A", desde que o tempo para produzir uma unidade de ambos os produtos seja equivalente.

Nesse caso teremos a seguinte posição:

R$ 1,00

CONTAS	COM O PRODUTO C	SEM O PRODUTO C	+ PRODUÇÃO ADICIONAL DE 50% DE A	TOTAL
DEMONSTRAÇÃO DE LUCRO				
Vendas	1.275.000,00	(225.000,00)	300.000,00	1.350.000,00
(–) Custos marginais de venda	(767.250,00)	181.250,00	(168.000,00)	(754.000,00)
Lucro marginal	507.750,00	(43.750,00)	132.000,00	596.000,00
Custos estruturais fixos	(438.750,00)	8.750,00	0	(430.000,00)
Lucro	69.000,00	(35.000,00)	132.000,00	166.000,00

Nessa demonstração verifica-se melhor alocação de recursos de produção pela transferência do produto "C" para "A", aumentando o resultado total para R$ 166.000,00, gerando o lucro diferencial de R$ 97.000,00, (R$ 166.000,00 – R$ 69.000,00), admitindo-se que não seriam necessários investimentos e custos adicionais para produzir "A".

Para que a situação simulada anteriormente seja verdadeira, é preciso saber se a capacidade de mercado do produto "A" poderia absorver essa maior quantidade ofertada, ou, então, com maior oferta o preço de venda poderia cair, diminuindo assim o lucro marginal e, consequentemente, o lucro diferencial.

Supondo-se também que os produtos "A" e "C" são complementares, o abandono do produto "C" poderia acarretar a queda das vendas do produto "A", que seria outro fator significante a ser levado em consideração no momento da tomada de decisão.

22.4 Comprar ou produzir

Uma empresa compra, atualmente, uma das matérias-primas do produto do tipo "RHS", que poderia ser fabricado no departamento B de sua fábrica. A aquisição desse insumo equivale a 10.000 unidades por mês, a um custo unitário de R$ 15,00. O gerente industrial sugeriu que poderia economizar seu custo de produção fabricando-o internamente.

A capacidade normal do departamento B é de 40.000 horas/homens por mês e tinha sido programada para os próximos meses a utilização de 80% desta capacidade. A análise do custo indireto de produção para a capacidade programada de 80% e para a capacidade normal pode ser visualizada da seguinte maneira:

Análise Diferencial de Custos

CONTAS	CAPACIDADE PARA 32.000 HORAS/HOMENS		CAPACIDADE PARA 40.000 HORAS/HOMENS	
Custos fixos	300.000,00	9,37/h	300.000,00	7,50/h
Custos marginais	144.000,00	4,50/h	180.000,00	4,50/h
Total	444.000,00	13,87/h	480.000,00	12,00/h
Custo diferencial			36.000,00	4,50/h

h = hora

Os custos estimados da matéria-prima e dos salários diretos adicionais para produzir 10.000 unidades são os seguintes:

R$ 1,00

Matéria-prima	46.000,00
Salários diretos (8.000 h a R$ 5,00)	40.000,00
Total	86.000,00

Englobando os custos indiretos de produção, teremos, então, o custo total assim demonstrado:

R$ 1,00

Matéria-prima	46.000,00
Salários diretos	40.000,00
Custos indiretos de produção (diferencial)[1]	36.000,00
Custo total	122.000,00
Custo médio por unidade (R$ 122.000,00 : 10.000 un.)	12,20

[1] Parcela variável adicional.

Utilizando-se dessa maneira a capacidade ociosa de 8.000 horas/homens na produção de 10.000 unidades, a um custo diferencial indireto de R$ 36.000,00, o custo unitário total passaria a ser de R$ 12,20. Portanto, R$ 2,80 a menor do que o custo de aquisição enquanto perdurar a ociosidade de 20% do departamento B, podendo produzir as 10.000 peças e economizar R$ 28.000,00 por mês. Antes de a decisão final ser tomada devem ser analisados os fatores qualitativos, a fim de serem averiguados se o padrão de qualidade e tecnologia utilizada pelo fornecedor poderão ser mantidos, e também dos aspectos de utilização da capacidade ociosa na produção dessa matéria-prima nas épocas de poucas vendas e comprar nas épocas de vendas prósperas, a fim de não ficar sem os fornecedores regulares.

É importante também, na decisão, levar em conta os aspectos de foco e de terceirização, pois quem quer fazer de tudo acaba não fazendo nada direito...

Gerenciamento do Lucro Marginal de Produtos (*mix*)

23.1 Introdução

As dificuldades que as empresas estão passando para se adaptarem ao novo perfil competitivo têm levado seus administradores a buscarem novas ferramentas gerenciais.

A Contabilidade como linguagem de negócio tem sobressaído entre as ferramentas da administração, fornecendo subsídios poderosos por meio do gerenciamento das margens de comercialização dos produtos vendidos.

Até pouco tempo atrás, o fechamento do resultado gerencial mensal, no primeiro dia útil do mês seguinte, era objeto de comemoração.

Todavia, nos dias atuais, fechar o resultado no primeiro dia do mês seguinte está de certa forma, ultrapassado, pois o resultado das vendas realizadas no primeiro dia do mês anterior está acarretando um atraso de 30 dias!

Na realidade, o fechamento do resultado gerencial no dia seguinte, com um dia de atraso também não é bom, tendo em vista a velocidade da informação necessária para acompanhar com eficácia o desempenho do negócio.

A metodologia recomendada é fechar os resultados instantaneamente, isto é, na hora em que o fato gerador da venda acontece.

A metodologia usada para gerenciamento do lucro marginal (GLM) é nos dias atuais o principal instrumento para a avaliação de um negócio, logicamente se usado de forma eficaz pela gerência.

A metodologia para gerenciamento exige a apuração automática e cumulativa mensal do "lucro marginal" por produto.

Exemplo prático de operações (EPO)
Vendas do dia 1º-6-200X

R$ 1,00

DEMONSTRAÇÃO DO LUCRO MARGINAL				
PRODUTOS	B	D	Z	TOTAL
Preço bruto (un.)	10,00	3,00	1,00	1,57
Volume (unidades)	1	2	20	23
Receita total	10,00	6,00	20,00	36,00
(–) Custos marginais	(3,00)	(2,40)	(10,00)	(15,40)
= Lucro marginal	7,00	3,60	10,00	20,60
% LM	70%	60%	50%	57%

Gerenciamento do Lucro Marginal de Produtos (*mix*)

A análise das vendas do dia 10-6-200X mostra que o produto "Z", apesar de estar com o lucro marginal de apenas 50%, foi o melhor produto, pois foi o que mais contribuiu no *mix* para a formação do lucro total de R$ 15,40.

A contribuição de cada um dos produtos foi de:

B = 34%
D = 17%
Z = 49%
    100%

A análise poderia ter outra conotação conclusiva se as informações das vendas realizadas pudessem ser comparadas a valores e volumes orçados. Todavia, a reação natural do mercado por este ou aquele preço é o que vale na maioria dos casos.

Por ocasião das projeções de vendas, tenta-se "adivinhar" o que o mercado compraria, mas a vontade do mercado (cliente) é o que prepondera na maioria das vezes.

A metodologia de gerenciamento das margens tende a ganhar muita importância. A incerteza e a instabilidade, em grande parte do mercado são cada vez maiores.

É incerta a participação, não se conhece a concorrência, não se conhece a reação do cliente etc.

Apenas sabemos que o consumidor, a cada dia que passa, é mais exigente por atendimento, por preço baixo e produto de alta qualidade.

Na sequência enumeramos alguns modelos de análise já dentro da premissa do gerenciamento do lucro marginal.

As colocações diferentes entre produtos por valor relativo (%) e por montante do lucro marginal total comprovam o princípio de que a base para a tomada de decisão visando à maximização de lucros será, portanto, com resultado em valor e não em porcentagem. É preferível um resultado com porcentagem baixa e valor absoluto alto à situação inversa.

23.2 Lucro marginal unitário

O quadro 23.1 mostra um *mix* composto pela venda de um produto de cada. É um caso curioso, que mostra a importância da análise de custos, pois quanto maior for o volume de venda do produto G menor será o lucro, exceto em uma situação planejada de venda, em que esse produto, embora deficitário, consiga conjuntamente possibilitar a venda de outros produtos mais rentáveis.

A administração de empresa, que trabalha de forma empírica, isto é, não planejada, não se preocupando com *mix*, volume e custo marginal de cada produto, pode estar, sem perceber, "incentivando" a venda de produtos com margens inadequadas.

Quadro 23.1

EM R$ 1,00 EM UNIDADES ECT	EXEMPLO DA ECT – EMPRESA DE COMÉRCIO DE TELEVISORES LTDA. DEMONSTRAÇÃO DO LUCRO											PERÍODO: SEMANA DE 1 A 7/03/XX	
VOLUME E MODELO TV	1 TV – E	%	1 TV – F	%	1 TV – G	%	1 TV – H	%	1 TV – I	%	TOTAL	%
Preço de venda	1.000	100%	700	100%	900	100%	1.200	100%	1.200	100%	5.000	100%
(–) Custo marginal (CM)	(500)	– 50%	(490)	– 49%	(990)	– 99%	(480)	– 48%	(360)	– 36%	(2.820)	– 56%
Lucro marginal (LM)	500	50%	210	51%	(90)	1%	720	52%	840	64%	2.180	44%
(–) Custo estrutural fixo (CEF)											– 1.680	– 34%
Lucro operacional											500	10%

Ponto de equilíbrio (lucro = 0)   3.853,2   77%

Pela análise do quadro, conclui-se que o produto G é o pior em rentabilidade, pois o seu LM é negativo em 10%; o melhor produto é o I, tanto em porcentagem como em valor absoluto.

Tomando por base as informações do Quadro 23.1, podemos fazer as seguintes simulações de lucros, respeitando o limite da capacidade instalada de 05 unidades.

Gerenciamento do Lucro Marginal de Produtos (*mix*)

Quadro 23.2

Simulador 1 de lucro	Volume	1	1	1	1	1	Total lucro marginal	(-) CEF	Lucro maximizado
	Modelo TV	E	F	G	H	I			
	Lucro marginal	500	210	-90	720	840	2.180	-1.680	500
Simulador 2 de lucro	Volume	1	1	3	0	0	Total lucro marginal	(-) CEF	Lucro maximizado
	Modelo TV	E	F	G	H	I			
	Lucro marginal	500	210	-270	0	0	440	-1.680	-1.240
Simulador 3 de lucro	Volume	2	1	0	1	1	Total lucro marginal	(-) CEF	Lucro maximizado
	Modelo TV	E	F	G	H	I			
	Lucro marginal	1000	210	0	720	840	2.770	-1.680	1.090
Simulador 4 de lucro	Volume	0	0	0	0	5	Total lucro marginal	(-) CEF	Lucro maximizado
	Modelo TV	E	F	G	H	I			
	Lucro marginal	0	0	0	0	4200	4.200	-1.680	2.520
Simulador 5 de lucro	Volume	1	0	0	2	2	Total lucro marginal	(-) CEF	Lucro maximizado
	Modelo TV	E	F	G	H	I			
	Lucro marginal	500	0	0	1440	1680	3.620	-1.680	1.940
Simulador 6 de lucro	Volume	0	0	0	5	0	Total lucro marginal	(-) CEF	Lucro maximizado
	Modelo TV	E	F	G	H	I			
	Lucro marginal	0	0	0	3.600	0	3.600	-1.680	1.920
Simulador 7 de lucro	Volume	0	1	0	3	1	Total lucro marginal	(-) CEF	Lucro maximizado
	Modelo TV	E	F	G	H	I			
	Lucro marginal	0	210	0	2160	840	3.210	-1.680	1.530

O modelo de otimização exemplificado acima revela as alternativas de lucros que uma empresa pode realizar, dependendo do *mix* de venda de produtos, tomando por base o fator limitativo de capacidade.

Pelo Simulador de Lucro 01, vendendo uma unidade de cada produto, em um total de cinco unidades, o resultado do período seria de R$ 500,00.

Pelo Simulador de Lucro 02, vendendo uma unidade de cada um dos produtos E e F e três do produto G, o resultado do período seria deficitário em R$ 1.240,00 (hipótese em que se deixaria produzir e vender os produtos H e I).

Pelo Simulador de Lucro 3, vendendo duas unidades do produto E, bem como uma unidade de cada um dos produtos F, H e I, o resultado do período passaria a ser de R$ 1.090,00; portanto, 118% do resultado original de R$ 500,00 (hipótese em que deixaria de produzir e vender o produto G).

As alternativas seguintes apresentam o mesmo raciocínio, visando a otimização de lucro desde que a empresa tenha condições de produzir e vender os produtos que propiciam, no conjunto, um valor total de lucro marginal maior.

23.3 Fatores restritivos do lucro marginal unitário

Quando uma empresa fabrica muitos produtos e está sendo operada a capacidade máxima, muitas vezes é necessário decidir que ordens se devem aceitar. A abordagem marginal fornece os dados para uma decisão apropriada, porque está determinada pelo produto que faz o maior lucro marginal total.

Isso não significa necessariamente que os produtos a serem favorecidos sejam os que apresentam os maiores índices de lucro marginal por unidade de produto ou vendas monetárias. O objetivo é otimizar os lucros totais, que dependem da consecução do maior lucro marginal por unidade de fator restritivo (escasso, limitativo ou crítico). O seguinte exemplo pode esclarecer a questão. Presuma que uma empresa tenha dois produtos:

POR UNIDADE	PRODUTOS	
	H	U
Preço de venda	R$ 10,00	R$ 18,00
(–) Custo marginal	(R$ 7,00)	(R$ 5,40)
Lucro marginal	R$ 3,00	R$ 12,60
% Ganho marginal	30%	70%

À primeira vista, U parece mais lucrativo do que H. Entretanto, levando-se em consideração 2.000 horas de capacidade disponível e sabendo que poderia fazer seis

Gerenciamento do Lucro Marginal de Produtos (*mix*)

unidades de H por hora, mas só uma de U, a escolha seria H, porque H contribui com o lucro maior por hora, que é o fator restritivo neste exemplo:

PRODUTOS CONTAS	H	U
Lucro marginal	R$ 18,00	R$ 12,60
Contribuição total em 2.000 h	R$ 36.000,00	R$ 25.200,00

O fator restritivo é o item que restringe ou limita a produção e venda de determinado produto. Assim, o critério para os lucros máximos, a uma dada capacidade, é o maior lucro possível aos lucros por unidade de fator restritivo. O fator restritivo no exemplo anterior pode ser horas de máquinas ou horas de mão de obra. Pode ser pés cúbicos de espaço para apresentação de produto; em tais casos, uma relação do tipo índice de lucro marginal é um indício insuficiente para a lucratividade. A relação deve ser multiplicada pela rotação de estoque (número de vezes em que o estoque é vendido por ano), para obter medidas comparáveis de lucratividade do produto.

O sucesso das lojas de descontos ilustra o conceito da contribuição aos lucros por unidade de fator restritivo. Essas lojas têm que se satisfazer com margens subnormais porque conseguiram aumentar o giro e, dessa maneira, aumentaram a contribuição aos lucros por unidade de espaço. O quadro a seguir demonstra este ponto e supõe que nas duas lojas foi usado o mesmo espaço total para as vendas.

CONTAS	LOJA COMUM DE DEPARTAMENTOS	LOJA DE DEPARTAMENTOS COM DESCONTOS
Preço de varejo	R$ 3,00	R$ 2,00
Custos marginais	(R$ 1,00)	(R$ 1,00)
Lucros marginais	R$ 2,00	R$ 1,00
Unidades vendidas por ano	10.000	50.000
Contribuição aos lucros	R$ 20.000,00	R$ 50.000,00

Pode haver muitos fatores restritivos que tenham de ser utilizados por tipo diverso de produto. O problema de formular os programas mais lucrativos de produção e composições de matérias-primas é essencialmente o do lucro em face de diversos fatores limitativos.

A inexistência de um bom Sistema de Custos contribui para a empresa não tirar melhor proveito de sua potencialidade e do talento de seus principais executivos. A falta de informações gerenciais pode levar a empresa a incentivar produtos errados, tirar de forma inadequada produtos de linha, trabalhar com *mix* de vendas, incompatível com suas necessidades e assim por diante.

O "ferramental" de análise de custos para uma decisão acertada no tocante à simulação de resultado, visando otimização de lucros, exige o conhecimento das seguintes informações:

- lucro marginal unitário por fator restritivo;
- potencialidade do mercado para venda (total e por produto);
- capacidade instalada por hora-máquina e homem-hora (total e por produto);
- giro de estoques no ramo comercial etc.

As técnicas para o uso do lucro marginal por unidade de fator restritivo podem constituir-se em um poderoso instrumento para planejamento e controle de lucros, porque as nossas empresas vendem preponderantemente serviços (de transformação na indústria, de intermediação, no comércio e na prestação de serviços propriamente dita). Se tomarmos o caso da indústria, os serviços prestados são medidos em tempo de hora-máquina e/ou homem-hora, que na verdade podem estar representando os próprios fatores restritivos.

A maioria das empresas trabalha com um número grande e diversificado de produtos (diferenciados pelo tamanho, peso, grau de dificuldade, de produção etc.). O uso da metodologia para gerenciamento do lucro marginal de fator restritivo, além de simples, poderá contribuir para decisões acertadas no tocante à apropriação de custos, transparência nos resultados e possibilidade de trabalhar com preços mais competitivos, além do objetivo maior, que é a otimização de esforços e do lucro.

Custeio Baseado em Atividades (*Activity Based Costing – ABC*)

24.1 Objetivos básicos

Apropriar os "custos indiretos" aos produtos através de cada "atividade" envolvida no processo do negócio, que se comparado ao sistema de custeio por absorção poder-se-iam visualizar os custos de forma mais adequada, especialmente para conhecer os custos das atividades que não agregam valor ao produto pago pelo cliente.

Os custos atribuídos aos produtos são tradicionalmente realizados através da forma direta, que são os casos da Matéria-prima e da Mão de obra Direta (custeio por absorção e *direct costing*) e os custos indiretos apropriados através de rateios, a princípio dos mais arbitrários através de taxas únicas ou por centros de custos ou outros métodos.

O sistema de custeio por atividades veio com um propósito de não mais apropriar os "custos indiretos" pelos rateios tradicionais e sim pelas "atividades" envolvidas em seu processo industrial ou comercial.

24.2 Histórico do modelo "ABC"[1]

A contabilidade de custos é uma ciência que tem evoluído constantemente para adaptar as novas necessidades de nossas empresas.

O grande dilema dos métodos de custos sempre foi buscar um método "adequado" como ferramenta para apropriar os chamados custos indiretos aos produtos e serviços. Como consequência do atual crescimento da "massa" de custos indiretos os métodos atuais tornaram-se obsoletos não contemplando critérios de acordo com as características de cada empresa.

---

[1] Texto adaptado e traduzido de Mallo, Carlos & Jiménez, Maria Ângela. *Contabilidad de costes*. Paseo de la Catellana; Madri, Espanha: Pirámide.

Este Sistema de Custeio Baseado em Atividades (ABC), conforme a fala de Mallo, Carlos & Jiménez, Maria Ângela (*Contabilidad de costes*), se aplicou pela primeira vez em 1985, quando Keith Williams e Nick Vintilla realizaram estudos da origem dos custos na fábrica de tratores John Deere.

Nos anos de 1980 Cooper e Kaplan mostraram a fraqueza dos sistemas de custos utilizados até aquele momento. Portanto, os referidos pesquisados propuseram mostrar que os "custos indiretos" poderiam ser apropriados aos produtos e serviços utilizando-se de "atividades" necessárias para a produção deles mesmos.

A ideia básica do ABC se baseava em que os produtos não consomem recursos, mas sim *atividades*. Portanto, se pode determinar que os custos dos produtos através de "atividades" necessárias para a produção dos mesmos, ou seja, previamente há a necessidade de se definir as atividades e os custos correspondentes aos mesmos para apropriação em cada produto correspondente.

Dessa forma, este método ABC acaba fornecendo uma ferramenta nova de gestão, pois permite detectar desperdícios em uma empresa. Isso acaba acontecendo através da análise de tais atividades, ou seja, as que geram valor das que não geram valor, mesmo porque a contabilidade de custos atualmente tem sido usada como importante "banco de dados" para a tomada de decisões.

Por outro lado, a economia atual segue exigindo para a melhoria dos resultados através da redução de custos. No entanto, é cada vez mais importante buscar a eficiência da produção sem prejudicar a qualidade do produto e serviço oferecidos aos clientes finais. Este é o sentido do Sistema de Custeio ABC que oferece subsídios preciosos para a redução de custos, principalmente de atividades supérfluas desnecessárias no processo do negócio.

O sistema de "custeio baseado em atividades" foi aplicado pela primeira vez em 1985, quando Keith Williams e Nick Vintilla realizaram estudo buscando as origens dos custos na fábrica de tratores John Deere, e posteriormente foi aperfeiçoado por Cooper e Kaplan e batizado como nova ferramenta de gestão chamada de "Activity Based Costing" (ABC).

O ABC foi criado como instrumento para auxiliar na tomada de decisão, pois segundo os seus criadores os custos das atividades ficariam mais visíveis e fáceis a serem detectados, especialmente naqueles em que não agregam valor ao produto pago pelo cliente, portanto considerados inúteis e passíveis de serem eliminados.

24.3 Análises das atividades

Definição de atividade

No âmbito empresarial normalmente atividade é fazer alguma coisa. Então, atividade pode ser definida como um "conjunto de tarefas e atos imputados a um grupo de pessoas ou a uma pessoa ou a um grupo de máquinas ou a um departamento de uma empresa".

Por exemplo, de uma pessoa que se dedica a emitir nota fiscal-fatura sua atividade será "faturamento", como *output* final. Posso ter uma pessoa que se dedica a emitir "pedidos de venda" que será a sua atividade e seu *output* final, que enviará ao "centro de

Custeio Baseado em Atividades (*Activity Based Costing* – ABC)

distribuição-CD" para preparar, segundo a logística, a mercadoria (*picking*) e despachá-la para o cliente intermediário ou final.

O que se observa na marcha diária de uma empresa é a realização de uma série de atividades coordenadas entre si com o mundo exterior gerando uma série de fluxos internos e externos para atingir o objetivo do negócio.

O objetivo de toda atividade, pelo menos em curto prazo é o de adicionar valor ao produto ou serviço final.

As características básicas de uma atividade no ambiente empresarial são as seguintes:

- ter uma finalidade, isto é, gerar um *output* (saída);
- dispor de meios, ou seja, consumir *inputs* ou fatores;
- ter um sistema de apropriação, ou seja, uma única forma de relacionar os meios e a finalidade no que concerne ao consumo pela produção.

Assim, temos atividades dentro de uma empresa que podem ser, por exemplo, chamar pelo telefone, transportar mercadorias dentro da empresa, executar rotinas da contabilidade, movimentar mercadorias com paleteiras etc. Podemos observar que toda atividade é dinâmica e definida através de um verbo.

Deste modo, as atividades consomem recursos, e os produtos e serviços consomem atividades. Sua função principal é transformar recursos em resultados.

Quando se tratar de definir o "mapa de atividades" de uma empresa e até que nível de atividade se pretende chegar. Visto que tal atividade, como se observa, por exemplo, a atividade de telefonar poderia se dividir, por sua vez, em tirar o telefone do gancho e marcar o número; e esta por sua vez seria também atividade. Por esse motivo interessa definir, *a priori*, os critérios a serem utilizados. Poderia se desenhar o seguinte esquema:

Em toda empresa existe um processo de negócio composto por uma série de funções, que por sua vez divide-se em atividades. De outro lado, dentro das atividades se realizam as tarefas e estas se subdividem em operações. Sendo no final das operações a média mínima de execução de um *output* (saída).

Para esclarecer, temos que levar em consideração as seguintes definições:

- processo de negócio: sequência de atividades relacionadas e dependentes unidas pelos produtos que estas trocam (intercambiam);
- função: agregação de atividades que estão orientadas por um objetivo comum;
- tarefa: é um elemento e trabalho em que se decompõe uma atividade, ou seja, como se finaliza tal atividade. Uma atividade comum a várias organizações poderia incluir tarefas muito diferentes;
- operação: é a unidade menor de trabalho utilizada com o propósito de planejamento e controle. As tarefas são, portanto, formadas por operações.

$$\text{Operação} \quad \text{tarefa} \quad \textbf{atividade} \begin{cases} \text{Função} \\ \text{Processo do negócio} \end{cases}$$

Capítulo 24

Por que foi escolhido o conceito de atividade? Porque admitimos que possui um nível adequado de informações para suportar um Sistema de Contabilidade contínuo. A informação em nível de função é muito genérica para determinar com exata precisão os custos dos produtos, enquanto os informes em nível de tarefas constituem um campo demasiadamente difícil de ser localizado e controlado.

Este conceito de atividade utilizado pelo modelo ABC há de cumprir os seguintes requisitos:

- precisa existir homogeneidade entre as tarefas que agrupam tais atividades;
- as tarefas têm que ser susceptíveis de quantificar-se empregando uma mesma unidade de medida, através de "geradores" de custos que veremos mais adiante.

Uma atividade será, portanto, uma tarefa que uma organização realize para produzir, distribuir, comercializar, cobrar o preço contratado etc. de um produto ou serviço.

Exemplos de atividades comuns em uma empresa:

- ordens de compra;
- inspeção de qualidade;
- ordens de produção;
- horas-máquinas;
- homens-hora;
- consumo de energia elétrica (kW);

- quilômetros percorridos;
- quantidade de entregas;
- materiais recebidos;
- movimentação de estoques;
- ordens de manutenção;
- nota fiscal-fatura.

Essas atividades são, por sua vez, direcionadores de custos incorridos e a incorrer.

Como já tivemos oportunidade de frisar, o conceito do "custeio baseado em atividades" se fundamenta no que os produtos consomem atividades e estas, por sua vez, consomem recursos.

Quando a organização pretende que seus produtos sejam competitivos, deverão conhecer:

- as atividades que são necessárias para produzir um produto ou serviço;
- o custo respectivo das atividades consumidas; e
- como complemento se poderá obter e conhecer as atividades que não agregam valor.

Vamos admitir, a título de exemplo, que o negócio de uma empresa consiste na compra e venda de barras de aço, no atacado, cujo processo de produção consiste apenas em cortar a barra de aço. Basicamente se realizam as funções de comprar, cortar e vender, assim subdivididos:

Custeio Baseado em Atividades (*Activity Based Costing* – ABC)

TABELA CONJUGANDO FUNÇÃO, ATIVIDADE, TAREFA E OPERAÇÕES

FUNÇÃO	ATIVIDADE	TAREFA	OPERAÇÕES
Compras	Solicitar compra	Análise do estoque atual	Imprimir lista de materiais
		Análise das futuras vendas	Imprimir relação de vendas futuras
		Envio pedido de venda	Imprimir lista de pedidos de vendas
	Receber material	Inspeção do material	Checar preço de compra
		Armazenar material	Identificar material no armazém
	Pagar compra	Autorizar pagamento	Receber fatura de compra
		Efetuar pagamento TEF*	Preparar pagamento fornecedor
			Contabilizar pagamento fornecedor
Fábrica	Cortar material	Transportar material	Selecionar material
			Transportar material com empilhadeira
		Nivelar o corte do material	Separar o material
			Marcar a linha de corte
			Acionar máquina de corte
	Controlar armazém	Inventariar material	Etiquetar os materiais
			Realizar contagem dos materiais
			Atualizar inventário permanente
		Pesar o material	Transportar material
			Pesar material na balança
			Pesar caminhão na balança
		Carregar e descarregar	Selecionar material com pedidos
			Roteirizar tráfego interno
			Transporte material
		Controlar estoque	Marcar lista de estoque
			Verificar dados informativos
Vendas	Elaborar ofertas	Atender clientes	Selecionar ofertas de clientes
			Apresentar mostruário e preços
		Enviar cotação aos clientes	Identificar dados
			Emitir oferta de vendas com dados
			Enviar oferta ao cliente interessado
			Seguir *follow up* da oferta
	Emitir documento	Emitir pedido de venda	Consultar banco de dados de clientes
			Operacionalizar pedido
			Enviar pedido ao armazém para separação
		Emissão de fatura e romaneio	Emitir fatura de venda ao cliente
			Enviar fatura ao cliente
			Emitir romaneio de entrega
			Enviar fatura ao armazém
			Enviar romaneio ao armazém
	Cobrar cliente	Verificar cobranças pendentes	Comparar dados vencimentos com fatura
			Verificar fluxo de vencimentos próximos
			Comparar últimas cobranças
		Solicitar pagamento ao cliente	Consultar faturas pendentes
			Consultar o cliente

* TEF – Transferência Eletrônica de Fundos.

Capítulo 24

Como se pode observar há condições de se chegar a um nível mínimo de execução do trabalho.

Concluindo a parte teórica antes da exemplificação e construção de um modelo de Custeio ABC, vamos compreender melhor o significado da *atividade* para uma empresa. É importante também analisar os tipos de atividades existentes e comportamento dentro das seguintes situações:

a. sua atuação em relação ao produto;
b. com relação à frequência de sua execução;
c. sua capacidade para agregar valor ao produto final; e
d. seu funcionamento nas organizações.

A. Sua atuação em relação ao produto

Atividades primárias – são aquelas que contribuem diretamente com o objetivo geral da empresa em conseguir realizar a saída (*output*), assim desdobradas:

1. Atividades unitárias de produtos – são aquelas que são executadas necessariamente toda vez em que se produz uma unidade de produto. Os consumos de recursos utilizados nessas atividades guardam relação direta com o número de unidades produzidas. Um exemplo desse tipo de atividade seria, no caso, de venda a varejo a um supermercado com a etiqueta de produtos com o respectivo preço de venda. Toda vez que o produto é exposto na área de venda é necessário executar esse tipo de atividade.
2. Atividade de lote de produtos – entendemos por lote um conjunto de produto produzido por vez. Dessa forma, as atividades realizadas em nível de lote são aquelas realizadas toda vez que se fabricar um lote específico de produto.
   a. Os custos consumidos por estas atividades variam em função do número de lotes processados, mas independem do número de unidades que formam o respectivo lote.
   b. Por exemplo, se a empresa se dedica à fabricação de toalhas, dentro dela os produtos estão divididos segundo o tamanho das toalhas. Toda vez que se vai produzir toalhas, do tipo banheiro, a máquina niveladora deverá estar compatível com esse novo produto, assim como a máquina que corta. Uma vez ajustada a máquina não importa a quantidade que se vai produzir.
3. Atividades da linha de produção – são aquelas executadas para buscar o máximo de eficiência do processo produtivo. Entendemos por linha de produção aquela parte das instalações fabris que atuam com independência para realizar certas tarefas.

Atividades secundárias – são aquelas que servem de apoio às atividades primárias. Sua missão é a de aumentar a eficiência dessas.

A proporção das atividades secundárias em relação às primárias é um indicativo do nível burocrático das diferenças das unidades organizacionais.

Atividades da empresa – são aquelas que atuam como suporte geral e de sustentação de uma organização. Essas atividades são comuns para todos os produtos, tal como é definido o custo indireto que beneficiou o todo e não mantém relações diretas, em termos de apropriação com os produtos. Podemos citar um exemplo, além dos custos indiretos, as atividades da contabilidade e rotinas do departamento pessoal.

B. Com relação à frequência de sua execução

1. *Atividades repetitivas* – são aquelas que se realizam de maneira sistemática e continuada dentro da empresa. Há fixado um consumo padrão de recursos para cada vez que se executa e um objetivo concreto e bem determinado para cada uma das atividades.
   a. Podem ser consideradas atividades repetitivas cortar, pintar, preparar guias de tributos etc.
2. *Atividades não repetitivas* – são aquelas executadas com caracteres esporádicos e ocasionais, que têm um ponto preciso de início e de finalização. Pode ser considerado, por exemplo, como atividade não repetitiva o reparo de uma máquina quebrada.

C. Sua capacidade para agregar valor ao produto final

1. *Atividades com valor agregado* – são aquelas atividades que contribuem para alcançar os objetivos de uma empresa ou que contribuem para elevar o nível de serviços que pagam os clientes. Definitivamente, é aquela que é aplicada sobre o produto final, a fim de aumentar o interesse do cliente pelo mesmo.
   a. Atividades com valor adicional, em outras palavras, são aquelas em que os clientes apreciam diretamente nos produtos, por exemplo, colorir, lixar, adornar etc.
2. *Atividades sem valor agregado* – são atividades que não adicionam valor ao produto final, sendo consideradas supérfluas e, portanto, passíveis de serem eliminadas, pois tais desperdícios não seriam permitidos pelos clientes que sejam adicionados ao preço de venda pago por eles.
   a. Não exerce influência alguma sobre o cliente em sua avaliação sobre o produto final.
   b. Estas são atividades que as empresas têm de reduzir ou eliminar.

Capítulo 24

D. **Seu funcionamento nas organizações**
1. *Atividades obrigatórias* – são aquelas imprescindíveis para o funcionamento de uma organização.
2. *Atividades indeterminadas* – são opcionais e derivadas de decisões da direção de uma empresa.

Essas classificações nos ajudam, na administração de uma empresa, a detectar as atividades que nela se realizam, assim como uma posterior análise das mesmas.

24.4 Desenho de um modelo

A fim de se desenhar um "modelo" como guia para implantação e, inclusive, sua metodologia, precisamos seguir várias fases:

1ª *Determinar o organograma hierárquico do negócio empresarial*

Nessa fase se pretende mostrar por "centros" homogêneos os núcleos de desenvolvimento das atividades. Não é mais que uma visão prévia de onde se vai gerar saídas (*output*) para se conseguir realizar as atividades. Esse passo ajudará a desenhar o mapa de negócio de uma empresa.

Para simplificar o processo, supomos que uma empresa de nosso exemplo tenha um organograma com quatro departamentos no mesmo nível hierárquico, ou seja, Departamento de Compras, de Armazém, de Vendas e de Administração, que no desenvolvimento do modelo serão simplesmente chamados de "centros de custos", como seguem:

2ª *Identificação das atividades por "centros de custos"*

Há a necessidade de identificar e classificar cada uma das atividades por "centros de custos". Essa é uma das etapas mais difíceis, pois como serão identificadas tais atividades? Fica o questionamento.

Uma vez desenhado o mapa do negócio da empresa na etapa anterior, temos que definir as funções a serem realizadas. Chegando até aqui podemos encontrar dois pontos:

a. A empresa possui manual de procedimentos. Nesse caso estariam nele descritas as formas de proceder na sociedade organizacional, em todos os casos. Este mapa nos ajudará a construir um mapa de atividades.
b. A empresa não tem manual de procedimentos. O mais frequente é realizar pesquisas junto aos responsáveis por cada departamento a fim de identificar as tarefas realizadas por cada um. A identificação das atividades de custos através de uma série de entrevistas estruturadas pode ser o caminho para a implantação do "Custeio Baseado em Atividades – ABC".

c. Os dados recolhidos com as técnicas de entrevistas podem ser complementados com outros instrumentos como questionários e análise de dados. Essa análise das atividades mostra como a organização está empregando o seu tempo com os seus fornecedores e com os clientes de uma atividade, os recursos que se consomem, os *inputs* (entradas) e *outputs* (saídas) das atividades à medida do *output*.

No final dessa etapa contaremos com um quadro de dupla entrada, que nos mostrará as atividades realizadas em cada "centro de custos".

Supondo que a empresa do capítulo anterior tenha detectado o seguinte "mapa de atividades":

1. solicitação de compra ao fornecedor;
2. recebimento do material;
3. pagamento da compra;
4. cortar o material;
5. controlar o armazém;
6. elaborar as ofertas de vendas;
7. emissão do pedido de vendas; e
8. cobrança do cliente.

Após o período de entrevistas, se chega à conclusão de que a execução das diferentes atividades são as seguintes:

ATIVIDADES	CENTROS DE CUSTOS			
	COMPRAS	ARMAZÉM	VENDAS	ADMINISTRAÇÃO
Solicitar compra	XXXXXXXXX			
Receber a compra		XXXXXXXXX		
Pagar a compra				XXXXXXXXX
Cortar material		XXXXXXXXX		
Controlar armazém		XXXXXXXXX		
Elaborar ofertas de venda			XXXXXXXXX	
Emitir fatura de venda			XXXXXXXXX	
Cobrar o comprador				XXXXXXXXX

Capítulo 24

É muito importante para o estudo e implantação determinar antes em que medidas tais atividades são executadas em cada "centro de custos". Ou, falando de outro modo, como cada departamento colabora para a execução das mesmas.

Para se determinar em que ponto se realiza cada atividade, em cada "centro de custos", pode ser feito um CONTROLE DE TEMPO. Se prepara uma "ficha de custos", que se pode fazer através do controle de tempo. Se prepara uma ficha com o detalhe das tarefas que compõem cada atividade e se solicita aos funcionários da empresa que meçam em um período, por exemplo, de um mês, o tempo determinado por tarefa que compõe a atividade. O mapa pode ser assim desenhado:

EMPRESA X	TEMPO DAS TAREFAS POR ATIVIDADE					CENTRO DE CUSTOS	MÊS/ ANO __/__
Tarefas / dias	1	2	3	4	5	...	31
Emissão pedido de compra							
Recebimento mercadoria							
Pagamento mercadoria							
Cortar a matéria-prima							
Controlar o armazém							
Elaborar pedido de venda							
Emitir nota fiscal de venda							
Cobrar o comprador							

Essa análise da "ficha de dados" proporcionará possibilidades para se confeccionar uma tabela no seguinte esquema:

ATIVIDADES	CENTROS DE CUSTOS					TOTAL
	COMPRAS	ARMAZÉM	VENDAS	ADM.	
Compra de mercadoria	100%				100%
Recebimento de mercadoria	10%	85%		5%	100%
Pagamento de mercadoria	10%			90%	100%
Cortar a matéria-prima		100%			100%
Controlar o armazém	10%	80%	5%	5%	100%
Elaborar pedido de venda			95%	5%	100%
Emitir nota fiscal de venda			90%	10%	100%
Cobrar o comprador			15%	85%	100%

Custeio Baseado em Atividades (*Activity Based Costing – ABC*)

3ª *Identificação dos custos por departamentos*

A identificação consiste em localizar os "custos indiretos", apropriados em cada um dos "centros de custos" em que se encontra dividida a empresa. Ou seja, se trata de identificar a carga de custos apropriada na área onde se realizará a atividade, a qual depois se transferirá.

Essa etapa é comum nos métodos tradicionais de custos. Nesse ponto há a necessidade de fazer uma distinção clara do que são "custos diretos" e "custos indiretos". Os custos diretos atribuídos aos produtos são claros em si mesmos, pois, em tese, não há dúvida quanto a sua apropriação. De outro lado, trata-se, pois, de identificar os "custos indiretos" nos vários "centros de custos". Desse modo teremos um "quadro" com dupla entrada: departamentos-custos.

Logo, como no passo anterior se realizará a diferença entre custos diretos e custos indiretos, conforme quadro abaixo:

CONTAS	CUSTOS DIRETOS	CUSTOS INDIRETOS	R$ 1,00 TOTAL
Compras	1.026.268		1.026.268
Salários e encargos		614.266	614.266
Aluguéis		126.813	126.813
Fornecimento de serviços	176.631	12.918	189.549
Publicidade		275.000	275.000
Prêmios de seguro	18.268	72.900	91.168
Depreciação		417.899	417.899
Imposto do imóvel (IPTU)		26.300	26.300
Total	1.221.167	1.546.096	2.767.263

Os custos diretos nesse ou em qualquer sistema de custeio se determinam de forma direta aos produtos. Essa apropriação pode se realizar na hora ou no final do processo. Nesse caso, se realizará no final do processo para obter a tabela completa de apropriação incluindo os custos indiretos.

Por sua vez, uma cópia do pedido de compra deve ser enviado ao departamento de armazém com o objetivo de conferir a mercadoria recebida, embora seja um procedimento que faça parte do "sistema integrado de logística" de uma empresa onde tal operação pode ser conhecida instantaneamente via terminal *online*.

Esse modelo do ABC continuará com os "custos indiretos", no montante total de R$ 1.546.107, cujo passo seguinte será apropriá-los aos departamentos de compras, armazém, vendas e de administração, cuja tabela foi assim composta:

CUSTOS INDIRETOS	CENTROS DE CUSTOS				R$ 1,00 TOTAL
	COMPRAS	ARMAZÉM	VENDAS	ADM.	
Salários e encargos	162.806	263.179	134.756	53.525	614.266
Aluguéis		126.813			126.813
Fornecimento de serviços				12.918	12.918
Publicidade			275.000		275.000
Prêmios de seguro	6.285	25.028	8.468	33.119	72.900
Depreciação	78.468	299.313	28.258	11.860	417.899
Imposto do imóvel (IPTU)		26.300			26.300
Total	247.559	740.633	446.482	111.422	1.546.096

4ª *Determinação dos "direcionadores" de custos por atividades*

O direcionador será a medida de atividade, se pudermos utilizar como medida de atividade em *input* (entrada) um *output* (saída) como indicador físico de atividade.

A eleição de uma unidade de medida é um fator crítico para o sucesso de um "sistema de custeio baseado em atividade – ABC". A unidade de medida adequada deve ser simples de ser entendida, fácil de medir com as atuais fontes de informações e deve estar diretamente relacionada com os fatores de produção da atividade.

Deve-se eleger qual é o "direcionador de custos" que melhor reflete a relação causa-efeito entre:

> Consumo de recursos → Atividade → Produto

Deve existir uma relação direta entre as mudanças de volume e os "direcionadores de custos" das atividades e dos fatores de produção. Se o volume da atividade muda por também mudanças da administração, de suas operações, de sua tecnologia ou vendas, os fatores de produção, em princípio, devem variar na mesma proporção.

Quando houver mudanças que afetem o modo em que se realizam as atividades, o "direcionador de custos" deve ser reavaliado de novo para incorporar, se necessário, tais mudanças.

Por exemplo, selecionamos os seguintes "direcionadores de custos" para o desenvolvimento do modelo que está sendo exemplificado:

Vamos procurar definir os motivos da seleção dos "direcionadores de custos", como a seguir:

"Atividade: solicitação de compra. Direcionador: quantidade de pedidos."

Toda vez que a empresa realiza uma compra a fornecedores emite uma solicitação ou pedido de compra com o detalhe de cada material comprado. É um requisito imprescindível que a quantidade de pedidos seja conhecida. No entanto, devem ser facilmente identificados os produtos comercializados pela empresa. Para isso é indispensável que os pedidos emitidos sejam independentes para cada produto.

ATIVIDADES	DIRECIONADORES
Solicitação de compra	Quantidade de pedidos emitidos
Recebimento do material	Quantidade de quilogramas recebidos
Pagamento ao fornecedor	Quantidade de processos
Cortar mercadoria	Quantidade de cortes
Controle de armazém	Quilogramas movimentados
Emissão de pedido de venda	Quantidade de pedidos
Emissão de nota fiscal de venda	Quantidade de notas fiscais emitidas
Cobrar o comprador	Quantidade de telefonemas

"Atividade: recebimento do material. Direcionador: Quantidade de quilogramas."

Precisam ser quantificados os quilogramas de materiais que entram no armazém por tipo de material. Os encarregados de realizar essa atividade vão também verificar por ocasião do recebimento do material os aspectos quanto à qualidade, quantidade etc.

Por sua vez, o *output* (saída) vai ser necessário para o desenvolvimento de outras atividades como cortar, controlar o armazém etc. É um "direcionador" facilmente possível de medir e identificar com o produto, visto que o processo exemplificado é o de cortar que é a única transformação que sofre o material.

"Atividade: pagamento ao fornecedor. Direcionador: quantidade de processos."

Esse "direcionador" se define pela quantidade de processos emitidos para os fornecedores. Cada processo contém a solicitação, a aprovação, a comprovação do recebimento no armazém e a liberação do pagamento por cheque, dinheiro ou TEF.

Nesse caso, tal *output* tem um destino externo que é o fornecedor, que se identifica com cada material comprado, ou seja, existem fornecedores distintos para cada material comprado.

"Atividade: cortar o material. Direcionador: quantidade de cortes."

O departamento de armazém é o responsável por esta atividade de corte segundo as medidas numeradas e vendidas a cada cliente.

"Atividade: controle do armazém. Direcionador: quilogramas."

Esse direcionador se refere à quantidade de materiais movimentados pelo armazém, que é facilmente identificado por produto.

Logo, o "direcionador" é facilmente medido e identificado com cada produto final.

"Atividade: elaboração de ofertas de vendas. Direcionador: quantidade de ofertas."

Todas as tarefas relacionadas com essa atividade final vão ter como consequência a elaboração de uma oferta, que, nesse caso, tem como destinatário final o cliente.

Nessa empresa de nosso exemplo são confeccionadas ofertas diferentes para cada tipo de produto independentemente de que sejam para o mesmo cliente.

Logo, o *input* é identificável com cada produto identificado e numerado.

"Atividade: cobrar o comprador. Direcionador: quantidade de processos de cobrança."

Nesse caso, o "direcionador" equivale aos processos de cobrança recebidos dos clientes. Esses processos contêm fatura de venda, comprovantes de entregas e cópia de pedido de venda, que logo se identificam facilmente com os produtos, cabendo procedimentos para o seu controle.

5ª *Distribuição dos custos do centro por atividades*

Essa etapa consiste em apropriar os custos localizados entre as atividades de seus centros geradores. Existem custos diretamente imputáveis a cada atividade. Por exemplo, os custos de publicidade, que se encontram localizados no departamento comercial, serão diretamente localizados e identificados com a atividade de vendas, independentemente desse departamento executar outras atividades e ter outros custos comuns a várias delas. Neste caso, quando se tem que buscar um critério de divisão dos custos entre todas e com cada atividade que se desenvolve neste centro.

Essa apropriação de custos se realiza atribuindo-se às atividades os custos diretos respectivos das mesmas e onde se localizam os indiretos, por cada um de seus departamentos.

Na sequência vamos mostrar, no caso exemplificado, de venda de material cortado, os custos por atividades, além dos custos indiretos que serão objeto de rateio para os departamentos de compras, de armazém, de vendas e, por último, o de administração, como seguem:

Custeio Baseado em Atividades (*Activity Based Costing* – ABC)

CENTRO DE CUSTOS COMPRAS / ATIVIDADES	SALÁRIOS E ENCARGOS	ALUGUÉIS	MATERIAL DE CONSUMO	PUBLICIDADE	PRÊMIOS DE SEGUROS	DEPRECIAÇÃO	IMPOSTO DO IMÓVEL	TOTAL
Solicitar compra	28.216					13.599		41.815
Receber compra	75.004					36.150		111.154
Pagar compra	4.928					2.375		7.303
Cortar mercadoria								0
Controlar armazém	54.658					26.344		81.002
Elaborar ofertas de venda								0
Emitir fatura de venda								0
Cobrar o comprador								0
Custos indiretos					6.285			6.285
Total	162.806	0	0	0	6.285	78.468	0	247.559

CENTRO DE CUSTOS ARMAZÉM / ATIVIDADES	SALÁRIOS E ENCARGOS	ALUGUÉIS	MATERIAL DE CONSUMO	PUBLICIDADE	PRÊMIOS DE SEGUROS	DEPRECIAÇÃO	IMPOSTO DO IMÓVEL	TOTAL
Solicitar compra								
Receber compra	28.293	13.633				32.178	2.827	76.931
Pagar compra								0
Cortar mercadoria	99.282	47.839				112.913	9.921	269.955
Controlar armazém	135.605	65.341			20.000	154.222	13.551	388.719
Elaborar ofertas de venda								0
Emitir fatura de venda								0
Cobrar o comprador								0
Custos indiretos					5.028			5.028
Total	263.180	126.813	0	0	25.028	299.313	26.299	740.633

Capítulo 24

CENTRO DE CUSTOS	CONTAS							R$ 1,00
VENDAS / ATIVIDADES	SALÁRIOS E ENCARGOS	ALUGUÉIS	MATERIAL DE CONSUMO	PUBLICIDADE	PRÊMIOS DE SEGUROS	DEPRECIAÇÃO	IMPOSTO DO IMÓVEL	TOTAL
Solicitar compra								
Receber compra								
Pagar compra								
Cortar mercadoria								
Controlar armazém	2.783					584		3.367
Elaborar ofertas de venda	62.818			275.000		13.168		350.986
Emitir fatura de venda	42.983					9.016		51.999
Cobrar o comprador	26.172					5.490		31.662
Custos indiretos					8.468			8.468
Total	134.756	0	0	275.000	8.468	28.258	0	446.482

CENTRO DE CUSTOS	CONTAS							R$ 1,00
ADMINISTRAÇÃO / ATIVIDADES	SALÁRIOS E ENCARGOS	ALUGUÉIS	MATERIAL DE CONSUMO	PUBLICIDADE	PRÊMIOS DE SEGUROS	DEPRECIAÇÃO	IMPOSTO DO IMÓVEL	TOTAL
Solicitar compra								
Receber compra	2.973					659		3.632
Pagar compra	12.849					2.847		15.696
Cortar mercadoria								0
Controlar armazém	579					129		708
Elaborar ofertas de venda	1.283					284		1.567
Emitir fatura de venda	12.266					2.718		14.984
Cobrar o comprador	23.574					5.224		28.798
Custos indiretos			12.918		33.119			46.037
Total	53.524	0	12.918	0	33.119	11.861	0	111.422

Vamos verificar agora como os custos indiretos foram divididos por cada uma das atividades:

Salários e encargos sociais

Cada um dos funcionários de cada departamento aponta periodicamente as horas em que esteve trabalhando para cada atividade. Como se conhece o custo-hora com os respectivos encargos sociais de cada funcionário, assim podemos apropriar os custos de forma direta a cada atividade envolvida.

Prêmios de seguro

Esse custo de prêmio de seguro decorre do pagamento de apólice de responsabilidade civil dos funcionários e pelos materiais movimentados. Nesse caso, a parte correspondente aos funcionários é indireta e a relativa aos materiais do armazém é direta.

Depreciação

Nesse caso, os custos de depreciação são diretamente apropriados nas atividades, posto que a empresa conta com inventário permanente do imobilizado sabendo exatamente onde estão lotados os equipamentos e onde se executa a atividade para absorver o custo correspondente.

Aluguéis

Os aluguéis são apropriados diretamente no armazém, onde os funcionários realizam as suas atividades.

Imposto do Imóvel

Este imposto chamado Imposto sobre Propriedades Territoriais Urbanas (IPTU) é municipal e é cobrado sobre o imóvel alugado. Deve ser utilizado o mesmo critério na apropriação por atividade dos aluguéis.

Publicidade

Por sua natureza de custos, a publicidade pertence e é integralmente apropriada à atividade de elaboração de ofertas para a venda.

Fornecedores de Serviços

Nessa conta foram apropriados luz e material de expediente, tratados como custos indiretos.

6ª *Reclassificação das atividades*

Em uma das etapas anteriores identificamos as atividades por "centro de custos". Nessa etapa passaremos a agrupar aquelas atividades comuns a duas ou mais áreas de custos. Cabe esclarecer que estamos falando de oito atividades independentemente de que realizam em vários departamentos.

Capítulo 24

Em nosso exemplo agrupamos os custos de todas as atividades em uma única tabela, como segue:

CUSTOS DAS ATIVIDADES POR CENTRO DE CUSTOS (C.C.)					
ATIVIDADES	COMPRAS	ARMAZÉM	VENDAS	ADMINISTRAÇÃO	TOTAL
Solicitar compra	41.816	0	0	0	41.816
Receber compra	111.154	76.931	0	3.632	191.717
Pagar compra	7.303	0	0	15.696	22.999
Cortar mercadoria	0	269.955	0	0	269.955
Controlar armazém	81.001	388.719	3.366	708	473.794
Elaborar ofertas de venda	0	0	350.987	1.567	352.554
Emitir fatura de venda	0	0	51.999	14.984	66.983
Cobrar o comprador	0	0	31.662	28.798	60.460
Custos indiretos	6.285	5.028	8.468	46.037	65.818
Total	247.559	740.633	446.482	111.422	1.546.096

Nota: O "rateio" é feito com base no custo total das atividades, excetuando-se, logicamente, o valor dos "custos indiretos", que no caso é de $ 1.546.096 (–) $ 65.818 (=) 1.480.278

O passo seguinte consiste em dividir os custos indiretos entre o resto das atividades. Esse critério simples consiste em apropriá-los em função dos custos indiretos. Desse modo chegamos a obter os seguintes custos totais de atividades, conforme o quadro a seguir:

RESUMO DO CUSTO TOTAL POR ATIVIDADE				
DIRECIONADORES	FATOR DE RATEIO	CUSTOS INDIRETOS RATEADOS	TOTAL CUSTOS DAS ATIVIDADES C.C.	CUSTO TOTAL ATIVIDADE
Solicitar compra	0,02824875	1.859	41.816	43.675
Receber compra	0,12951419	8.524	191.717	200.241
Pagar compra	0,01553695	1.023	22.999	24.022
Cortar mercadoria	0,18236777	12.003	269.955	281.958
Controlar armazém	0,32007096	21.066	473.794	494.860
Elaborar ofertas de venda	0,23816743	15.676	352.554	368.230
Emitir fatura de venda	0,04525028	2.978	66.983	69.961
Cobrar o comprador	0,04084368	2.688	60.460	63.148
Total	1,00000000	65.818	1.480.278	1.546.096

Obs.: Há na somatória da última coluna diferença de 0,01 (um centavo), em razão de arredondamento.

7ª *Cálculo do custo unitário pelo "direcionador de custos"*

Essa etapa consiste em dividir o custo total de cada atividade pela quantidade de direcionadores de custos correspondentes.

O custo unitário do "direcionador de custos" representa o consumo de recursos necessários para concluir a sua missão, cuja fórmula é a seguinte:

$$Gi = \frac{Ai}{n}$$

Sendo:
Gi = Custo unitário do direcionador i
Ai = Total do custo da atividade i
n = Quantidade de direcionadores da atividade i

Tal e como se observa, a empresa terá que habilitar os mecanismos necessários para controlar a quantidade de "direcionadores" que são executados no período em que se está analisando, quais sejam:

RESUMO DA QUANTIDADE DE "DIRECIONADORES" DO PERÍODO		
ATIVIDADES	DIRECIONADORES	QUANTIDADE
Solicitar compra	Número de pedidos	150
Receber compra	Número de nota fiscal de compra	387
Pagar a compra	Número de processo de pagamento	225
Cortar mercadoria	Número de cortes	53
Controlar armazém	Quilogramas movimentados	884
Elaborar ofertas de venda	Número de ofertas	75
Emitir fatura de venda	Número de fatura de venda	248
Cobrar a venda	Número de processo de cobrança	98

Chegando a esse ponto temos o custo de cada atividade e o número de direcionadores que se tem executado em cada uma delas; logo, o custo unitário de cada direcionador de custos será calculado conforme a tabela a seguir dividindo-se o custo total de cada atividade pelo número de direcionadores para obter o custo unitário por direcionador, assim demonstrado:

Capítulo 24

RESUMO DO CUSTO DE CADA "ATIVIDADE"			
DIRECIONADORES	CUSTO TOTAL ATIVIDADE	QUANTIDADE DE DIRECIONADORES	CUSTO UNITÁRIO POR ATIVIDADE
Número de pedidos	43.675	150	291,17
Número de nota fiscal de compra	200.241	387	517,42
Número de processo de pagamento	24.022	225	106,76
Número de cortes	281.958	53	5.319,96
Quilogramas movimentados	494.860	884	599,80
Número de ofertas	368.230	75	4.909,73
Número de fatura de venda	69.961	248	282,10
Número de processo de cobrança	63.148	98	644,37
Total	1.546.096		

Obs.: Há no somatório da primeira coluna diferença de 0,02 (dois centavos), decorrente de arredondamentos.

8ª *Definir os "direcionadores" necessários para elaborar cada produto*

Para elaborar um produto é necessária a realização de atividades, e essas têm como consequência o "direcionador de custos". Já nos referimos que a administração da empresa precisa estabelecer os procedimentos necessários e dar a atenção necessária para que tais dados sejam obtidos e de forma confiável. Assim, podemos construir um quadro de dupla entrada com "direcionadores-produtos" do seguinte modo:

QUADRO DE "DIRECIONADORES" POR PRODUTO				
DIRECIONADORES	PRODUTO 1	PRODUTO 2	PRODUTO 3	TOTAL
Pedidos	30	98	22	150
Compras	53	180	154	387
Processo de pagamento	75	113	37	225
Cortes	15	23	15	53
Quilogramas	231	345	308	884
Ofertas	15	18	42	75
Faturas	69	147	32	248
Cobrar o comprador	18	60	20	98

9ª *Apropriação dos custos aos produtos*

O resultado dos "custos unitários" dos direcionadores da matriz anterior vai resultar em consequência a apropriação dos custos aos produtos finais, como segue:

ATRIBUIÇÃO DOS CUSTOS POR ATIVIDADE AOS PRODUTOS				
DIRECIONADORES	PRODUTO 1	PRODUTO 2	PRODUTO 3	TOTAL
Pedidos(*)	8.736	28.535	6.406	43.677
Compras	27.423	93.135	79.682	200.240
Processo de pagamento	8.007	12.064	3.950	24.021
Cortes	79.799	122.359	79.799	281.957
Quilogramas(*)	129.314	193.130	172.417	494.861
Ofertas	73.646	88.375	206.209	368.230
Faturas(*)	19.466	41.469	9.027	69.962
Cobrar o comprador	11.599	38.662	12.887	63.148
Total	357.990	617.729	570.377	1.546.096

Nota: (*) Considerar arredondamento de centavos, na coluna do Produto 1.

Por outro lado, atribuímos de forma direta os custos diretos aos produtos, com os quais obteremos os "custos totais" de produção.

24.5 ABC e a contabilidade de custos tradicional

O sistema de contabilidade de custos baseado em atividades surgiu diante do crescimento exorbitante da massa de custos indiretos em relação ao custo total do produto. O progressivo avanço tecnológico das empresas fez com que fossem utilizados cada vez mais recursos comuns do processo para um melhor aproveitamento dos recursos, fazendo com que ficasse cada vez mais difícil às empresas identificarem diretamente os custos com os produtos específicos. Por outro lado, com exceção dos custos de compras, o restante dos custos de uma empresa tende a ser indireto com relação aos produtos.

A contabilidade de custos tradicional tende a determinar uma base de "rateio" uniforme para apropriar os custos indiretos aos produtos finais, podendo distorcer ainda mais os resultados finais.

Tal como se observa, o ABC utiliza igualmente uma unidade de rateio diferenciado através dos "direcionadores de custos" para apropriar os chamados custos indiretos aos produtos. A diferença é a origem dessa unidade de rateio e análise na mesma medida em que está diretamente relacionada com o produto. Para isso nos ajudou na classificação anterior por atividade.

Capítulo 24

Se compararmos quaisquer métodos tradicionais com o ABC, basicamente se agregou uma fase a mais. Basta localizar o custo dos departamentos e ver que ambos coincidem, a partir daí os métodos tradicionais apropriam os custos aos produtos através de unidades de medidas, que também se realizam através do ABC, todavia com a identificação dos custos das respectivas atividades envolvidas. Logo, ao introduzir uma outra etapa, o princípio dificulta o processo e o torna lento; que vantagens, portanto, propicia o ABC? (ver figuras a seguir).

Apropriação dos custos aos produtos segundo o ABC

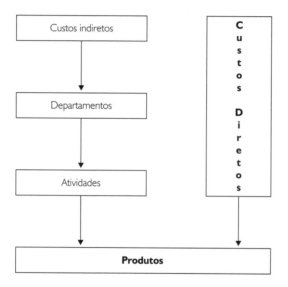

Apropriação dos custos aos produtos segundo os sistemas de custos tradicionais

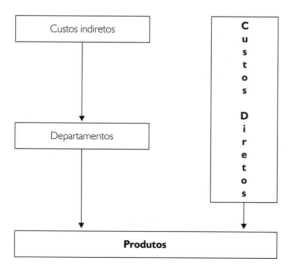

Do ponto de vista da contabilidade de custos

A seleção da unidade de "rateio" está fundamentada em um critério definido, praticamente, por cada profissional de empresa diferente. As bases de rateio, até então, eram as tradicionais homem-hora e hora-máquina. Era escolhida uma unidade facilmente entendida para servir de base de rateio dos custos aos produtos, mas não guardava relação alguma com os departamentos e os produtos finais.

Com o ABC a seleção da unidade de medida (direcionador de custos) se baseia na utilização dos custos. Ou seja, essa unidade de medida aparece precisamente porque existem esses custos.

Em consequência disso, a apropriação dos custos aos produtos aparenta ser mais realista.

Do ponto de vista da contabilidade de gestão

Com o uso do sistema de custeio por ABC, as empresas vão contar com um ferramental básico, ou seja, ratear os custos pelas atividades que estão envolvidas no processo. Como consequência, vai ajudar na tomada de decisão em relação à atividade sem valor agregado, melhorar a execução das atividades e, portanto, diminuir os custos, eliminar atividades em certos departamentos e incluir novas atividades que agregam valor etc.

Até o momento a empresa sabia o que fazer, mas não quanto lhe custava fazer as atividades.

Resumo Geral

Partindo da evolução constante da contabilidade de custos para satisfazer as necessidades da empresa, se estuda o modelo de custos baseados em atividades (ABC), que pretende apropriar os custos aos produtos através das atividades necessárias para a produção dos mesmos. Através da definição do "mapa de atividades" se pretende eliminar os desperdícios e aquelas atividades que não geram valor. A sua aplicação permite a tomada de decisões estratégicas com maior eficiência da produção e melhoria da qualidade dos produtos.

Quando se realizam estudos das atividades de uma empresa e dos diferentes conceitos que se relacionam entre si, considerando o segredo para entender o modelo: funções, operações, tarefas etc. se diferenciam as atividades principais e secundárias. Posteriormente, se analisa o campo onde se desenvolve o ABC, estabelecendo, de forma detalhada, as fases de sua construção.

Finalmente, o tema exposto mostra as vantagens e inconvenientes do modelo ABC tanto do ponto de vista da contabilidade de custos como da contabilidade de gestão.

Relatório de Análise do Desempenho de um Negócio

25.1 Objetivo do relatório de desempenho

É um formulário que relata o desempenho de um negócio de uma atividade qualquer. O relatório que mede o desempenho da atividade é traduzido em períodos, tais como: minuto, hora, dia, mês, trimestre, ano etc. O objetivo principal do relatório é o de subsidiar o processo de tomada de decisão por parte da gerência.

25.2 Fluxo da decisão

Normalmente, o processo de tomada de decisão baseia-se no conceito da PERA, assim desdobrado:

P = PLANEJAMENTO
E = EXECUÇÃO
R = RELATÓRIO
A = AVALIAÇÃO

O planejamento deve retratar o que deveria acontecer, como, por exemplo, o faturamento orçado em R$ 1.000,00 (10 unidades a R$ 100,00 cada uma).

A execução deve relatar o fato ocorrido. Por exemplo, o Faturamento Real foi de R$ 900,00 (10 unidades a R$ 90,00 cada uma).

O relatório deve relatar a diferença entre o faturamento orçado e o efetivamente realizado, que no caso foi negativo em R$ 100,00.

A avaliação deve questionar o porquê, isto é, indicar as causas prováveis da variação negativa de R$ 100,00 (ou 10%) no faturamento. A busca da causa provável servirá de *feedback* para um novo planejamento.

O relatório pode ser assim demonstrado:

RELATÓRIO DE DESEMPENHO DE VENDAS
MÊS JAN./XX

u = unidades

CONTAS	VOLUME (UN.)	UNITÁRIO	TOTAL
Faturamento real	100	9,00	900,00
Faturamento orçado	100	10,00	1.000,00
Variação desfavorável de preço	0	1,00	(100,00)

25.3 Ciclo da decisão

A tomada de decisão bem sustentada deve ser feita com base no seguinte fluxo:

Dados → Informação → Conhecimento → Tomada de decisão

Os dados devem ser convertidos em informação a fim de facilitar a compreensão e o entendimento. Com base no conhecimento científico, a informação será digerida e transformada no combustível necessário para a decisão gerencial.

25.4 Abrangência do relatório

O relatório de desempenho pode ser elaborado para se aquilatar o desempenho de atividades, por:

Funcionário;
Produto (volume, custo, produtividade e ganho);
Prazo de atendimento de pedidos de vendas;
Remuneração de capital investido;
Indicadores econômico-financeiros;
Estoques etc.

25.5 Relatório de desempenho mensal

Vamos admitir, a título de exemplo ilustrativo que a Empresa "ABCD" comercialize os seguintes produtos tributados pelo ICMS, cujas premissas são:

Capítulo 25

VOLUME (EM UNIDADE)	100		150		200		300	
TIPOS DE PRODUTOS	a		b		c		d	
Preço de venda (R$)	10,00	A.V.	9,00	A.V.	7,00	A.V.	4,00	A.V.
Faturamento total	1.000,00	100%	1.350,00	100%	1.400,00	100%	1.200,00	100%
Custo marginal (R$)	(500,00)	(50%)	(810,00)	(60%)	(980,00)	(70%)	(960,00)	(80%)

O custo estrutural fixo corresponde a R$ 1.948,00.

O custo marginal, como foi visto, representa os valores desembolsados por conta do cliente, entre eles: materiais vendidos, ou mercadoria (quando se tratar de comércio), comissão variável de venda, ICMS, PIS, Cofins, IPI e outros que variam com a venda de produtos.

O custo estrutural fixo é aquele gasto necessário para a empresa ser mantida em operação. Normalmente está relacionado à capacidade instalada, como: salários, encargos sociais, benefícios dos trabalhadores, aluguel, comunicação, manutenção de equipamentos e instalações, depreciação de bens e utensílios, *leasing* de equipamentos etc.

O relatório completo de desempenho da "Empresa ABCD" pode ser assim demonstrado:

TIPOS DE PRODUTOS	a		b		c		d		TOTAL	
VOLUME (EM UNIDADES)	100		150		200		300		750	
Preço de venda ($)	10,00	A.V.	9,00	A.V.	7,00	A.V.	4,00	A.V.	6,60	A.V.
Faturamento (em $)	1.000,00	100%	1.350,00	100%	1.400,00	100%	1.200,00	100%	4.950,00	100%
Custo marginal total	(500,00)	(50%)	(810,00)	(60%)	(980,00)	(70%)	(960,00)	(80%)	(3.250,00)	(66%)
Lucro marginal	500,00	50%	540,00	40%	420,00	30%	240,00	20%	1.700,00	34%
Custo estrutural fixo									(1.948,00)	(39%)
Lucro operacional									(248,00)	(5%)

25.6 Análise do resultado

O relatório de desempenho da "Empresa ABCD", no fundo, está mostrando o resultado negativo, mas a causa do prejuízo ainda não é possível identificar.

Em primeiro lugar precisamos saber qual foi o valor orçado para cada item.

Em segundo lugar temos a necessidade de verificar, por exemplo, se não ocorreu volume maior de venda de produtos com "lucro marginal" menor. Também precisa ser averiguado se não houve vendas maiores em Estados da Federação em que o ICMS é maior e assim por diante. Não podemos desprezar também a hipótese da empresa ter incorrido em custos maiores do que o orçado.

25.7 Análise do *mix* de venda

O *mix* realizado de venda do produto abaixo não foi lucrativa.

VOLUME (EM UNID.)	100	150	200	300	750
TIPOS DE PRODUTOS	a	b	c	d	TOTAL
Preço de venda (em R$)	10,00	9,00	7,00	4,00	6,60
Faturamento (em R$)	1.000,00	1.350,00	1.400,00	1.200,00	4.950,00

De outro lado, se o Contador de Custos planejar novo *mix* de venda, para que sejam incentivados os produtos com maior lucro marginal, o resultado pode ser favorável, como indicado a seguir:

UNIDADES	300		270		180		750	
TIPO DE PRODUTOS	a		b		c		TOTAL	
Preço de venda	9,00	A.V.	8,55	A.V.	9,10		8,86	A.V.
Faturamento	2.700,00	100%	2.308,50	100%	1.638,00		6.646,50	100%
– Custo marginal	(1.350,00)	(50%)	(1.385,10)	(60%)	(1.146,60)		(3.881,70)	(58%)
Lucro marginal	1.350,00	50%	923,40	40%	491,40		2.764,80	42%
Custo estrutural fixo							(1.753,20)	(26%)
Lucro operacional							1.011,60	15%

Em função do tamanho e características do mercado, o Contador de Custos recomendou à direção da empresa um novo *mix*, preservando o fator limitativo de capacidade a fim de garantir a lucratividade e continuidade da empresa:

Capítulo 25

A partir do produto "a", foi planejada a venda de mais 200 unidades com a redução de 10% no preço.

O produto "b" também teve seu preço reduzido em 5% esperando venda adicional de 120 unidades.

O produto "c" teve seu preço elevado em 30% esperando redução da demanda em 20 unidades.

O produto "d" foi retirado de linha, em função do baixo lucro marginal e os recursos disponíveis de estrutura foram canalizados para a utilização em outros produtos.

O custo estrutural fixo foi planejado com a redução de 10%.

	NOVA COMPOSIÇÃO DO *MIX* DE PRODUTOS			
PRODUTOS	VOLUME ANTERIOR	*MIX* ANTERIOR	VOLUME ATUAL	*MIX* ATUAL
"a"	100	13%	300	40%
"b"	150	20%	270	36%
"c"	200	27%	180	24%
"d"	300	40%	0	0%
Total	750	100%	750	100%

Com relação a unidades físicas vendidas, o *mix* sofreu as seguintes variações:

O produto "a", que participava do total de vendas com 13%, passou a ter 40,00%.

O produto "b", que figurava com a participação nas vendas com 20%, passou a 36%.

O produto "c", que detinha a participação de 27%, passou a ter 24%.

O produto "d", que participava com 40% e passou a ter zero.

	NOVA COMPOSIÇÃO DO *MIX* DE LUCRO MARGINAL (CONTRIBUIÇÃO)			
PRODUTOS	LUCRO MARGINAL ANTERIOR	*MIX* ANTERIOR	LUCRO MARGINAL ATUAL	*MIX* ATUAL
"a"	500,00	29%	1.350,00	49%
"b"	540,00	32%	923,40	33%
"c"	420,00	25%	491,40	18%
"d"	240,00	14%	0,00	0%
Total	1.700,00	100%	2.764,80	100%

Com relação ao lucro marginal de cada produto, o novo "mix" passou a ser o seguinte:

O produto "a", que participava do total da margem com 29%, passou a ter 49%.

O produto "b", que figurava a participação na margem de 32%, passou a 33%.

O produto "c", que detinha a participação de 25%, passou a ter 18%.

O produto "d", que participava com 14%, passou a ter zero.

25.8 Detalhes do custo marginal por produto

O custo marginal é composto pelas contas que variam, de certa forma, na mesma **proporção do valor faturado** das vendas, cujos detalhes podem ser assim descritos:

Tributos sobre vendas 20,65%
Comissão de vendas de 3%
CMV (Custo mercadoria vendida) de 33,75% para os produtos a, b e c, variável por produto respectivamente, 25,35%, 35,35% e 45,35%.

DEMONSTRAÇÃO DO LUCRO PROJETADO									
UNIDADES	300		270		180		0		750
Tipo de produtos	a		b		c		d		Total
Preço de venda	9,00	A.V.	8,55	A.V.	9,10	A.V.	0,00	A.V.	8,86	A.V.
Faturamento	2.700,00	100%	2.308,50	100%	1.638,00	100%	0,00	0%	6.646,50	100%
– Custo marginal	(1.350,00)	(50%)	(1.385,10)	(60%)	(1.146,60)	(70%)	0,00	0%	(3.881,70)	(58%)
Lucro marginal	1.350,00	50%	923,40	40%	491,40	30%	0,00	0%	2.764,80	42%
Custo estrutural fixo									(1.753,20)	(26%)
Lucro operacional									1.011,60	15%

R$	DETALHES DAS CONTAS DO CUSTO MARGINAL								
PRODUTOS	a		b		c		TOTAL	
Contas	Valor	% s/ fat.	Valor	% s/ fat.	Valor	% s/ fat.	Valor	% s/ fat.
CMV	684,45	25,35	816,05	35,35	742,83	45,35	2.243,34	33,75
Tributos sobre vendas	557,55	20,65	476,71	20,65	338,25	20,65	1.372,50	20,65
Comissão	81,00	3,00	69,26	3,00	49,14	3,00	199,40	3,00
Fretes	27,00	1,00	23,09	1,00	6,39	1,00	66,47	1,00
Total	1.350,00	50,00	1.385,10	60,00	1.146,60	70,00	3.881,70	58,40

25.9 Detalhes do custo estrutural fixo

O total do custo estrutural fixo do caso ilustrado exemplificado é de R$ 1.753,20 e pode ser assim detalhado:

CONTAS	VALOR	%
Salários e encargos sociais	900,61	13,55%
Pró-labore	383,60	5,77%
Manutenção geral	109,60	1,65%
Depreciação geral	112,34	1,69%
Leasing de máquinas	27,40	0,41%
Seguros gerais	16,44	0,25%
Gastos com comunicação	191,80	2,89%
Outros de pequeno valor	11,41	0,17%
Total (CEF)	1.753,20	26,38%

Considerações finais

No momento atual, fala-se muito da logística. *Custo da logística* (nosso termo talvez fosse o termo mais apropriado!)

Na nossa missão como consultor, encontramos empresas com bons produtos, todavia o sistema produtivo era desprovido de qualquer sentido lógico.

Tivemos um caso de uma indústria na região do ABC, na Grande São Paulo, que seguia os preços estabelecidos por outros concorrentes do mercado, os seus custos superavam as receitas de vendas, e, portanto, a empresa operava com prejuízo.

Analisamos o processo produtivo e constatamos que os prazos médios de pagamento das matérias-primas (representavam 50% do preço) eram pagos ao fornecedor depois de 28 dias, dd (da data), e o recebimento dos clientes também seguia o padrão dos 28 dias. Todavia, o processo para iniciar e concluir o produto durava 30 dias. Somando tempo do processo mais o prazo de financiamento ao cliente, chegamos a 58 dias (28 + 30 dias)! Não há necessidade de comentários adicionais, pois o desequilíbrio do fluxo de caixa era de 30 dias e a desorganização interna da empresa era grande.

Havia, também nessa empresa, excessiva burocracia, tudo era aprovado pelos supervisores e gerentes. Dos 30 dias do processo, dez dias representavam o tempo de passagem das matérias-primas pelas várias máquinas e dois terços do restante do tempo ficavam por conta da burocracia interna! (Solução: terceirização de parte do processo, busca de novas tecnologias, contratação de novos profissionais e eliminação de atividades internas que não agregavam valor, além de treinamento).

Relatório de Análise do Desempenho de um Negócio

Visitamos também uma companhia que produzia automóveis. Seu processo era quase todo horizontalizado. A maioria das partes e peças eram produzidas dentro da fábrica, desde serviços de enrolamento de motores, serviços de estofamento etc. O seu tempo para a montagem de um veículo era 200% maior do que conseguiam os empresários japoneses e americanos do ramo automobilístico na época. Infelizmente o processo, que acreditamos por falta de competitividade, não foi adiante...

Prestamos trabalho em empresa que possuía produto de qualidade, todavia o seu preço de venda não era competitivo, pois os custos repassados eram elevados.

Analisamos o leiaute e fluxo do processo industrial e constatamos que o tempo de fabricação era demasiadamente alto. O produto percorria pela fundição e montagem de componentes algo em torno de 300 metros para ser concluído. A solução apresentada foi a implantação de "Célula de Montagem" no formato de U, que reduziu o tempo para 50 metros. A economia propiciada foi de 250%!

Esses casos foram citados para reflexão e ação, pois as empresas, para terem sucesso, além de ter produto de **qualidade** (na ótica do cliente), precisam ser **rápidas** e **enxutas** em termos de custos.

Gerenciamento de Custos de Projetos

26.1 Conceito

O gerenciamento de custos de projetos inclui as etapas necessárias para assegurar que o projeto seja concluído dentro do orçamento aprovado, cujos detalhes são os seguintes:

a. estimar os custos necessários para a conclusão das atividades do projeto;
b. projetar o orçamento detalhando cada atividade individual;
c. monitorar e controlar os custos de cada etapa.

26.2 Aspectos gerais do gerenciamento do custo

Dentro do ciclo de vida de um projeto qualquer, todas as atividades afetam os custos do projeto. Dessa forma, o planejamento e o controle gerencial dos custos são fundamentais.

O desempenho dos custos de um projeto requer monitoramento e medição regular a fim de identificar possíveis variações do projeto inicial.

Isso nos faz lembrar do princípio da P.E.R.A., cujo P representa o planejamento, o E a execução, o R o relatório (variação entre o previsto e o executado) e o A a avaliação, que no fundo requer um novo planejamento.

Os desvios do padrão devem ser analisados, dentro dos processos de controle gerencial, nas diversas etapas e áreas de conhecimento.

À medida que são identificados desvios significativos, aqueles que colocam em risco os objetivos do projeto, realizam-se ajustes do plano original (o que é chamado nos orçamentos públicos de aditamentos), a fim de não prejudicar a conclusão do projeto.

Por exemplo, ultrapassar a previsão de custo em determinada atividade pode requerer ajustes de recursos humanos, necessidade de material ou ainda coletividade na variação do dólar, não prevista originalmente no projeto.

Tudo precisa ser feito de forma balanceada a fim de não comprometer o orçamento e os objetivos do prazo do projeto.

É muito importante, por ocasião do encerramento do projeto, reunir informações, bem como a equipe de trabalho e analisar os custos previstos e realizados, com a devida análise das variações, como lições aprendidas para elaboração de projetos mais precisos em futuros projetos ou fases.

Recordo-me da construção de usina hidrelétrica, no Rio Teles Pires, de empresa, segundo informações da vizinhança ribeirinha que não possuía nenhuma experiência com esse tipo de projeto...

A análise do desempenho financeiro de projeto (de produto, de reforma, de construção, de negócios financeiros etc.) deve ser realizada fora do ambiente do projeto.

O gerenciamento do custo de projetos incorpora várias técnicas de "administração geral", entre elas: taxa de retorno de investimento, *payback* (prazo de retorno), fluxo de caixa, análise de balanço etc.

26.3 Métodos de seleção de projetos

Ao fazer uma análise de custo × benefício é necessário verificar a viabilidade técnica e financeira do projeto em análise, com a finalidade de garantir que os projetos atendam às condições previstas, nos aspectos mercadológicos, tecnológicos, de qualidade e de segurança.

Estimar custos e benefícios durante todo o tempo é tarefa difícil.

Os objetivos podem ser tangíveis, com receitas e resultados bem quantificáveis, ou intangíveis, que podem ser medidos em unidades não monetárias e de forma subjetiva.

Os custos dos projetos devem ser estimados e comparados aos benefícios esperados ao longo de sua execução, como o acompanhamento fisicamente, financeiramente e agregado ao fator qualidade.

Dentre os métodos não numéricos, há necessidade imperiosa de realizar este ou aquele projeto, como, por exemplo, reduzir o consumo de eletricidade em 20% para evitar um "apagão", necessidade competitiva de aprovar um projeto para enfrentar um competidor, extensão de uma linha de produção que está indo muito bem etc.

26.4 Análises econômico-financeiras de projetos

A análise econômico-financeira de um projeto requer que seja feita análise por métodos numéricos que consistem em comparar indicadores do projeto em si.

A necessidade de decidir por um projeto ou alternativa decorre do fato de lidarmos com recursos limitados e pressões para fazer sempre melhor, mais rápido e mais barato (*better, faster and cheaper*).

Para que esses objetivos sejam atingidos, tomando por base os resultados previstos, torna-se necessário desenvolver o conceito de Fluxo de Caixa Descontado (*Discounted Cash Flow*), considerando a taxa de juros do mercado financeiro.

Capítulo 26

Esse conceito de "fluxo de caixa descontado" é muito importante, porque os valores dos investimentos iniciais, os custos, as receitas e os resultados previstos são traduzidos operacionalmente a uma mesma data, pois os eventos ocorrem em datas diferentes em todas as etapas do projeto.

A partir do fluxo de caixa descontado, é possível avaliar a rentabilidade do projeto para definir se o projeto é viável ou não, do ponto de vista econômico e financeiro.

Detalhamos a seguir algumas técnicas utilizadas nesse tipo de análise de viabilidade econômica de projeto.

1. Custos Fixos – como foi visto no Capítulo 5, trata-se de custos que não variam. Citamos como exemplos os salários contratados de trabalhadores regidos pelos Sindicatos da Categoria e o aluguel do prédio da fábrica.
2. Custos Variáveis – como foi visto no Capítulo 5, são os gastos que não existem quando a fábrica não realiza nenhuma venda. De outro lado, à medida que as vendas são realizadas, os custos variam na proporção das unidades vendidas, como, por exemplo: matérias-primas aplicadas nos produtos vendidos, comissão sobre vendas, tributos sobre vendas etc.
3. Custos Diretos-Indiretos (Capítulo 5) – Em outra visão, os custos diretos são os gastos relacionados com o produto que está sendo construído, fabricado ou manufaturado, ou com o serviço que está sendo executado. Eles estão diretamente ligados aos produtos e, na maioria dos casos, são proporcionais à quantidade produzida. E, acrescentamos vendidas, pois qualquer insumo, no seu conceito amplo, que estiver aplicado em produto em elaboração ou acabado em estoque, segundo a Ciência Contábil, nada mais é do que um Ativo, que se transformará verdadeiramente em custos apenas no momento da venda, variando, dessa forma, na proporção das unidades produzidas e vendidas.
    a. Dessa forma, a produção desses produtos ou serviços pode ser cobrada periodicamente mediante uma apropriação de custos, com medição de quantidades produzidas, multiplicadas pelas taxas unitárias dos serviços diretamente ligados ao produto ou serviço principal.
    b. No linguajar de projetos da construção civil, os custos diretos são aqueles provenientes da soma de todos os valores advindos do levantamento de áreas, volumes, quantidades de componentes de obra em geral, diretamente relacionados com especificações de acabamento ou de metodologia e tecnologias utilizadas, apresentados em composições de custos distintos para cada etapa componente da obra e facilmente identificados com os serviços que compuseram o orçamento.
4. Consistem nos custos dos serviços diretamente relacionados ao produto final da obra os custos obtidos pela soma dos custos de insumos básicos que ficam diretamente agregados ao produto final, por exemplo: escavações, fundações,

concretagem, armação, elevadores, quadros elétricos, hidráulicos etc., cujos insumos consumidos são facilmente mensuráveis nas unidades de medições e de pagamento dos serviços, na maioria das vezes por custos unitários.

5. Como exemplos de custos diretos temos a mão de obra de analistas e programadores diretamente envolvidos num projeto de elaboração de um programa de TI, acessado por uma página da Internet e associado a um banco de dados. É sempre importante lembrar que quando se tratar de contratos de serviços terceirizados, esse conceito é válido, mas, se se tratar de funcionários registrados regidos pela CLT, de uma instituição financeira, esses gastos devem ser tratados como "custos fixos", pois tais funcionários serão remunerados independentemente da produção, e sim pelo aspecto temporal da passagem do tempo, por exemplo, de um mês.

6. Já os custos indiretos são gastos necessários à produção, mas não diretamente proporcionais às quantidades produzidas, no entanto, acabam beneficiando o todo, por exemplo: serviços auxiliares de segurança patrimonial, de manutenção geral, serviços de jardinagem, de planejamento e controle de produtos etc.

7. Podemos ainda mostrar que, no caso da construção civil, os custos indiretos são aqueles decorrentes de insumos e atividades de serviços que não estão diretamente relacionados com o produto final (obra), que economicamente não compensariam ser mensurados, mas que contribuem indiretamente para a execução dos serviços na obtenção da obra final. Ainda dentro dessa linha exemplificada, citamos o caso dos gastos com o engenheiro residente, o gerador de energia, os custos com refeitório e o alojamento dos trabalhadores que estão indiretamente relacionados com todos os serviços para a obtenção do produto final, no caso a obra.

8. Além desses gastos, o componente total do preço da obra precisou incluir o lucro da construtora e os tributos incidentes.

9. O preço da obra (PO), portanto, será composto de:
    a. Custos diretos (CD)
    b. Custos indiretos (taxa × volume) – (CI)
    c. Tributos sobre vendas (TV)
    d. Lucro esperado (LE)

10. Equação do Preço da Obra: CD + CI + TV + LE

11. Ao custo direto algumas vezes pode ser adicionado o custo indiretamente incorrido, por meio de um percentual do "Benefício e Despesas Indiretas", conhecido como BDI, que representa em inglês "*Budget Difference Income*".

12. Na verdade, o BDI citado é constituído de lucro, tributos e custos indiretos. O BDI é uma porcentagem desses custos em relação ao custo direto.

13. O BDI surgiu pela necessidade de incorporar aos custos diretos um percentual que represente todos os demais custos indiretos, tributos e lucro do construtor.

14. Os custos diretos unitários são utilizados para expressar mensalmente a apropriação de custos incorridos na obra e a eles devem ser agregados os demais custos referidos para que se tenha um completo ressarcimento para remuneração dos chamados *stakeholders*, compostos de fornecedores, trabalhadores, Governo e acionistas.
15. Sendo assim, uma empresa que está construindo uma rede de distribuição de energia para determinado município poderá adicionar ao custo direto de cada quilômetro o custo indireto incorrido, através de uma taxa de BDI.

26.5 Custo de oportunidade

É o custo potencial relacionado com a alternativa de investimento de aplicação do dinheiro destinado ao projeto no tempo.

Uma alternativa, por exemplo, é aplicar o dinheiro em fundo de investimento no mercado financeiro e não realizar o projeto.

O custo de oportunidade, nesse caso, seria a taxa atrativa de juros oferecida pelo mercado.

Para a alternativa de investir no projeto, este deverá oferecer uma taxa de rentabilidade superior à taxa ofertada pelo mercado financeiro.

O custo de oportunidade não representa saída efetiva de caixa, mas sim uma saída, que poderíamos chamar de potencial.

A empresa pode possuir um ativo que pode ser vendido, alugado ou utilizado por algum outro setor da empresa, ou mesmo fora dela.

Logicamente, dentro do conceito de custo de oportunidade, se esse ativo citado for utilizado por um novo projeto, as receitas que ele poderia gerar em outros projetos e em alternativas de uso serão perdidas.

Imaginem uma receita obtida com o aluguel de um galpão industrial, onde a empresa recebe anualmente o montante de R$ 100.000,00 (cem mil reais), resolve rescindir o contrato para que o depósito seja utilizado pela própria empresa para armazenar estoque de matérias-primas e produtos acabados, todavia somente consegue remunerá-lo, pelo mesmo período, em R$ 90.000,00 (noventa mil reais). Nesse caso estaria abrindo mão de uma receita de R$ 10.000,00 para obter um ganho de R$ 90.000,00 (noventa mil reais), sem considerar eventuais despesas de troca de opção.

26.6 Custos afundados (*sunk cost*)

Trata-se de custos já incorridos no passado e que não são afetados pela decisão de aceitar ou rejeitar determinado projeto ou alternativa. Nesse caso, podem ser excluídos das análises comparativas, o que não significa que esses custos não tenham produzido resultados no passado, apenas não são relevantes nas análises comparativas de projetos e/ou alternativas e/ou prioridades em curso no momento.

A título de exemplo de um custo afundado/incorrido (*sunk cost*), pode-se citar uma pesquisa de mercado ou uma análise de viabilidade.

A contratação de uma pesquisa de mercado no início do projeto, por exemplo, ou de um estudo de viabilidade, que teve por finalidade levantar dados importantes de mercado e de custos de componentes, para tomada de decisão inicial, é um custo incorrido que já deixou resultados e apoiou decisões tomadas no passado, passando a ser um custo já incorrido no projeto.

26.7 Depreciação (linear e acelerada)

Tratamos de forma ampla os métodos de depreciação no Capítulo 13, mas neste tópico específico de custo de projeto vamos nos restringir apenas aos métodos de depreciação linear e acelerada.

A depreciação é um custo derivado do desgaste de um bem pelo uso ou envelhecimento pela passagem do tempo. Esse gasto precisa ser computado no orçamento de um projeto, além de representar um gasto a ser deduzido como custo operacional da receita obtida com o projeto para a devida tributação do imposto sobre a renda.

A depreciação, por sua vez, precisa ser controlada e pode ser considerada linear (*straight line*), que consiste em aplicar uma taxa linear durante um período de tempo ou estimar o tempo de vida útil de um bem novo, por exemplo, e estimar o valor residual no final de sua vida útil e dividir pelos meses de uso, ainda assim terá um valor uniforme a ser apropriado linearmente.

A depreciação acelerada não é calculada como a linear. Em vez disso, a lei permite a apropriação de valores de depreciação maiores. Por exemplo: se o equipamento trabalha oito horas por dia, tem uma taxa acelerada; se o mesmo equipamento trabalha 16 horas, o seu desgaste é maior e, portanto, a sua taxa de depreciação acerada pode dobrar e assim sucessivamente, dentro do campo da lógica, pois a sua vida útil será menor.

26.8 Custos do ciclo de vida dos projetos

O gerenciamento do custo do projeto consiste, na verdade, em todos os custos dos recursos alocados no projeto para a implementação da atividade e obtenção do produto final.

Os custos do projeto, quando são minimizados, podem reduzir gastos, limitando o número de revisão sem logicamente sacrificar a qualidade do projeto como um todo.

Essa visão mais ampla de gerenciamento de custo do projeto pode ser denominada "custo do ciclo de vida" (*lifecycle costing*). As técnicas de custo de ciclo de vida e engenharia de valor são utilizadas para reduzir custo e prazo, melhorando a qualidade e o

Capítulo 26

desempenho e otimizando a tomada de decisão, especialmente quando o fator principal em pauta for a redução de prazo do projeto.

Os custos de ciclo de vida de projetos incluem uma visão ampla do produto em todo o seu ciclo de vida, como custo de P&D (Pesquisa e Desenvolvimento), produção, operação, manutenção, suporte etc.

Custos de pesquisas e desenvolvimento são gastos de estudos de viabilidade, análises de custos e benefícios, desenvolvimento de modelos de fabricação e montagem e documentação inerente.

Custos de produção são os gastos de fabricação, montagem, testes de modelos de produção, protótipos, desenvolvimento de equipamentos auxiliares, equipamentos de testes e medições, provisionamento de inspeção de reposição, desenvolvimento de informações, de documentação técnica e de treinamento.

Custos de operação e manutenção são custos com salários de pessoal, equipamentos e insumos de operação, componentes e peças de reposição, testes e apoio à manutenção, logística de transportes e manuseio, além de modificações e manutenção de documentação.

26.9 Estimativas de custos

Qualquer projeto ou ideia mensurável monetariamente necessita de estimativas de custos, que fazem parte do planejamento; o que deveria acontecer.

Em empresas que trabalham com projetos personalizados, sendo do ramo, por exemplo, de móveis por encomenda, torna-se obrigatório manter "bancos de dados" atualizados de experiências já vivenciados tanto no aspecto monetário quanto no físico. Indústrias da construção civil, oleodutos, máquinas pesadas, estaleiros navais etc.

Essa estimativa de custos envolve desenvolver pesquisas de preços a fim de minimizar os custos de recursos necessários para complementar qualquer projeto. Nem sempre os projetos com custos mais baixos são os que preservam a melhor qualidade. Costumamos dizer que o preço equivale à qualidade...

Os custos estimados devem conter todos os recursos que serão contabilizados no projeto, tanto para os recursos humanos necessários quanto para materiais e insumos de toda espécie, além de contingenciamento para inflação e/ou volatilidade de moedas estrangeiras e reservas para casos imprevistos.

Todo projeto "bem administrado" precisa possuir relatórios de orçamento econômico-financeiro e fluxo de caixa detalhado atualizado sistematicamente com comparação entre o que foi estimado (previsto), o realizado e as variações, que servirão de "norte" para os gestores tomarem decisões em função desses desvios.

As estimativas detalhadas poderão ser obtidas, como instrumento de aferição (como, por exemplo, unidades de medida – kg, tonelada, m^3, m^2, km, homens-hora, homens-dia etc.), com os seus respectivos custos estimados e reais, a fim de facilitar a vida do gestor do projeto no campo do "controle gerencial".

Incluir e identificar alternativas de custos na fase do projeto podem resultar em economia de custos, especialmente na fase de *design*, em que também deve ser considerado o custo de trabalhos adicionais para ser contrabalanceado pela economia esperada.

Em algumas áreas de aplicação, existem orientações de quando tais refinamentos devem ser feitos e qual é o grau de precisão esperado.

É recomendável seguir progressão de cinco tipos de estimativas para as construções durante o projeto: ordem de grandeza (*ordes of magnitude*), conceitual (esquemática), preliminar (anteprojeto), projeto básico e projeto executivo (definitivo).

O memorial descritivo é indispensável, além de seus custos estimados correspondentes, incluindo, logicamente, o escopo do trabalho e sua respectiva documentação das bases estimadas.

Cuidados especiais devem ser tomados para distinguir custos estimados de preços, que envolvem uma avaliação quantitativa dos resultados prováveis – quanto custará para a organização o fornecimento do produto ou serviço envolvido? O preço é uma decisão de negócio – quanto a organização cobrará pelo produto ou serviço, que usa as estimativas de custos como base, além de agregar tributos e margem de lucro para chegar ao preço esperado de negociação e venda.

26.10 Informações históricas na estimativa de custos

a. Arquivos de projetos – As organizações envolvidas em projetos podem ter os seus arquivos de resultados de projetos anteriores para auxiliarem em estimativas de custos.
b. Base de dados comerciais e técnicas – Informações históricas usualmente estão disponíveis para fins comerciais e mensurações técnicas.
c. Conhecimento da equipe do projeto – Os membros individuais da equipe de projeto podem lembrar-se de dados reais ou estimativas anteriores. Embora essas memórias sejam bastante úteis, geralmente são menos confiáveis do que os resultados documentados.

26.11 Riscos e níveis de precisão de estimativa de custos

É quase uma regra normal a equipe de projeto considerar as informações de riscos quando está elaborando estimativas de custos, uma vez que as ameaças e oportunidades acabam gerando riscos com significativo impacto nos custos.

A equipe de projeto acaba considerando os reflexos dos efeitos de riscos nos eventos ou nas fases de cada projeto, incluindo, dessa forma, estimativas contingenciais de custos para essas atividades.

Capítulo 26

Muitos projetos "estouram" as estimativas iniciais de custos por não identificarem, orçarem e provisionarem adequadamente as verbas de contingências.

Os projetos seguem o seu ciclo de vida natural em sua execução, desde sua estimativa de custo inicial, muitas vezes, com baixo nível de precisão, até uma orçamentação detalhada após completa especificação dos componentes do escopo e detalhamento do projeto. O risco acaba sendo inversamente proporcional à precisão.

Sendo assim, é muito importante desenvolver a análise de riscos apropriada, definir adequadamente as verbas de contingências e incluí-las convenientemente no orçamento e gerenciar eficazmente o escopo do projeto.

26.12 Algumas técnicas e ferramentas de estimativas de custos

a. Análoga ou *Top Down*

Nas estimativas por analogia, também chamadas de *top down*, costuma-se utilizar os custos reais dos projetos anteriores similares como base para a estimativa do custo do projeto novo. É uma técnica frequentemente usada na estimativa de custos totais do projeto quando existe uma quantidade limitada de informações.

Essas estimativas de custos por analogia, apesar de menos dispendiosas do que outras técnicas, frequentemente são menos precisas. Para serem confiáveis, é necessário que:

1. os projetos anteriores sejam realmente semelhantes, não apenas na aparência, além da correção natural dos custos no tempo; e
2. os analistas do projeto possuam a *expertise* necessária e experiência de outros projetos semelhantes.

b. Paramétrica

Por essa técnica paramétrica utilizam-se parâmetros em modelos matemáticos para prever os custos estimados do projeto.

Os modelos podem ser simples. Por exemplo, as construções residenciais custarão determinado valor por metro quadrado de área construída ou ainda um modelo complexo de custos de desenvolvimento de *software* usado com vários fatores de ajustes.

Os modelos paramétricos podem variar amplamente. Serão provavelmente mais confiáveis quando as informações históricas usadas no desenvolvimento do modelo forem mais precisas; quando os parâmetros usados no modelo forem prontamente quantificáveis e quando os modelos forem escalonáveis, por exemplo, quando ele funcionar bem tanto para grandes projetos quanto para projetos menores.

c. Composição ou *Bottom Up*

Essa técnica envolve estimativas dos custos das atividades de cada atividade envolvida no projeto, depois de serem sumarizadas e agregadas para que se obtenha estimativa de custos totais do projeto. Por isso são chamadas de *bottom up*, pois integram o nível inferior de insumos nos serviços necessários para cumprir as atividades, de baixo para cima, de forma analítica.

Os custos e a precisão das estimativas *bottom up* são influenciados pelo tamanho e pela complexidade das atividades individuais de cada projeto. As atividades menores aumentam os custos quanto a sua precisão do processo de estimativa. As equipes do gerenciamento de projetos devem pesar o aumento da precisão contra o custo adicional, tipo relação custos *versus* benefícios propiciados.

A composição de custos, em termos unitários, são custos de atividades, serviços ou subprodutos acabados obtidos em função de consumo de insumos básicos componentes, tais como materiais, mão de obra e depreciação de equipamentos.

Após a escolha da metodologia e tecnologia a empregar em todos os serviços componentes da obra, são elaboradas composições de custos unitários que retratam a unidade de determinado serviço ou produto acabado, em várias etapas construtivas perfeitamente identificadas na quantidade de seus insumos, por intermédio de coeficientes, incluindo materiais, depreciação de equipamentos, mão de obra e seus respectivos encargos sociais.

d. Ferramentas Computadorizadas para Estimativa

As ferramentas computadorizadas, tais como *softwares* de gerência de projetos e planilhas (*spreadsheets*), são amplamente utilizadas no apoio à estimativa dos custos. Esses produtos podem simplificar o uso das ferramentas descritas acima, podendo agilizar as análises entre várias alternativas de custos.

Outros métodos de estimativas de custos são, por exemplo, análise de propostas de fornecedores externos, que podem complementar o uso dessas ferramentas.

Muitas empresas, por falta de armazenamento de informações em "banco de dados", acabam tendo de realizar levantamentos de estimativas de custos toda vez que estão envolvidas com orçamento de trabalhos, por exemplo, por encomenda.

Passamos por essa experiência em uma indústria que produzia máquinas usadas para embalar alimentos, que armazenava os dados da maioria dos elementos (próximos a 70%) dos itens que compunham o orçamento, inclusive atualizados nos quesitos unitários de preços. Quando necessitava realizar um novo projeto/orçamento, bastava consultar os parâmetros no "banco de dados" e complementá-los com particularidades específicas adicionais.

26.13 Elaboração do orçamento

A partir do momento em que os elementos de estimativas de custos, em toda estrutura analítica do projeto, os mais precisos possíveis, estiverem em mãos, poderemos iniciar a orçamentação do projeto, onde serão alocados os valores nos diversos níveis da estrutura, começando pelos *deliverables* e depois os sumarizando à medida que sobem de nível na estrutura, até atingirem o nível 1, que é o topo. Nesse nível, encontraremos o valor planejado total do Projeto de Orçamento no término (BAC – *Budget At Complemention*), com os respectivos parâmetros inicialmente definidos.

A estrutura analítica do projeto (EAP) deve ser codificada com um valor definido na orçamentação para cada EAP, criando-se simultaneamente o PLANO DE CONTAS DO PROJETO (*Chart of Accounts*), de grande utilidade no gerenciamento e acompanhamento do projeto, para fins de controle e análises contábeis.

Em algumas situações, recomenda-se na orçamentação que os projetos de custos sejam elaborados em "moedas fortes", a fim de que os parâmetros orçamentários não sejam facilmente descaracterizados.

Existem certos tipos de projetos em que os serviços, materiais aplicados e equipamentos, notadamente quando tecnologias de ponta estão sendo utilizadas, poderão vir do exterior, então esses insumos estarão orçados em sua origem, por exemplo, em dólar, em Yens ou em Euros, enquanto outros elementos, como mão de obra, materiais e equipamentos nacionais, estão orçados na origem em nossa moeda, o real. Nessa situação há três possibilidades de serem elaborados os projetos orçamentários: em moeda, assim chamada de "fortes", em dólar, Yens e Euros, orçamento em real e um outro misto (real e moedas fortes).

É importante também uma análise das condições locais de cada país com relação a tributos, financiamentos, carências e outras relacionadas com a utilização e logísticas para utilização e armazenamento de insumos, a longevidade do projeto e os riscos do que seja mais conveniente para o projeto.

Lembramos que, uma vez consolidado o Orçamento do Projeto, queiramos ou não, será primeiramente comparado com a estimativa inicial, e, havendo distorções significativas, será necessário fazer uma segunda avaliação de viabilidade técnico-econômica do projeto, por parte do cliente, do *sponsor* (patrocinador), da alta administração e do gerente do projeto.

A importância de um bom orçamento reside exatamente nesse ponto, pois, se apresentamos um orçamento exageradamente otimista, passaremos o projeto inteiro dando explicações; se formos muito pessimistas, provavelmente nem projeto teremos para realizar. Portanto, a solução é procurar fazer um orçamento realista, adaptado às condições locais, minimizando riscos, além de levar em consideração as interfaces dos vários *stakeholders* envolvidos e tomando a devida precaução com possíveis influências pela conjuntura global durante o período de implantação do projeto.

26.14 Controle de custos

O controle dos custos precisa:

a. Monitorar e acompanhar o desempenho dos custos nas várias atividades desenvolvidas, a fim de detectar e entender os motivos das variações nas partes do projeto, tanto negativas como positivas, usando as três vertentes de contas: orçado × real = variação, ou ainda usando a máxima da fruta P.E.R.A., de planejamento, execução, relato e avaliação como instrumento para um replanejamento.
b. Assegurar que todas as mudanças apropriadas estão registradas corretamente no *baseline* de custo.
c. Informar as partes envolvidas afetadas sobre as mudanças autorizadas de custos.
d. Atuar no sentido de manter os custos esperados (orçados) dentro dos limites e intervalos toleráveis.

O controle de custos deve estar fortemente integrado com outros processos de controle gerencial do projeto, com relação ao escopo, ao cronograma, ao controle físico × financeiro, aos prazos etc.

No fechamento do gerenciamento de custos do projeto devem ser estabelecidos processos e procedimentos para o encerramento ou cancelamento de partes ou da totalidade dos projetos, bem como é de suma importância registrar e divulgar as lições aprendidas.

As causas das variações, as razões por trás das ações corretivas tomadas e outros tipos de lições aprendidas durante o controle de custos devem ser documentados de forma a se tornarem parte da base de dados históricos, já ocorridos, para serem utilizados tanto em projetos correntes como em outros projetos da organização executora.

26.15 Análise de Medição de Desempenho (*Earned Value Technique*)

A Técnica do Valor Agregado (TVA) deve ser utilizada para medir de forma continuada o desempenho do projeto por intermédio do relacionamento de três variáveis independentes, a saber:

a. Valor Planejado (VP) ou *Planned Value* (PV)
b. Valor Agregado (VA) ou *Earned Value* (EV)
c. Custos Reais (CR) ou *Actual Cost* (AC)

Capítulo 26

O valor Planejado (VP) representa o valor estimado do trabalho físico programado para execução do projeto, comparado com o Valor Agregado (VA), que é o valor estimado do trabalho físico realmente executado, e com o Custo Real (CR), realmente gasto para atingir o valor agregado.

O relacionamento entre valor agregado menos valor planejado representa a VARIAÇÃO DE PRAZO (VPR) ou *Schedule Variance* (SV). O relacionamento entre valor agregado menos custo real representa a VARIAÇÃO DE CUSTO (VC) do projeto.

Saídas periódicas da Técnica *Earned Value*:

- Variação de prazo
- Variação de custo
- Estimativa no Término (ENT) ou *Estimate at completion* (EAC)

A estimativa no término (ENT) é uma previsão do mais provável custo total do projeto baseada no desempenho do projeto e nas quantificações de risco. As técnicas mais comuns de previsão são algumas variáveis de:

– ENT = (custo real até a data mais uma nova estimativa para todo o trabalho restante EPT – Estimativa para Terminar – ou ETC – *Estimate to Complete*). Essa abordagem é mais frequentemente usada quando o desempenho passado revela que as premissas da estimativa original eram bastante imperfeitas ou que não são mais relevantes, devido a mudanças nas condições atuais, cuja fórmula é a seguinte:

ENT = CR + EPT

– ENT = custo real até a data mais o orçamento restante (ONT-VA), onde ONT é o Orçamento no Término ou BAC – *Budget at Completion* –, ou seja, quanto foi orçado para o trabalho total. Essa abordagem é mais frequentemente usada quando as variações correntes são vistas como atípicas e a expectativa da equipe de gerenciamento do projeto é de que tais variações não se repetirão no futuro, cuja fórmula é:

ENT = CR + ONT – VA

– ENT = custo real até a data mais o orçamento restante do projeto (ONT – VA) modificado por um fator de desempenho, frequentemente o Índice de Desempenho de Custo (IDC) ou *Cost Performance Index* (CPI).

Essa abordagem é mais frequentemente usada quando as variações correntes são vistas como típicas para variações futuras, cuja fórmula é:

ENT = CR + (ONT – VA)/IDC

Cada uma dessas abordagens pode ser a correta para um dado projeto e alertará a equipe de gerenciamento sempre que as previsões de custo na conclusão do projeto (ENT) se mostrarem além das tolerâncias aceitáveis.

26.16 Seleção de projetos

Existem métodos numéricos e não numéricos que o gerente de projetos pode utilizar para selecionar projetos, selecionar entre alternativas de um mesmo projeto ou ainda definir prioridades.

Entre os métodos não numéricos, podemos ressaltar necessidades imperiosas, condições competitivas, demandas por repetir um sucesso de um projeto em outro etc. que motivam a adotar esse ou aquele projeto, bem como essa ou aquela alternativa, sem uma análise numérica detalhada.

Trataremos agora, neste exemplo, de métodos numéricos para seleção de projetos, alternativas ou prioridades.

Geralmente, os gerentes de projeto adotam indicadores de viabilidade, como, por exemplo:

- VPL (Valor Presente Líquido)
- TIR (Taxa Interna de Retorno)
- *Payback* (Tempo de retorno)

O VPL é um indicador financeiro mais adequado do que o custo de implantação ou o valor atual das receitas do projeto, pois leva em conta essas duas variáveis. Não seria interessante comparar projetos pelo custo de implantação, pois podem ter receitas diferenciadas, bem como não seria interessante compará-los pela receita, pois podem ter custos de implantação diferenciados.

Sendo assim, o VPL é considerado o melhor indicador, pois leva em conta o valor atual do fluxo de receitas do projeto descontado do custo de implantação diferenciado. Por isso é chamado de Valor Presente Líquido (VPL).

A Taxa Interna de Retorno (TIR) é a mais sofisticada técnica de análise de viabilidade. É a taxa de rentabilidade relacionada ao fluxo de caixa do projeto. A TIR equivale à taxa de desconto ou taxa de juros do mercado quando a VPL = ZERO.

Já o *Payback* mede o tempo decorrido para o retorno do capital investido. É considerado menos importante, menos preciso e menos significativo do que os outros dois métodos, pois normalmente não é corrigido pela taxa de juros.

Vamos admitir que o gerente de projetos tenha que escolher uma entre quatro alternativas, assim detalhada:

ALTERNATIVA	VPL (R$)	TIR (% AO ANO)	PAYBACK (ANOS)
A	1.600.000	18%	8
B	500.000	18%	5
C	500.000	40%	10
D	500.000	17%	1

Se a necessidade do projeto é gerar retorno rápido, pois a empresa está necessitando de reforço de caixa, a alternativa "D" tem um retorno bem rápido de 1 ano, comparado às demais.

Caso o projeto não tenha essa premência de caixa e seja importante uma taxa razoável e estável num período mais longo para uma grande quantidade de capital, como a alternativa "A", de R$ 1.600.000,00, temos essa alternativa a ser escolhida.

Caso o requisito mais importante seja a rentabilidade, ressalvadas as questões de viabilidade técnica e riscos envolvidos, temos a alternativa "C" com 40% ao ano, bem superior ao custo de oportunidade de aplicação no mercado financeiro de títulos de renda fixa. Em contrapartida, deve-se considerar o longo tempo de retorno dela, que é de 10 anos. Certamente, essa rentabilidade também está associada a riscos maiores, que devem ser analisados.

A análise estratégica de uma pequena empresa que indique para os mesmos projetos não superiores a um milhão de reais, temos uma alternativa mais equilibrada, a alternativa "B", com retorno de 5 anos, TIR de 18% ao ano e aporte financeiro pequeno, da ordem de meio milhão de reais.

26.16.1 Estimativa preliminar de custos na fase de viabilidade técnica e econômica

Os gerentes de projetos, para tomar decisões, precisam estar rodeados de informações, além de convicção e experiência. É necessário aprofundar-se em estudos e definições com base num cálculo preliminar de viabilidade que lhe deem confiança em prosseguir o próprio aprofundamento dos estudos, antes do projeto começar. É preciso investir dinheiro para pagar estudos mais profundos.

Pergunta-se: como o gerente analisa e decide sem informações precisas e detalhadas, como listas de equipamentos, materiais e recursos humanos, cotações e orçamentos, especificações técnicas de equipamentos, custo de engenharia, fabricação e instalação dos equipamentos, instalações auxiliares necessárias, condições de operação e abastecimento, *layout* com distâncias a serem percorridas e dimensões principais das instalações dentro de emaranhado logístico?

A solução é desenvolver um histórico de projetos anteriores para lançar mão de custos parametrizados, em geral relativos aos primeiros níveis da Estrutura Analítica do Projeto (EAP). Por exemplo, temos um valor paramétrico de US$/MW em usinas hidrelétricas e o consagrado CUB (Custo Unitário Básico) da construção civil que, nesse caso, já precisa de uma estimativa prévia de quantos metros quadrados serão construídos, mesmo sem ter uma ideia real das dimensões e especificações detalhadas de acabamentos, louças e metais, por exemplo.

No caso de um projeto de telecomunicações, por exemplo, de implantação de rede de fibras óticas, é recomendável desenvolver um índice paramétrico de quanto custa em média um quilômetro de rede (R$/km) de cabos, incluindo os demais acessórios da rede.

É necessário reconhecer que a precisão de uma estimativa paramétrica é bem menor do que uma estimativa por composição (*Bottom Up*), por exemplo, mas, ressalvadas as condições dessas estimativas paramétricas, elas fornecem uma informação com precisão suficiente para a tomada de decisão rápida.

26.16.2 Técnica do valor agregado

As questões de 1 a 4 deverão ser respondidas com base nas informações abaixo:

VP (Valor Planejado) = R$ 2.200,00
VA (Valor Agregado) = R$ 2.000,00
ONT (Orçamento no Término) = R$ 10.000,00
CR (Custo Real) = R$ 2.500,00

1. Conforme o método do valor agregado (VA), o VPR = VA – VP do projeto descrito é:

    a. + R$ 300,00 e o projeto está atrasado;
    b. – R$ 300,00 e o projeto está adiantado;
    c. + 8.000,00 e o projeto está no prazo;
    d. – 200,00 e o projeto está atrasado.

2. Qual é o IDC para este projeto e o que ele nos diz sobre a *performance* do custo até o momento?

    a. 0,20; os custos reais são exatamente como os planejados.
    b. 0,80; os custos reais excedem os custos planejados;
    c. 0,80; os custos reais são menores do que os custos planejados;
    d. 1,25; os custos reais excedem os custos planejados.

3. VC é:

    a. R$ 300,00;
    b. – R$ 300,00;
    c. R$ 500,00;
    d. – R$ 500,00.

4. Qual é o ENT para este projeto e o que ele representa?

    a. R$ 10.000,00; orçamento original do projeto;
    b. R$ 10.000,00; estimativa revisada p/ custo total do projeto (com base na *performance* até o momento);

Capítulo 26

   c. R$ 10.200,00; estimativa revisada p/ custo total do projeto (c/ base na *performance* até o momento);
   d. R$ 12.500,00; estimativa revisada p/ custo total do projeto (c/ base na *performance* até o momento).

Soluções prováveis

1. A resposta correta é "D", pois VPR = VA – VP = R$ 2.000,00 – R$ 2.200,00 = – R$ 200,00 e o projeto está atrasado, pois o valor é negativo.
2. A resposta correta é "B", pois IDC = VA/CR = R$ 2.000,00/R$ 2.500,00, isto é, os custos reais excedem os custos planejados, bem como excedem o valor agregado também.
3. A resposta correta é "D", pois o VC = VA – CR = R$ 2.000,00 – R$ 2.500,00 = – 500,00.
4. A resposta correta é "D", pois o ONT/IDC = R$ 10.000,00/0,8 = R$ 12.500,00 (baseado no desempenho até o momento).

26.16.3 Cálculo do custo fixo e custo marginal

1. Como integrante de um projeto de custos, você é responsável por produzir 27 peças especiais, e sabe que pode produzir 9 peças especiais por turno. Você sabe também que há um *set up* de R$ 1.000,00 para alterar a linha de produção para produzir estas peças especiais. Cada peça especial consome de trabalho (taxa de R$ 10,00 por homem/hora). Usando essas informações, qual é o custo fixo total para fabricar essas peças especiais?
   a. R$ 3.000,00;
   b. R$ 27.000,00;
   c. R$ 27.270,00;
   d. R$ 1.000,00.

2. E o custo variável?
   a. R$ 1.020,00;
   b. R$ 1.010,00;
   c. R$ 1.015,00;
   d. Nenhuma das alternativas anteriores.

Soluções propostas

1. Resposta certa é a letra "D". Com ressalva, pois o custo de homem/hora no "Custeio por absorção" é tratado como custo variável. Na concepção de toda

espinha dorsal deste livro, tratamos o custo por mão de obra como custo fixo, pois é um custo que precisa ser pago independentemente de produção, pois está vinculado a contrato de trabalho.

2. Resposta certa é a da letra "D".

Explicação sobre solução

Embora sejam necessários 3 turnos (27/9 = 3) para produzir as 27 peças, basta alterar o set up da máquina inicialmente, no início do primeiro turno, pois nada foi informado em contrário.

Sendo assim, o custo fixo é de apenas 01 set up = R$ 1.000,00, levando em consideração o princípio do "custeio por absorção" (exigido pela legislação do I.R. Decreto 3.000/99); mas, se levarmos em consideração a sistemática desta obra, onde trabalhados com o LUCRO MARGINAL, pois o custo fixo da estrutura é tratado, permitam o termo "limpo", de mão de obra ser tratada como um dos principais custo fixo da empresa, pois, além de fazer parte da capacidade instalada da empresa, não varia, sendo dessa forma tratado como custo fixo da estrutura.

Em nossa opinião, o custo variável seria de apenas R$ 405,00, assim obtido R$ 405,00 (27 peças x R$15,00) por peça.

Custeio-Alvo ou *Target Costing*: Definição de Preço com Lucro[1]

O custo-alvo ou *target costing* garante às empresas que os novos produtos lançados sejam lucrativos e agreguem valor a todos *stakeholders* (clientes, fornecedores, funcionários, governo e acionistas).

Segundo esse sistema, antes de desenvolver qualquer novo produto, a companhia deve estimar seu preço de venda e subtrair a margem de lucro desejada, encontrando assim o custo determinado. Então, deve projetar o produto para que ele possa ser fabricado com esse custo-alvo (ou custo-objetivo), e também para que alcance o objetivo do lucro.

Mostraremos como pode ser implantado o custo-alvo, que é dividido em três etapas: custeio orientado para o mercado, custeio-alvo do produto e custeio-alvo dos componentes.

É importante destacar que as empresas que praticam o custeio-alvo não o veem como um programa isolado e sim como parte de todo um processo de desenvolvimento de novos produtos.

27.1 Concorrência internacional – custeio-alvo

Com a concorrência internacional e a necessidade de enxugar custos para garantir a sobrevivência, as empresas devem ser especialistas no desenvolvimento de produtos que ofereçam a qualidade e a funcionalidade desejadas pelos clientes e, ao mesmo tempo, garantir os lucros pretendidos. Uma forma de atingir isso é submeter os produtos ao *target costing*, ou custo-alvo.

Em outras palavras, o custeio-alvo é uma técnica usada para administrar estrategicamente os lucros futuros de uma empresa. Ele transforma o custo em um insumo do processo de desenvolvimento do produto, e não em seu resultado.

A empresa estabelece seu custeio-alvo estimando o preço de venda de um produto planejado e subtraindo dele a margem de lucro desejada.

---

[1] Adaptado de artigo publicado pela HSM Management (Robin Cooper – Graduate School of Management da Claremont University, Califórnia e Regine Slagmulder – Universidade de Tilburg, de Tilburg, Holanda).

O segredo está em projetar um produto de modo que satisfaça os clientes e possa ser fabricado dentro de seu custo-alvo.

No Japão, as empresas enxutas aprenderam a considerar a cultura do custeio-alvo não como um programa individual, mas como parte relevante de todo um processo de desenvolvimento de produtos.

No Japão têm-se informações que são utilizadas pelas empresas ISUZU MOTORS LTD, KOMATSU LTD, NISSAN MOTORS, OLYMPUS OPTICAL, TOYOTA, SONY, TOPCON, entre outras.

O custeio-alvo precisa ser um processo altamente disciplinado para que seja eficaz.

Tudo começa quando o processo força o alinhamento com o mercado e exige uma nova leitura do que os clientes querem e do preço que estão dispostos a pagar.

A análise de mercado tem um papel crítico, porque determina os chamados custos admissíveis.

Os sistemas de custeio-alvo utilizam-se dos custos admissíveis para transmitir aos projetistas de produtos as pressões de custo que a empresa enfrenta.

No custeio-alvo o produto disciplina e concentra a criatividade dos projetistas na concretização do custo. Depois de definir o custeio-alvo do produto, a empresa o distribui entre seus componentes, dividindo a pressão dos custos com os seus fornecedores.

Os fornecedores, por sua vez, precisam descobrir formas de fazer a projeção de seus componentes fornecidos por terceiros para que possam obter retornos desejados na hora da venda.

Assim, o custeio-alvo dos componentes ajuda a disciplinar e focalizar a criatividade dos fornecedores em benefício dos clientes finais.

Embora a definição de custeio orientado pelo mercado deva estar logo no começo da conceituação do produto, o projeto precisa estar suficientemente avançado para que sua funcionalidade avançada e qualidade possam ser adequadamente definidas para os clientes. Caso contrário, não haverá condições de especificar um preço de venda significativo.

Mesmo que não consiga iniciar concretamente o processo de custeio-alvo do produto antes de ter estabelecido o custo admissível, a empresa pode empreender algumas atividades paralelas. Por exemplo, pode determinar o custo atual e começar a dar algum *feedback* aos fornecedores. Além disso, aprimorar e dar funcionalidade aos produtos durante seu desenvolvimento significa que a empresa precisa retornar ao mercado para assegurar que as mudanças do projeto não inviabilizem o preço de venda pretendido.

O processo de custeio-alvo dos componentes precisa começar logo no início do processo de custeio-alvo do produto, uma vez que este depende muito das estimativas do fornecedor. Mas o processo de forma de decomposição e o estabelecimento dos preços de venda negociados com o fornecedor ocorrem em um estágio avançado do processo global de custeio-alvo, quando, devido ao *feedback* recebido inicialmente, consegue-se definir melhor a redução de custo que os fornecedores precisam atingir.

27.2 Objetivos de longo prazo do custeio-alvo

O processo de custeio-alvo começa com o estabelecimento dos objetivos de vendas e lucro a longo prazo da empresa. Seu objetivo primordial é garantir que cada produto, durante todo o seu ciclo de vida, contribua para cumprir a cota de lucro que lhe foi conferida nos objetivos de lucro a longo prazo.

A credibilidade do plano de longo prazo é fundamental para estabelecer a disciplina do processo de custeio-alvo. Dois fatores ajudam a estabelecer essa credibilidade. Primeiro, a empresa elabora seus planos de vendas e lucro com base em uma análise cuidadosa de todas as informações relevantes.

Para atingir esse objetivo, é preciso despender uma energia considerável analisando clientes e concorrentes. Por exemplo, a citada empresa Olympus Optical, fabricante de câmeras e outros produtos ópticos, coleta e integra informações de suas fontes:

Plano corporativo, revisão da tecnologia, análise do ambiente geral dos negócios, informações quantitativas sobre vendas de câmeras, informações qualitativas sobre tendências de consumo e análise do ambiente competitivo.

Segundo, a empresa aprova apenas planos realistas. Na Toyota, por exemplo, a maior montadora de automóveis do Japão, a divisão de vendas propõe os volumes de produção com base nos níveis históricos de vendas, nas tendências do mercado e nas ofertas de produtos dos concorrentes. Geralmente, a divisão de vendas sugere volumes que todos consideram exequíveis. Dessa forma, o otimismo dá lugar a metas realistas.

Para ter sucesso, as linhas de produtos precisam ser cuidadosamente estruturadas para garantir a satisfação dos clientes e confundi-los com grande número de produtos. Por isso, a estrutura das linhas de produtos baseia-se normalmente na análise meticulosa das preferências dos clientes ao longo do tempo.

Por exemplo, a Nissan, segunda montadora do Japão, desenvolve o conceito dos novos modelos identificando as chamadas atitudes do consumidor. Essas atitudes revelam como o consumidor se vê em relação a seu carro.

A Nissan utiliza tais informações para identificar as características que os consumidores levam em conta ao adquirir um novo carro. Ao detectar os grupos, a Nissan pode então identificar nichos que contenham uma quantidade suficiente de compradores para se certificar do lançamento de um modelo com características específicas para esses nichos, sempre dentro do alvo do custeio-alvo.

27.3 Definir o preço de venda pretendido

O processo de custeio-alvo exige que uma empresa defina um preço de venda específico. No coração do processo de formação de preço está o conceito de valor percebido. Os clientes estarão dispostos a pagar mais por um novo produto somente se o valor percebido em relação ao antigo for maior. Por exemplo, na Toyota, as divisões de vendas geralmente sugerem os preços a varejo e as metas de vendas.

O princípio fundamental que utilizam para definir os preços de varejo é o de que o preço do novo veículo deve ser mantido, exceto se houver uma mudança em relação ao modelo anterior e se essa mudança alterar o valor percebido pelos clientes.

Os aumentos de preço estão associados também à disponibilidade de produtos concorrentes e seus valores percebidos.

Uma empresa só pode aumentar seu preço de venda se o valor percebido do novo produto superar não apenas o valor do produto anterior, mas também o dos produtos concorrentes.

Na Topcon, por exemplo, fabricante de instrumentos avançados de óptica e precisão, o preço de um novo produto é fixado em um patamar próximo ao de seus concorrentes.

Entretanto, quando os executivos acreditam que o produto da Topcon oferece uma funcionalidade maior que a dos produtos concorrentes, eles aumentam seu preço. Por outro lado, quando percebem que a funcionalidade do produto é menor, seu preço é reduzido na mesma proporção.

Depois que o novo produto entra no mercado, em geral a reação dos concorrentes é alterar seu preço, aumentar seus gastos em publicidade ou introduzir um novo modelo a um preço mais baixo.

Dada a importância que o preço de venda pretendido tem em todo o processo, não é de surpreender que as empresas sejam muito cuidadosas e definam seus preços da forma mais realista possível, mas nunca com prejuízo dentro do *mix* planejado de venda.

27.4 Definir a margem de lucro pretendida

Uma empresa pode definir suas margens de lucro pretendidas de duas maneiras. Pelo primeiro modelo, o processo começa com a análise da margem de lucro real do produto anterior, que é então reajustada para acomodar as mudanças na situação do mercado.

A Nissan, por exemplo, adota esse método em suas simulações por computador para identificar a relação entre o preço de venda e o lucro. A partir dessa relação histórica, define as margens de lucro pretendidas para os novos produtos. O objetivo dessa análise é definir margens de lucro realistas que permitam atingir seus planos de lucros a longo prazo.

No segundo método, a empresa começa analisando a margem de lucro pretendida para toda a linha (ou outro agrupamento de produtos) e aumenta ou diminui a margem de lucro pretendida para os produtos separadamente, dependendo da situação real do mercado.

A Sony, por exemplo, calcula o primeiro custo-alvo de um novo produto subtraindo a margem de lucro pretendida em determinado grupo de produtos do preço de venda pretendido para o produto. Em seguida, ela compara o custo-alvo obtido com o custo estimado do novo produto.

Quando considera o custo-alvo muito baixo, ela reduz a margem de lucro pretendida, mas somente se puder aumentar de outro produto para compensar a perda. O objetivo é manter a meta de lucro definida para o grupo de produtos.

Quando o lançamento ou a suspensão da oferta de um produto exige altos investimentos, ou quando são esperadas mudanças significativas nos preços de venda ou nos custos durante seu ciclo de vida, a empresa precisa fazer ajustes em sua margem de lucro pretendida para ter certeza de levar em conta todos os custos e as reduções, de modo que a rentabilidade esperada durante o ciclo de vida do produto se confirme.

Sem esses ajustes, a empresa corre o risco de ou lançar produtos que não garantam um retorno adequado, ou deixar de lançar produtos que deem retornos adequados durante seu ciclo de vida.

As empresas que conseguem reduzir substancialmente os custos de um produto durante seu ciclo de vida, que reflete as reduções esperadas nos custos de produtos durante a fase de fabricação. A análise é feita na definição da rentabilidade do custeio-alvo. Somente pela redução permanente de custos a empresa consegue permanecer rentável.

CUSTEIO ORIENTADO PELO MERCADO

ESTABELECER OBJETIVOS DE VENDAS E LUCRO A LONGO PRAZO

⇩

ESTRUTURAR AS LINHAS DE PRODUTOS

⇩

DEFINIR O PREÇO DE VENDA PRETENDIDO

⇩

DEFINIR A MARGEM DE LUCRO PRETENDIDA

⇩

CALCULAR O CUSTO ADMISSÍVEL

├── PRODUTO 1
├── PRODUTO 2
└── PRODUTO 3

27.5 Calcular o custo admissível

Depois de estabelecer o preço de venda e a margem de lucro desejada, a empresa pode calcular o custo admissível simplesmente subtraindo a margem de lucro pretendida do preço de venda pretendido:

CUSTO ADMISSÍVEL = PREÇO DE VENDA PRETENDIDO − MARGEM DE LUCRO PRETENDIDA.

Mas é preciso compreender outras questões cruciais. Primeiro, que o custo admissível reflita a posição competitiva relativa à empresa, porque é baseado em seus objetivos de lucro realistas e de longo prazo. Consequentemente, o custo admissível não é um *benchmark* que a empresa pode usar para comparar seu desempenho com o dos concorrentes. Para fazer com que o custo admissível atue como um *benchmark*, é preciso definir margens de lucro pretendidas que reflitam as capacidades do concorrente mais eficiente. Segundo, que o custo admissível não leva em conta as capacidades de redução de custo dos projetistas ou dos fornecedores. Portanto, não há nenhuma garantia de que a empresa atingirá o custo admissível. Quando o custo admissível de um produto é considerado inatingível, a empresa precisa definir um custo mais alto no processo de custeio-alvo.

27.6 Custo-alvo do produto

Em uma segunda parte do processo de custeio-alvo, os analistas concentram-se em descobrir maneiras de desenvolver produtos que satisfaçam os clientes da empresa pelo custo admissível. Na prática, todavia, nem sempre os analistas conseguem descobrir formas de fazer isso. Portanto, o processo de custeio-alvo aumenta o custo admissível do produto para um custo-alvo que a empresa possa ter chance de atingir, de acordo com suas capacidades e as de seus fornecedores, conforme quadro acima.

O processo de custeio-alvo de um produto pode ser dividido em três partes:

1. Definir um custo-alvo do produto viável.
2. Disciplinar o processo de custeio-alvo para garantir que o custo-alvo seja atingido sempre que for viável.
3. Adequar o custo do produto ao nível-alvo, sem sacrificar a funcionalidade e qualidade e utilizando a engenharia de valor e outras técnicas de redução de custo.

Em mercados bastante competitivos, os clientes esperam que cada nova geração de produtos seja melhor em qualidade e funcionalidade, assumindo-se a inexistência de atividades de redução de custo. Se o modelo atual tem um motor de 1.8 e o do novo modelo será 2.0, o custo atual deve estar o mais próximo possível do custo dos modelos 2.0 que a empresa produz ou adquire.

Como esses cálculos dependem de condições externas e não levam em conta as capacidades de projeto e produção da empresa e de seus fornecedores, é possível que o custo admissível não possa ser atingido. Nesse caso, para manter o rigor do custeio-alvo, a empresa precisa identificar partes atingíveis e inatingíveis da meta de redução de custo. A meta de redução do custo-alvo atingível é estabelecida com base na análise da capacidade dos analistas e dos fornecedores de eliminar custos.

Por isso, é importante o relacionamento interativo com os fornecedores da empresa, dentro do espírito da parceria, para que apresentem estimativas antecipadas de preços dos insumos e, quando possível, ideias sobre projetos alternativos que capacitariam a empresa a oferecer produtos com a funcionalidade e a qualidade desejadas a custo reduzido.

O custo-alvo do produto é, então, obtido subtraindo a meta de redução do custo-alvo pretendida do novo produto de seus custos atuais: custo-alvo do produto = custo atual − meta de redução do custo-alvo.

27.7 Redução de custo estratégica

As negociações entre o engenheiro-chefe, os analistas do produto e os principais fornecedores estabelecem o custo-alvo do produto. Todas as partes devem concordar que a meta de redução do custo-alvo é atingível. Os analistas assumirão a responsabilidade de atingir essa meta até o final do projeto.

A parte inatingível da meta de redução do custo-alvo é chamada de desafio da redução de custo estratégica, que é a diferença entre o custo admissível e o custo-alvo: desafio de redução de custo estratégica = custo-alvo do produto − custo admissível.

Essa parte inatingível identifica a perda que ocorrerá se os analistas não forem capazes de atingir o custo admissível e indica que a empresa não é tão eficiente quanto o exigido pelas condições competitivas do mercado.

Por isso, a empresa precisa estabelecer a meta de redução do custo-alvo de modo que seja atingível. Se ela estabelecer metas de redução do custo-alvo muito altas, não apenas submeterá seus funcionários a elas, correndo o risco de exauri-los, como também perderá o rigor do custeio-alvo. Por outro lado, se estabelecer metas de redução do custo-alvo muito baixas, a empresa perderá a competitividade.

O objetivo primário do desafio de redução de custo estratégica é proporcionar um espaço de ação para a empresa, ao mesmo tempo que mantém uma pressão global sobre a redução de custos. Se não conseguir reduzir o desafio a zero na próxima geração do produto, a empresa poderá perder muito de sua competitividade.

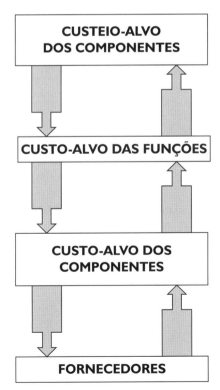

27.8 Atingir o custo-alvo

Depois de estabelecer a meta de redução do custo-alvo, a empresa precisa descobrir como vai atingi-la. Várias técnicas de engenharia podem ajudar os analistas projetistas. Entre elas a chamada "engenharia de valor" (VE em inglês), o projeto de fabricação e montagem (DFMA) e a distribuição da função da qualidade (QFD).

A técnica VA (valor agregado) é uma abordagem multidisciplinar do projeto de produto que maximiza o valor do cliente; ela aumenta a funcionalidade e a qualidade e ao mesmo tempo reduz os custos. Por outro lado, a DFMA (projeto da função da qualidade) concentra-se na redução de custos fornecendo os produtos mais fáceis de montar ou fabricar, enquanto mantém a funcionalidade nos patamares especificados. A QFD fornece uma abordagem estruturada para garantir que as exigências do cliente não sejam comprometidas durante o processo de projeto.

Depois de estabelecer o custo-alvo de um produto, a empresa desenvolve os custos-alvo de seus componentes. Esse processo de custeio-alvo dos componentes possibilita à empresa atingir o segundo objetivo do custeio-alvo: transmitir a pressão de manter um custo competitivo para seus fornecedores, conforme quadro acima. Esse objetivo é crítico nas empresas enxutas, cuja integração é mais horizontal que vertical. Essas empresas compram de terceiros uma porcentagem significativa de seus materiais e peças. Por exemplo, na Toyota, segundo relato, os fornecedores externos são responsáveis por aproximadamente 70% das peças (talvez nos dias atuais esse percentual seja até maior) e dos materiais necessários para fabricar os carros da empresa.

O custeio-alvo dos componentes consiste em três etapas:

1. Decompor o custo-alvo do produto em suas principais funções. Ou seja, as submontagens que dão funcionalidade ao produto. Por exemplo: motor, câmbio, sistema de refrigeração, sistema de ar-condicionado e sistema de som.
2. Definir os custos-alvo dos componentes.
3. Administrar o relacionamento com os fornecedores.

27.9 Decompor os custos-alvo das principais funções

A identificação das principais funções permite que o processo de projeto seja dividido em várias tarefas, de certa forma independentes. Geralmente, uma equipe é responsável pelo projeto de cada uma das principais funções.

O engenheiro-chefe é responsável pela definição do custo-alvo de todas as funções, geralmente depois de um longo processo de acerto com as equipes do projeto. Algumas empresas utilizam métodos relativamente simples para estabelecer as metas de redução de custo. Por exemplo, se o custo histórico de uma função importante vem diminuindo 5% ao ano, esse é o índice que elas utilizam.

Outras empresas, entre elas a Komatsu, utilizam-se de métodos mais sofisticados, segundo a reportagem, como a análise funcional e análise da produtividade.

Algumas, no entanto, preferem lançar mão de análises de mercado para definir os custos-alvo de seus novos produtos. Essas abordagens baseadas no mercado são particularmente aplicáveis quando novas formas de funcionalidade do produto estão sendo introduzidas. Por exemplo, a Isuzu utiliza valores ou índices monetários para definir os custos-alvo das principais funções e pede a seus clientes que estimem quanto estão dispostos a pagar por determinada função.

Essas estimativas baseadas no mercado e afetadas por outros fatores, como aspectos técnicos, de segurança e legais, geralmente levam a ajustes dos custos-alvo proporcionais. Por exemplo, quando o custo-alvo proporcional de um componente é muito baixo para permitir a fabricação de uma versão mais segura do produto, a empresa eleva o custo-alvo desse componente e faz a compensação baixando o custo-alvo dos demais componentes.

É aceitável que o engenheiro-chefe altere as metas de custos-alvo obtidos em índices históricos ou pela análise de mercado em três situações. Primeiro, quando a soma de todas as taxas históricas não atinge o objetivo desejado de redução de custo.

É função do engenheiro-chefe negociar taxas mais altas de redução de custo com os coordenadores das equipes de projeto das principais funções.

Segundo, quando a importância relativa de determinada função relevante muda de uma geração do produto para outra. Terceiro, quando muda a tecnologia da qual depende uma importante função, o índice histórico de redução de custo da antiga tecnologia deixa de ser significativo. Nesse caso, a empresa deve utilizar os dados históricos da nova tecnologia, se houver.

28

Gestão do Tempo de Projeto[1]

28.1 Introdução

O gerenciamento do tempo é crucial em qualquer atividade profissional e pessoal, pois o tempo acaba sendo tudo e valendo mais do que o dinheiro, segundo os ditames proferidos por sábios...

Um projeto integrado engloba, além da gestão do tempo e do custo (tratada no Capítulo 26), as atividades de escopo, risco, RH, aquisições, qualidade, comunicação, entre outras.

Aqui neste capítulo, todavia, focaremos apenas o tempo, pois relaciona-se diretamente com a análise de custos, por se tratar do chamado custo quantitativo.

Vamos tratar de forma sintetizada os processos e o gerenciamento do tempo de projetos, listas de atividades e sequências lógicas, estimativas de prazos e recursos, duração do projeto e seus marcos associados às entregas (*deliverables*), além do cronograma do tempo do projeto.

Em todo projeto, tanto para desenvolvimento e fabricação de um produto por uma fábrica como para a construção de um prédio, o prazo deve ser analisado adequadamente, de forma singular, pois demanda criatividade para ser desenvolvido e concluído, consumo e baixo custo.

Nas palavras de Platão (DE MAIS, 2000, p. 220): "as condições ideais são aquelas descritas em O Banquete – comodidade, um grupo de amigos criativos, paixão pela beleza e pela verdade, liderança carismática, <u>tempo e disposição sem angústias de prazos ou vencimentos improrrogáveis</u> (nosso grifo)".

É de certa forma óbvio que no desenvolvimento de atividades de processo nem sempre as condições ideais estão presentes. O que resta é jogar com maestria, respeitando os vínculos, sem, contudo, fugir dos desafios, buscando o melhor resultado em menor tempo possível.

---

[1] Material adaptado de Capítulo de "gerenciamento do tempo", p. 81-127, desenvolvido por Wilson José Ramos – PMP, de DINSMORE, Paulo Campbell e CAVALIERI, Adriane. GERENCIAMENTO DE PROJETOS – 4ª. Ed. QUALITY MARK, 2005.

Uma boa administração do tempo de projeto é necessária para que os objetivos (escopo) sejam bem conduzidos, pois todo gerenciamento de prazo é balizado pelas decisões do escopo tomadas.

O projeto é regido por três objetivos primários, ou seja: escopo (objetivo), prazo e custo. Qualquer alteração em um desses itens poderá afetar as demais atividades, comprometendo, assim, os resultados do projeto como um todo.

Vale ressaltar, nesta parte introdutória, que as premissas e restrições de programação, bem como o trabalho de analistas especialistas na utilização de modelos aplicados em projetos anteriores, são de grande valia nessa etapa. O próximo passo será buscar um sequenciamento lógico para a realização dessas atividades para termos um plano de trabalho exequível. Nesta obra, utiliza-se o método PDM – *Precedence Diagramming Method*, método do diagrama de precedência (MDP) para desenvolver a rede de projeto, que é uma forma de apresentação das atividades do projeto e dos relacionamentos lógicos (dependências) entre elas.

Na etapa seguinte, busca-se a identificação do prazo de execução de cada atividade prevista na rede de precedências elaborada.

Esse é um processo de avaliação do número de períodos de trabalho provavelmente necessários para implementar cada atividade identificada.

Aqui, utilizaremos essa nomenclatura de "períodos de trabalho", pois a programação a ser elaborada deve ter íntima relação com o projeto, podendo-se considerar horas, dias ou até meses como unidade de programação.

Normalmente, o apoio de especialistas e de informações históricas de projetos anteriores será de grande valia. Nesse ponto, podemos dar início ao desenvolvimento do cronograma, que significa identificar as datas de início e fim de cada atividade do plano.

Esse processo é de fundamental importância para ter-se a efetiva programação a ser utilizada de todos os recursos necessários à execução das atividades e para simularmos as várias alternativas de utilização desses recursos com o objetivo de otimizar os resultados, tanto pelo aspecto de prazos como também de custos.

Vamos utilizar as técnicas de programação PERT – *Program Evaluation and Review Technique* (Técnica de Avaliação e Análise de Programação e/ou CPM – *Critical Path Method* (Método do caminho crítico) – com o objetivo de determinar o TEMPO TOTAL do plano, as datas de início e fim das atividades, as folgas de programação e o caminho crítico do projeto, ou seja, o sequenciamento de atividades, que é determinante para a definição da duração do plano.

Sendo uma ferramenta de simulação, poderemos aqui testar várias situações com o objetivo de otimizarmos o projeto, através da adoção de alternativas de programação e de utilização de recursos.

Após a definição do cronograma básico para o projeto, com o início dos trabalhos poderemos iniciar o processo de controle do cronograma, que consiste em influenciar os fatores que criam mudanças no cronograma, para garantir que qualquer mudança seja benéfica ou tenha reduzido seu efeito sobre o plano incialmente estabelecido. Da mesma forma, é muito importante o processo de determinar e registrar as mudanças ocorridas no plano, com a devida documentação de suporte e aprovação por quem de direito, e finalmente gerenciá-las.

28.2 Determinação da dependência

Na definição da sequência são utilizados três tipos de dependências e atividades, ou seja:

a) Obrigatórias (mandatárias): são inerentes à natureza do trabalho, chamadas de *hard logic* ou lógica rígida. Ex.: antes de fazer a estrutura de um prédio, é preciso fazer a fundação.

b) Arbitradas: definidas pela equipe de gerência de projeto, chamadas de *soft logic* (lógica fina), *prefered logic* (lógica preferida) ou *preferential logic* (lógica preferencial), definidas com base nas melhores práticas de uma área particular, em algum aspecto especial do projeto em que uma sequência é preferida. Ex.: não é preciso ter as especificações totalmente definidas para contratar uma consultoria.

c) Externas: envolvem relacionamento entre atividades do projeto e atividades que não são do projeto. Ex.: uma aprovação de meio ambiente que é necessária antes de começar a terraplenagem de uma obra.

28.3 Métodos de diagramação de redes

Os diagramas de rede são elementos gráficos para termos uma visualização das atividades previstas. Definem a ordem lógica do trabalho a ser realizado e suas atividades e eventos que precisam ser complementados para atendermos aos objetivos do projeto. Identificam se as atividades previstas podem ser feitas na sequência (série) ou simultaneamente (paralelo).

O tempo total do plano pode ser muito reduzido se pudermos realizar várias atividades simultaneamente, porém muito cuidado deve ser tomado para identificar se as atividades podem de fato ser simultâneas, para que seja evitado o retrabalho.

Os métodos de diagramação de redes são:

a. Atividade da seta (AOA – *Activity On Arrow* ou ADM – *Activity Diagramming Method* ou MDS – Método do Diagrama de Setas): método de construção de "redes de atividades" que utiliza setas ($\Rightarrow$) para representar as atividades e as conecta por nós que representam as dependências, utilizando-se apenas de relações de dependências do tipo início-fim. ATENÇÃO: com o uso do desenvolvimento de cronogramas auxiliado por computador, o Método do

Diagrama de Setas é raramente utilizado na maior parte das vezes no desenvolvimento dos projetos, mas julgamos importante destacá-lo.

b. Atividade no nó (AON – *Activity On Node* ou PDM – *Precedente Diagramming Method*): método de construção de "diagrama de rede de atividades" que utiliza nós para representar as atividades e as conecta por setas que representam as dependências, possibilitando quatro relações de precedências, das quais destacamos:

   1. FS (*Finish – Start*): a atividade em análise deve acabar para que a seguinte possa começar.
   2. FF (*Finish – Finish*): a atividade em análise deve acabar para que a seguinte possa ser concluída.
   3. SS (*Start – Start*): a atividade em análise deve começar para que a seguinte possa começar.
   4. SF (*Start – Finish*): a atividade em análise deve começar para que a seguinte possa acabar.

28.4 Metodologia de cálculo de redes

A metodologia de cálculo de redes busca definir as datas de início e término de cada atividade do projeto.

"Passo à Frente" – Esta metodologia baseia-se em algoritmos matemáticos, em que calculamos as datas mais cedo do início e término das atividades pela soma das durações destas à data de início da Rede.

Definindo que as atividades da rede sejam caracterizadas por:

ATIVIDADE	DURAÇÃO
PDI	PDT
UDI	UDT

Definições:
PDI – Primeira Data de Início (Data de início mais cedo – IMC)
UDI – Última Data de Início (Data de início mais tarde – IMT)
PDT – Primeira Data de Término (Data de término mais cedo – TMC)
UDT – Última Data de Término (Data de término mais tarde – TMT).

Devemos considerar a data de início da rede como a data de início de todas as atividades que se iniciarem simultaneamente como primeiras atividades da Rede, e, portanto, ao associarmos essa data de início como PDI para todas estas atividades.

A partir daí devemos somar a duração da atividade e subtrair como dias trabalháveis, portanto PDT = PDI + duração da atividade – 1.

Capítulo 28

Para o cálculo das atividades sucessoras, teremos PDI = PDT (Predecessora) + 1. Para os casos em que tenhamos mais de uma predecessora para a atividade em análise, devemos considerar o maior valor de PDT das predecessoras desta. Como segue:

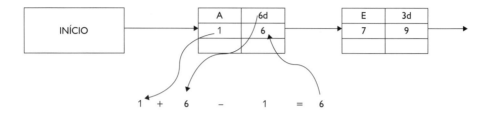

E, quando:

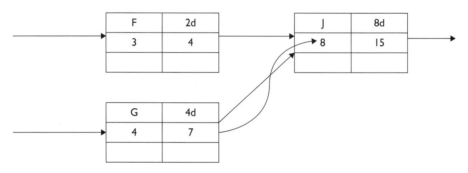

"PASSO ATRÁS" – Da mesma forma, calcular as datas de início e término mais tarde das atividades pela subtração das durações das atividades à data do término da Rede calculada no passo anterior:

Portanto, devemos considerar a data final da Rede como a UDT de todas as atividades que a ele se ligarem, e então subtrair a duração da atividade e somar "1" para calcular a UDI da atividade, ou seja, UDI = UDT – duração da atividade + 1. Para o cálculo das atividades predecessoras, temos UDT = UDI (sucessora) – 1. Para os casos em que tenhamos mais de uma sucessora para a atividade em análise, devemos considerar o menor valor de UDI das sucessoras desta, de acordo com o seguinte diagrama, considerando (16-1) + (14-10) = 4 + 15 = 19

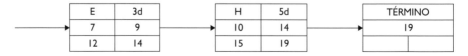

E, quando:

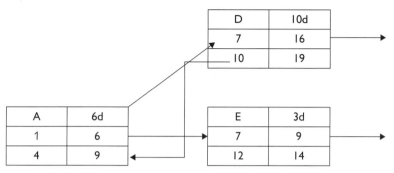

O cálculo das Redes PERT/COM, aqui apresentado, leva em conta que o objetivo desse cálculo é a clara identificação das datas de início e término de cada atividade, como consta nos algoritmos de cálculo utilizados nos *softwares* de gerenciamento (MS Project, Primavera, Open Plan etc.). Outros autores apresentam variações da sistemática aqui apresentada, porém sem diferenças quanto às datas de término das atividades, prazo final da Rede e folgas.

28.5 Método do caminho crítico

Admitindo as atividades previstas no plano, teremos várias formas (caminhos) para irmos do início ao fim da nossa rede de precedentes. O caminho crítico será a sequência de atividades do plano, do início ao fim, em que tenhamos a menor folga total, e é também o caminho que nos tomará o maior tempo para sairmos do início e chegarmos ao fim do plano.

Como falamos, o caminho crítico será aquele de menor folga total, e não necessariamente o caminho de folga total igual a zero.

28.6 Folgas

No cálculo da rede, temos dois tipos de folga: Folga Total e Folga Livre, assim definidas:
   a. FOLGA TOTAL (FT): é o tempo que uma atividade pode atrasar sem comprometer o prazo do projeto como um todo. Depende da estrutura do cronograma. O cálculo da folga total de cada atividade do plano é feito pela subtração das datas de início mais tarde (UDI) menos a data de início mais cedo (PDI), ou pela subtração das datas de término mais tarde (UDT) menos a data de término mais cedo (PDT).

   FT = UDI – PDI ou FT = UDT – PDT

b. **FOLGA LIVRE (FL)**: é o tempo que uma atividade pode atrasar sem afetar qualquer outra atividade sucessora à atividade em questão. Portanto, essa folga só depende das atividades sucessoras à atividade em análise. Calculada como a data do início mais cedo (PDI) da atividade sucessora menos a data de término mais cedo (PDT) da atividade em análise, menos 1.

FL = PDI (sucessora) − PDT - 1

28.7 Outros recursos de programação

Durante a elaboração do cronograma de projeto podemos lançar mão de algumas outras ferramentas para adequação dos cronogramas às necessidades do projeto.

Podemos destacar:

LAG: postergação de programação: é uma defasagem imposta entre as atividades do plano, atrasando o início da sucessora (atividade seguinte) após o término da predecessora (atividade anterior). Essa defasagem pode ser determinada por motivos físicos ou simplesmente estratégicos ou operacionais. Por exemplo: após a concretagem de uma laje em um edifício, temos o período de cura do concreto para que possamos dar sequência aos trabalhos de construção. O período de cura pode ser representado no cronograma como um *lag* após a atividade de concretagem. Em serviços de instalação de equipamentos em múltiplos locais, podemos utilizar um *lag* ao final de cada instalação para cobrir o tempo de deslocamento das equipes de um local para outro.

LEAD: antecipação de programação: é uma antecipação de início da atividade sucessora (atividade seguinte) em relação ao término da atividade predecessora (atividade anterior). Muito utilizada em cronogramas com atividades em série para antecipação do cronograma. Por exemplo: na construção de redes externas de telecomunicações, não é necessário que esperemos acabar a escavação das valas para dar início ao lançamento dos cabos. Basta que tenhamos aberta uma frente de trabalho que permita a conclusão da primeira atividade, sem que a segunda se sobreponha a esta.

DUMMY ou Atividade "Fantasma": este tipo de atividade é necessário quando no uso da representação de redes em ADM – *Arrow Diagramming Method*, para mostrar uma relação de dependência entre atividades no plano de projeto. Essa atividade indica uma dependência obrigatória, no entanto não há consumo de tempo e recursos. ATENÇÃO: ADM está em desuso, segundo o Guia PMBOK.

HAMMOCK ou Atividade Sumarizadora: pode ser usada para avaliarmos o tempo necessário para irmos de um ponto a outro dentro da rede, passando por várias atividades na sequência lógica estabelecida. Tem uma relação de início-início com a primeira atividade do grupo de atividades em análise e uma relação de término-término com a última atividade do grupo de atividades em análise. Não implica aumento do prazo do cronograma, bem como não consome recursos, apenas sumariza os recursos e os prazos das atividades do grupo de atividades em análise.

28.8 Redução dos prazos

A elaboração do cronograma, após o cálculo da rede, pode exigir algumas adequações para que possa atender às necessidades de nosso plano de projeto. Essas adequações geralmente estão ligadas à redução das durações previstas para as atividades. Para tanto, podemos lançar mão de duas técnicas de compressão do cronograma:

Crashing (**Compactação/Compressão de atividades**): busca através da injeção de recursos adicionais obter uma redução no prazo de duração da atividade. Essa injeção de recursos adicionais pode ter impacto negativo no projeto caso esses recursos não estejam adequadamente preparados para executar a atividade em questão, ou quando esse esforço adicional for obtido através de horas extras das equipes de projeto, gerando fadiga nas equipes e, portanto, queda de qualidade e produtividade.

Fast Tracking (**Caminho Rápido/Paralelismo de Atividades**): busca acelerar o desenvolvimento do cronograma, pela antecipação de início de atividades que usualmente deveriam ser iniciadas apenas após o término de suas predecessoras. Esse processo pode levar a retrabalho caso não sejam confirmadas as premissas consideradas para dar início à atividade seguinte, o que, por certo, ocasionaria atrasos na execução do plano de projeto.

Para que tenhamos um efeito significativo no nosso plano de projeto, o *Crashing* e o *Fast Tracking* devem ser aplicados a atividades que façam parte do caminho crítico do plano; também devemos buscar uma otimização dos recursos aplicados, através de uma análise de custo/benefício, para maior redução de prazos aos recursos despendidos.

28.9 Estimativas da duração das atividades

Dentro dos processos de estimativa de duração de atividades, vamos destacar o PERT, o CPM e a técnica de Simulação Monte Carlo.

PERT (*Project Evaluation and Review Technique*) é uma metodologia estatística de estimativa de prazos de duração de atividades desenvolvida pela NASA quando do desenvolvimento do Programa Polaris. A premissa básica leva em conta uma média ponderada dos valores otimista (a), pessimista (b) e mais provável (m) ("Estimativa de 3 pontos") de duração de atividade, ponderados pelos fatores 1, 1 e 4, respectivamente.

Distribuição beta (PERT):

$$\text{Média} = (a + 4m + b) / 6$$
$$\text{Variância: } s^2 = [(b - a) / 6]^2$$
$$\text{Desvio-Padrão: } s = (b - a) / 6$$

CPM (*Critical Path Method*) difere do anterior apenas pela forma de estimativa de duração das atividades, que é feita de maneira determinística, considerando apenas a duração mais provável das atividades.

A **Simulação Monte Carlo** busca determinar uma curva entre a probabilidade de ocorrência e a duração da atividade ou plano em análise. Na simulação, o projeto é "executado" várias vezes, alterando-se as durações das atividades para fornecer uma distribuição estatística dos resultados calculados.

28.10 Estimativas dos recursos das atividades

A estimativa dos recursos da atividade significa determinar quais recursos físicos (pessoas, equipamentos e materiais) são necessários, que quantidades de cada um devem ser usadas e quando serão necessárias para a realização das atividades do projeto. Deve ser conduzido de forma bem coordenada com a estimativa dos custos (descrita no Capítulo 5).

28.11 Nivelamento de recursos

No desenvolvimento dos cronogramas de projeto é comum nos depararmos com a situação de necessidade de compartilhamento de recursos por mais de uma atividade. Além disso, ocorrem situações nas quais a utilização de determinado recurso sofre variações muito grandes quanto ao volume requerido desse recurso, durante todo o projeto.

Para buscarmos um equilíbrio na utilização dos recursos, convém que adotemos a estratégia de nivelamento de recursos. Essa técnica visa alterar a programação das atividades do cronograma com o objetivo de mantermos a utilização de determinado recurso em um nível constante ao longo de todo o projeto, além da evidente economia, pela atenuação dos "picos" de necessidade de recursos, em que a solução mais comum seria buscarmos recursos adicionais, ou pela redução dos "vales" de utilização dos recursos, na qual, via de regra, temos a ociosidade dos recursos não alocados ao trabalho. Essa técnica gera grande facilidade na administração dos recursos nivelados e também melhora muito o moral das equipes alocadas, tendo em vista a constância no trabalho, o que facilita a formação de espírito de equipe.

28.12 Métodos de otimização de utilização de recursos

Por meio de regras heurísticas ou modelos de otimização, buscamos a melhor utilização dos recursos disponíveis (nivelamento). A regra heurística estabelece que num período de tempo no cronograma, quando a quantidade disponível de recursos é excedida, são examinadas as atividades naquele período e os recursos são alocados a elas sequencialmente de acordo com uma regra de prioridade de execução das atividades do plano. Esse critério de seleção pode considerar atividades constantes do caminho crítico, ou qualquer outro definido pela equipe de projeto.

28.13 Gráfico de barras (*Gantt*)

Das várias ferramentas de planejamento, o Gráfico de Barras (*Gantt*) destaca-se pela sua simplicidade e facilidade de utilização. Trata-se de uma relação de atividades do plano de projeto associadas a uma matriz de tempo, em que são marcados para cada uma das atividades o início e o término de cada atividade por meio de uma barra horizontal nessa matriz de tempo.

Da mesma forma, podemos fazer a marcação da duração das atividades conforme planejado, bem como a marcação do realizado, pela simples sobreposição de outra barra para essa mesma atividade. A utilização de cores diferentes para as barras do planejado e para as barras do realizado facilita muito o entendimento do gráfico. Dessa forma, é imediata a verificação de sobreposição entre atividades do plano. Apesar de não mostrar as dependências entre as várias atividades, tem-se mostrado uma ferramenta muito útil na visualização de programas, em especial para os que utilizam recursos compartilhados.

28.14 Marcos

Como já foi dito anteriormente, o objetivo das redes de programação de atividades é determinar as datas de início e término das atividades que compõem o plano de projeto. Da mesma forma que as atividades, fazem parte do plano de projeto eventos que determinam o início ou o fim de certa restrição ou que liberam a execução de nova atividade ou grupo de atividades. A esses eventos damos o nome de marcos (*milestones*).

Portanto, os marcos devem fazer parte do plano de projeto, como sucessores ou predecessores das demais atividades, apesar de serem definidos como de duração igual a zero e de nenhuma utilização de recursos. Geralmente eles são o ponto de ligação de outros planos de projeto que se relacionam com o plano de projeto em análise, ou estão ligados a aprovações externas ao plano, como autorizações do cliente ou de órgãos governamentais.

28.15 Análise de variâncias

Quando do início da fase de execução, e, portanto, quando do início da fase de controle do cronograma estabelecido, iniciamos o processo de análise das diferenças entre planejado e realizado. As ações que deverão ser tomadas para a correção conforme o plano deverão seguir as diretrizes estabelecidas no Plano de Gerenciamento do Cronograma.

28.16 Plano de Gerenciamento do Cronograma

Como parte do Plano de Gerenciamento do Projeto, o Plano de Gerenciamento do Cronograma deve conter, no mínimo:
- a definição do cronograma-base para acompanhamento da evolução das atividades para efeito de medida de avanço;
- a periodicidade com que será avaliado o progresso das atividades, qual o critério de avanço a ser adotado (50/50%, ponderado) e como as variações de cronograma devem ser tratadas;
- como será avaliado o desempenho do cronograma durante todo o projeto;
- o processo de identificação e inclusão de mudanças no cronograma, processo de formalização das mudanças e definição clara de autoridade para aprovação dessas modificações.

28.17 Estudos de casos propostos e resolvidos

28.17.1 Dados a serem considerados no estudo de caso, conforme detalhes abaixo:

ATIVIDADE	PRECEDÊNCIA	DURAÇÃO
Início		0
A	Início	6
B	Início	2
C	Início	3
D	A	10
E		3
F	B	2
G	C	4
H	E	5
J	F, G	8
K	J	4
L	G	6
M	L	2
Término	D, H, K, M	0

Gestão do Tempo de Projeto

Pede-se:

a) Desenhe a Rede de Precedência e fazer o cálculo da rede.
b) Determine o Caminho Crítico.
c) Qual é a Folga Total e a Folga Livre para a atividade "F"?
d) Caso tenha que encurtar o caminho crítico em dias, qual é a melhor atividade a ser escolhida para aplicar um *crashing* independentemente do custo?

Soluções prováveis:

a) Após desenhada a rede, seguindo as relações de precedência estabelecidas, devemos fazer o cálculo da rede por meio do "passo à frente" para obtenção das datas de início mais cedo e do término mais cedo. A seguir, devemos fazer o cálculo de "passo atrás" para determinar as datas de início mais tarde e término mais tarde de cada atividade da rede. O resultado será o seguinte:

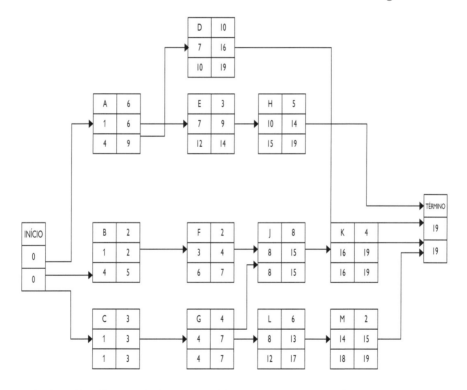

b) Para identificação do "caminho crítico" da rede, basta verificar as atividades que têm a menor folga total, ou seja, a diferença entre as datas de início mais tarde e a data de início mais cedo, ou pela diferença entre as datas de término mais tarde menos a data de término mais cedo. Com isso, obtemos a sequência C, G, J e K, conforme descrição assinalada na figura acima.

Capítulo 28

c) Para a atividade "F" teremos:

– A Folga Total (FT), que é o tempo que uma atividade pode atrasar sem comprometer o prazo do projeto como um todo, como a diferença entre as datas de início mais tarde e a data de início mais cedo, teremos:

FT = UDI – PDI = 6 – 3 = 3 ou UDT – PDT = 7 – 4 = 3

– Folga Livre (FL), que é o tempo que uma atividade pode atrasar sem afetar qualquer outra atividade sucessora à atividade em questão; sendo a diferença entre a data de início mais cedo da atividade sucessora menos a data de término mais cedo da atividade predecessora menos 1, teremos:

PDI (atividade J) – PDT (atividade F) – 1 = 8 – 4 – 1 = 3, onde a atividade J é a atividade posterior e a atividade F é a atividade em análise.

d) Conforme solicitado, vamos buscar uma redução do prazo total do cronograma por meio de uma ação de *crashing* (compactação), ou seja, redução da duração da atividade pela aplicação de recursos adicionais.

O analista deve ter atenção para que possa otimizar a aplicação adicional desses recursos, buscando, preferencialmente, atuar sobre as atividades que estejam no caminho crítico, aplicando os recursos nas atividades em que a relação custo × benefício é a maior e, finalmente, buscar atuar nas atividades de maior duração, tendo em vista que uma redução de 1 dia nessa atividade representa uma redução percentual menor do que em relação às outras com prazo de duração menor.

Dessa forma, já que o exercício não apresenta dados de custo, nossa opção será atuarmos na atividade "J", reduzindo seu prazo de 8 para 6 dias. Outra questão a ser considerada é a da mudança do "caminho crítico" para outra sequência de atividades.

Sendo assim, devemos ter o cuidado necessário para que uma redução muito grande na duração de uma atividade não provoque a alteração do "caminho crítico" da rede, o que faria com que a redução prevista não se realizasse de fato.

28.17.2 Cálculo do custo fixo e do custo variável

Como analista de custo integrante de uma equipe de projeto, você é responsável por produzir 27 peças especiais, e sabe que pode produzir 09 peças especiais por turno. Você sabe, também, que há um *set up* de custo adicional de R$ 1.000,00 para alterar a linha de produção para produzir essas peças. Cada peça especial consome R$ 10,00 de material e requer meia hora de trabalho (taxa de R$ 10,00 por homem/hora).

Pede-se:

1. Usando esses dados, qual é o custo fixo total para fabricar tais peças?
a) R$ 3.000,00.
b) R$ 27.000,00.
c) R$ 27.270,00.
d) R$ 1.000,00.
Resposta certa: "D".

2. Utilizando-se, ainda, desses mesmos dados, qual é o Custo Variável?
a) R$ 1.020,00
b) R$ 1.010,00
c) R$ 1.015,00
d) Nenhuma das alternativas anteriores
Resposta certa: "D".

Solução provável:

Embora sejam necessários 3 turnos (27/9 = 3) para produzir as 27 peças, basta alterar o set up da máquina inicialmente, no início do primeiro turno, pois nada foi informado em contrário.

Sendo assim, o custo fixo permanece em apenas 1 set up de apenas R$ 1.000,00.

Com relação ao custo marginal, para fins gerenciais, defendido desde as primeiras linhas do capítulo inicial, consideramos como marginal apenas o custo do material, que nesse caso seria de 27 peças × R$ 10,00 (material aplicado); teríamos então o custo marginal de R$ 270,00 (duzentos e setenta reais). Isso considerando o que chamamos de método de custeio marginal.

Mas, de outro lado, se aplicarmos o modelo de custo por absorção (utilizado pela legislação do I.R.), a mão de obra direta é tratada como "custo variável". Nessa situação, o custo variável seria de: Mão de obra = 0,5 hora por peça especial * R$ 10,00 por homem-hora = R$ 5,00 mais R$ 10,00 de material aplicado, totalizando R$ 15,00 × 27 peças, que seria igual a R$ 405,00.

Vale aqui a nossa defesa pelo "custeio marginal", pois, se a mão de obra (homem-hora), é relativa ao pessoal contratado pela CLT, esse custo salário com encargo social é pago de qualquer jeito, pois depende de contrato de trabalho, por isso o defendemos como "custo de natureza fixa".

Mas, de outro lado, se essa mão de obra de R$ 10,00 por hora for derivada de serviços terceirizados apenas para produzir tais peças especiais, aí sim concordamos com o custo total marginal/variável de R$ 405,00.

29

Considerações Finais acerca de Estratégias de Redução de Custos e Adequação de Preços

29.1 Introdução

Precisamos sempre reduzir custos ou eliminar desperdícios, quer pessoalmente, quer nas empresas das quais dependemos.

Quando falamos em redução de custos e/ou aumento de produtividade, estamos convergindo para pagarmos menos pelos bens e serviços adquiridos.

Nos dias atuais está em voga a máxima de que o custo é quem faz o preço.

Antes, quando praticamente não existia concorrência, cada produtor ou comerciante cobrava o preço que bem queria. Mas, aí, começaram a perceber que não bastava cobrar preço, unitariamente, elevado para vender para poucos fregueses, como era usual ser chamado o cliente na antiguidade.

Com o aumento da população mundial, os fornecedores de bens e serviços se viram na condição de produzirem mais e venderem a preços mais baratos.

Hoje em dia, existem os produtos selecionados e destinados às chamadas classes A, B, C, D e assim por diante, até atingir a pobreza extrema, cuja necessidade de volume varia de conformidade com a classe e a quantidade de pessoas que se pretende atingir com as vendas. Em tese, quanto mais alta a camada social da população, menores são os volumes e mais elevados são os preços.

Há exceções, por exemplo, quando os clientes ainda precisam ver um "alto custo" como sinal de qualidade, como perfumes, cosméticos, produtos de moda de alta qualidade, consultoria, serviços jurídicos, automóveis de luxo etc.

O oposto ocorre quando o fabricante deseja vender volume maior à população de menor poder aquisitivo, em que os preços praticados são menores. Exemplo nos dias atuais: o caso de quem deseja comprar um automóvel da marca LAND ROVER e um

Volkswagen da marca up. Esse primeiro veículo certamente custará um valor maior do que o do segundo exemplo.

Os espertos e brilhantes fabricantes, comerciantes e seus adversários concorrentes começaram a buscar formas inteligentes de reduzir custos de processos para ofertar produtos e serviços a preços mais competitivos, os chamados preços mais baixos.

Vamos partir de um notório exemplo, de fabricante de um produto qualquer, que mantém modelo de preço de venda praticamente igual nos últimos 10 anos, ou seja, produzia o produto X1 e adicionava ao custo de R$ 100,00 o *mark up* (margem) de 50% para vender esse mesmo produto por R$ 150,00, dentro da premissa de que o custo faz o preço. Nesse exemplo, o preço = R$ 100,00 (custo) + R$ 50,00 (margem) = R$ 150,00. Aí, de repente, por desconhecimento de informações do mercado, aparece um brilhante concorrente chinês vendendo o mesmo produto X1 por R$ 70,00.

Se essa empresa brasileira hipoteticamente citada for apurar o resultado, vai levar um grande susto, porque, se pegar R$ 70,00 (preço de mercado) e diminuir o seu custo, vai encontrar o resultado deficitário de R$ 30,00. O que restará para continuar subsistindo no mercado é reduzir radicalmente os seus custos: de processo, de insumos e de tecnologia, além de fortalecer e motivar os seus funcionários e terceirizados com treinamentos contínuos na busca da melhor qualidade e com o menor tempo de processo para se comparar aos preços praticados pelos concorrentes — se der tempo!

29.2 A base da pesquisa

Além da experiência brilhante de Wileman (2009), vamos nos debruçar sobre a experiência obtida em trabalhos desenvolvidos ao longo dos últimos 30 anos pela PLANTERCOST CONSULTING.

Os empresários e seus gerentes precisam se livrar dos custos excessivos sem, contudo, eliminar o potencial de crescimento futuro e sem, tampouco, desmantelar a estrutura operacional existente.

Os custos que não agregam valor ao cliente, de forma direta ou indireta, são dignos de serem eliminados. Para isso, é necessário que o corpo gerencial da empresa tenha habilidade suficiente para identificar quais são esses custos passíveis de serem cortados, sem prejudicar o processo e a estrutura operacional existente, necessários para dar continuidade ao negócio e preservar o atendimento da carteira de clientes.

Vem à mente, nesse momento, indústria que possua elevada conta de telefonia, no total de 12 linhas, e identificamos inúmeros tipos de comunicados, tais como avisos e memorandos internos aos funcionários, no entanto os custos não reduziam. Aí entra a figura e importância do consultor externo, que, depois de analisar as contas e suas causas, recomendou que fossem eliminadas seis das doze linhas telefônicas que existiam, possibilitando uma redução de custos, quase de imediato, em torno de 35%.

Os custos precisam ser gerenciados permanentemente e com visão de longo prazo. Nunca podemos deixar de lado o planejamento dos custos fixos e variáveis, bem como os relatórios comparativos entre orçado e real, pois o preço (dentro do *mix*) sempre é chamado de pré-cálculo por causa do natural planejamento, feito antecipadamente antes da liberação da chamada tabela de preços.

29.3 Quem são os usuários responsáveis pela redução de custos e adequação de preços

Este livro não é apenas destinado aos analistas, mas especialmente ao CEO (*Chief Executive Officer*), sigla em inglês do Diretor Executivo, ao COO (*Chief Operating Officer*), o nosso Diretor de Operações, aos gerentes de RH, aos *Controllers*, aos gerentes de custos, aos alunos e aos professores.

A Revista *The Economist* foi mais adiante: em maio de 2002, quando houve o entrincheiramento depois do colapso da Nasdaq e do atentado lamentável de 11 de setembro, foi publicado um grande artigo dizendo que "o corte de custos não era apenas para os maus tempos, mas é para sempre".

E disse também que as estratégias de custos e as de crescimento necessitam umas das outras, pois são inseparáveis.

Tenho profundo respeito pela boa gestão de custos. Construir um negócio enxuto e consistente, sem gorduras, é difícil, mas muito gratificante.

Gosto de ver os funcionários mais produtivos e capazes de realizar mais com menos tempo, tornando-se mais eficazes. Gosto de ser rigoroso com os fornecedores, mas de forma justa, do tipo de parceria ganha × ganha.

Essa parceria com fornecedores me faz lembrar de trabalho desenvolvido em Cia. de telefonia no ABC Paulista, em que fomos contratados para definir um preço justo para pagamento do fornecedor de serviços, para que ele também tivesse lucro, senão podíamos acabar com a chamada "galinha de ovos de ouro"...

29.4 Perfil do gerente de custos

No tocante à liderança, precisa ser: persistente, ter uma cultura de melhoria contínua, cronogramas mais curtos e ciclos de *feedback* contínuos.

Com relação às técnicas: entender a dinâmica dos custos, manter atualizada a contabilidade gerencial e seus indicadores de desempenho, agir em função do valor pelo dinheiro, cortar custos em pedaços, entender as tendências naturais do custo e realizar com constância análises comparativas.

Quanto às pessoas: contratar, reconhecer, usar da melhor tecnologia e buscar com constância o aumento da produtividade, além de demitir e minimizar o custo do negócio principal.

Em relação aos fornecedores: ter poucos e melhores fornecedores, negociar de forma inteligente e ser rigoroso com o custo dos serviços.

Ter como pensamento literal: tempo é dinheiro, a complexidade tem custo elevado, a qualidade superior corta custos e deve transformar o custo em receita, além de ter a gestão de custos como estratégia para criar valor por meio de aquisições e descobrir novas oportunidades de crescimento.

29.5 Estratégia e diagnóstico de custos

Uma das estratégias metodológicas na redução de custos foi usar o conhecimento dos próprios funcionários das empresas (havia comprometimento ético de não revelar o nome de cada um), como "ponte" para saber diagnosticar os pontos críticos que caberiam na redução de custos.

A estratégia era muito simples. Distribuíamos um formulário com o título de "Critique os CUSTOS (CC)". Nele, pedíamos que fosse indicado, além do nome do funcionário e de sua função, quais eram os pontos fortes e críticos de custos da empresa, além de sugestões e de ouvir a opinião pessoal dos funcionários e gerentes mais antigos.

Chegamos a premiar os melhores questionários. Daí juntávamos com as nossas observações como consultores, por exemplo, a proporção das Despesas Financeiras com relação às Receitas Realizadas, Giro de Estoques, comparativos de resultados, impostos atrasados etc.

De posse desses dados, concluímos o Diagnóstico de Custos para apresentação à Diretoria da Corporação, no qual chegamos às seguintes conclusões:

Despesas Financeiras:

1. Já encontramos situação em que o prazo médio de pagamentos era maior do que o prazo médio de recebimentos de clientes, ocasionando um "grande furo" no fluxo de caixa.
2. O custo financeiro de financiamento das vendas não está sendo repassado aos clientes nas vendas a prazo;
3. Não ter capital de giro próprio por falta de lucro operacional etc.

29.6 Giro e controle de estoques

1. Estoque elevado, que, comparado ao "custo da mercadoria vendida" (CMV), apresentava giro de uma vez por mês, assim calculado: CMV do mês de R$ 12.000.000,00 dividido pelo custo médio das compras em estoque de R$ 12.000.000,00.

2. Consequência de estoques elevados: além da ocupação de espaços, elevado valor de capital de giro investido nesse tipo de ativo circulante.
3. Soluções apresentadas:

a. Comprar menos e em um número maior de vezes.
Por exemplo, em vez de comprar a cada 30 dias, passou-se a comprar semanalmente alguns itens. Após parceria com fornecedores qualificados, tivemos um caso em que o estoque chegou a ser controlado em trânsito e pela própria empresa, reduzindo significativamente o dinheiro empatado com mercadorias e matérias-primas paradas sem giro.

Lembramos desse caso com nitidez, pois um dos analistas que trabalhava no Departamento Fiscal da empresa nos disse que o número de notas fiscais de fornecedores havia triplicado (hoje o processo está simplificado em função da nota fiscal eletrônica e dos arquivos no formato XML). Aí dissemos a ele que a atitude foi necessária para melhorar o fluxo de caixa da empresa e evitar atrasos nos pagamentos.

b) Tivemos um caso em outra empresa que tinha um estoque elevado de tijolos refratários utilizados em fornos de siderúrgica. Na empresa, executamos a estratégia apresentada e "zeramos" o estoque, passando todo o recurso financeiro que era empregado para o caixa da empresa, após uma parceria com um fornecedor que passou a ter o seu estoque dentro da própria siderúrgica e que recebia o valor da compra à medida que os referidos tijolos refratários eram utilizados.

c) É relevante lembrar, no tocante à redução de custos, por ocasião do armazenamento, de deixar as mercadorias e/ou matérias-primas de maior giro em locais mais fáceis de serem retiradas para o processamento fabril ou logístico comercial.

29.7 Gerenciar e cortar custos de forma inteligente

Uma boa gestão de custos é crucial para o sucesso de qualquer negócio. É necessário muito tempo e energia para desenvolver as vendas e transformar os clientes em fiéis.

Na fala de Wileman, não é preciso ser um cientista espacial para deixar esse aspecto do negócio sob controle. O mais frustrante ocorre quando a receita está entrando, mas você está ultrapassando a linha de custos, não atingindo o "ponto de equilíbrio" (break even), quando as receitas obtidas são superadas pelos custos totais.

A gestão de custos é realmente estratégica. Não é uma questão de escolher entre crescimento e corte de custos. Um bom gerente de custos lhe fornece a base para ser estratégico.

Já vimos situação de diretores preocupados em cortar custos indiretos de material de escritório – não que não seja importante, mas isso não é estratégia. Precisamos tomar o devido cuidado avaliando o custo *versus* o benefício obtido.

Essa situação me fez lembrar de quando trabalhei em empresa de alimentos como *Controller*, em que faziam o controle de combustíveis de frota por quilômetro rodado. Nessa mesma empresa realizamos análise e economizamos um "depto." inteiro em custo de pessoal, pois havia três turnos de trabalho e essa divisão tinha lá um supervisor e três funcionários basicamente para controlar o absenteísmo (*turn-over*) de pessoal. Certo dia, comparei quanto representava o custo do pessoal do departamento com os respectivos encargos sociais (férias, 13º salário, FGTS etc.) com o valor das faltas abonadas. A conclusão foi relativamente simples, pois o custo das faltas *versus* o custo do departamento representava um quinto, isto é, fechamos o departamento da empresa, economizando 80% dos custos...

É lógico que sempre temos que prezar pelo lado humano e social de empresas e das pessoas e sua sobrevivência, mas na situação citada de sobrevivência corporativa, os funcionários não poderiam ser transferidos para outros departamentos, pois os custos seriam simplesmente transferidos de local...

Sempre que tenho oportunidade de corte de pessoal, faço a seguinte analogia: "Certa vez uma linda gatinha de pelos dourados e olhos verdes deu à luz na mata a oito também lindos gatinhos; todavia, depois de amamentá-los por um dia, percebeu que tinha leite apenas para a sobrevivência de quatro deles. Ela pensou, pensou e teve que tomar uma decisão dolorosa de sacrificar quatro para que os outros quatro sobrevivessem..."

29.8 Tecnologia e produtividade

Uma nova tecnologia está transformando o custo de pessoal e aumentando radicalmente a produtividade ao automatizar ou eliminar completamente os processos de trabalhos, por exemplo em supermercados, embora ainda em fase experimental aqui no Brasil.

A produtividade do caixa de supermercados foi transformada pelo código de barras, pelos *scanners* de preços e terminais de ponto de venda – um caixa moderno pode processar transações cinco ou dez vezes mais rápido do que uma caixa da década de 1980.

A produtividade do fundo da loja foi transformada pela logística e pelas inovações na cadeia de suprimentos, incluindo o intercâmbio de dados com fornecedores, terminais portáteis, contêineres, RFID (identificação por radiofrequência, *microchips* embutidos nos produtos permitem sua localização automática e rastreamento). Em muitos casos, a mão de obra é ou poderia ser totalmente eliminada – como empregados de caixa substituídos por caixas de autoatendimento ou estoques conduzidos por rastreamento RFID, como se vê na cadeia de móveis e acessórios da IKEA, em Vancouver, no Canadá.

29.9 O mínimo de funcionários

A fim de minimizar o custo do negócio principal da organização e as dificuldades inerentes a gerenciar o custo de pessoal, um princípio estratégico fundamental é manter a organização com o mínimo de funcionários.

29.10 Subcontratação

Você poderia subcontratar a maioria dos componentes de um produto ou serviço e manter na empresa apenas as atividades consideradas de maior valor agregado, como projeto, desenvolvimento, montagem final do produto e gestão de marcas.

Os maiores fabricantes de automóveis do mundo trilharam esse caminho por décadas, transferindo grande parte do risco e da "dor" dos altos e baixos da demanda.

Esses fabricantes automotivos subcontratam fabricantes de componentes especializados que acabam sendo grandes empresas globais, como é o caso da Bosch ou Valio, ou para pequenas empresas locais fragmentadas, porém altamente eficientes, como a rede de fornecedores de moldes de plásticos no Japão, que produz 50% do custo da Toyota ou Nissan, segundo relato de Wileman (2009).

Aqui no Brasil, temos vários casos, um deles é o da Fábrica da Fiat em Betim-MG, que tem os seus principais fornecedores junto à sua fábrica. A fábrica de caminhões da VW em Rezende-RJ tem um número significativo de fornecedores, praticamente dentro de sua própria planta industrial e em outras empresas brasileiras com alto grau de terceirização. Talvez o que esbarre em decisões por parte dos CEOs das corporações seja a restrição, legalmente imposta, de não terceirizar a chamada atividade-fim, embora haja nos dias atuais projeto ampliando os serviços de terceiros parado no Parlamento Brasileiro dependendo de aprovação. Quem sabe isso possibilitaria a alavancagem necessária para as empresas contratarem mais e melhorarem a sua competitividade em nível mundial.

29.11 A essência da terceirização

Você também pode minimizar o custo do negócio principal da organização ao terceirizar funções administrativas, como TI, contabilidade, folha de pagamento, escrituração fiscal digital e processamentos financeiros.

Empresas enormes foram construídas em torno dessa tendência, incluindo centenas de milhares de pessoas empregadas pela Accenture, IBM Global Services, EDS e PwC, no Ocidente e em países como a Índia e as Filipinas.

É praxe nas empresas brasileiras também a terceirização dessas atividades, especialmente em empresas de cartões de créditos, empresas de comunicação e imagem em seus CALLS CENTERS e outras.

Por exemplo, uma empresa de terceirização de processamento de pedidos de indenização não tem nenhum custo material, exceto pessoal, assim se concentrará em manter esse custo o mais baixo e flexível possível. Seu cliente, seguradora que terceirizou o processo, quer se concentrar no alto valor agregado do desenvolvimento de produto, na habilidade atuarial, na gestão da marca e na distribuição.

De outro lado, se o processamento de pedidos de indenização se mantiver no negócio principal da organização, os empregados que realizam esse trabalho provavelmente se tornarão improdutivos e com salários muito altos. No entanto, se houver uma retração do negócio no mercado, o trauma do *downsizing* será transferido também à empresa terceirizada.

29.12 O caso dos custos de fornecedores

Fornecedores são aqueles com quem as pessoas gostam de gerenciar e ser "rigorosas". É divertido "bater na mesa" de reunião exigindo reduções de preços e melhores serviços e ameaçando mudar de fornecedor.

Mas, apesar de parecer divertido ameaçar o fornecedor, não significa que é necessário. A abordagem de "bater na mesa" na gestão de fornecedores não o levará muito longe. Para gerenciar o custo de fornecedores, você precisará ser esperto, ponderado e devidamente estruturado.

Permitam-me aqui listar algumas experiências de outros países, embora aqui no Brasil muitas companhias de ponta também procedam com sabedoria, conhecendo o mercado de seus fornecedores e os qualificando para garantirem não apenas preço mas qualidade e pontualidade, a fim de não investirem, desnecessariamente, em estoque (o chamado de segurança).

Mas essas citações constituem-se em conhecimentos que não ocupam espaços do cérebro e podem perfeitamente ser absorvidas e implementadas em seu negócio, respeitando, logicamente, as suas particularidades.

Bem, os negócios existem no varejo e no atacado. Um comprador de vestuário tem que analisar novos sortimentos, estudar revistas de moda, visitar fornecedores.

Um comprador de alimentos embalados da Tesco ou da Wal-Mart recebe as melhores equipes de vendas e marketing da P&G (fundada pelo inglês William Procter e pelo irlandês James Gamble: que tinham o sonho de melhorar a vida das pessoas todos os dias...) em seu escritório, que imploram por espaço de prateleira e mostruários nas extremidades dos corredores.

Vamos admitir, hipoteticamente, o nome da compradora como Marie Michel. Ela é compradora de frutos do mar da Brake Brothers, um grande atacadista europeu fornecedor de alimentos. Ela passa o tempo todo de seu trabalho visitando pescadores e processadores de peixes no Japão e na Escócia, de fazendas de ostras e camarões em Arcachon e ao norte da Espanha, pescadores de bacalhau da Islândia. Ela é especialista mundial em ecologia, biologia e economia de pesca.

Os maiores compradores vêm do topo da cadeia alimentar gerencial. Os diretores de compras são geralmente o executivo mais sênior abaixo do CEO (*Chief Executive Officer*) e membros do Conselho de Administração. A maioria dos CEOs vem de varejo e do atacado veio das divisões de compras.

Existe, também, o gerente de compras ou de suprimentos de uma empresa manufatureira. Esse é o tipo de trabalho poderoso. Você pode passar o tempo com autopeças, aço, alimentos não processados, óleos e plásticos. Você pode medir forças com representantes de vendas e comerciantes de cabelos grisalhos, navegar na cadeia de suprimentos globais e acompanhar os preços *spot* (preços em bolsa de mercadorias).

Você alimenta programas de produção complexos, certificando-se de que a linha não caia, mas mantendo os preços e o estoque apertados. O diretor de produção quer muito a sua cabeça em uma bandeja se as coisas saírem erradas. Por exemplo, se faltar um componente para concluir um produto para entrega ao cliente...

Gerentes de suprimentos estão bem no topo da cadeia alimentar, embora não estejam acima dos compradores. Eles geralmente se reportam ao diretor de manufatura, e é esse diretor quem dá as cartas...

Por último, existe o gerente de *procurement* (aquisição), que também pode ser o gerente de compras em um negócio de serviços. Essa é uma função que compra "todos os outros" custos, tais como equipamentos e peças de informática, material de escritório, refeições, limpeza, atividades de apoio terceirizadas, tais como: contabilidade, processamento, RH, consultoria, advocacia, seguros etc.

29.12.1 O equilíbrio de forças entre o comprador e o vendedor

Participar do equilíbrio de forças entre o comprador e o vendedor é uma habilidade principal na gestão do custo de fornecedores.

Você precisa admitir e entender quanto seu negócio também é importante para o seu fornecedor – qual é a porcentagem de sua receita ou lucros que você representa, qual é a importância do fornecedor para você, qual é a porcentagem dos custos que ele representa, quanto ele é crítico para o funcionamento de seu negócio e com que facilidade você pode encontrar um substituto.

29.12.2 Concentre em poucos e melhores fornecedores

Muitos negócios podem ganhar com a concentração de sua base de fornecedores (rede de parceiros).

Um volume maior por fornecedor pode propiciar melhores preços – devido à economia de escala do fornecedor –, corridas de produção mais longas, custos fixos ou diluídos.

Trabalhar com menos fornecedores também proporciona mais tempo para um planejamento de contas de cada um, a fim de descobrir maneiras de trabalhar melhor juntos, buscando vantagens mútuas e aplicando as melhores práticas para toda a cadeia de suprimentos.

A otimização do relacionamento com seus fornecedores não é uma questão de quem tem o poder ou quem pode dispensar o outro. Mesmo quando você dá as cartas, é preciso investir tempo nos relacionamentos com os fornecedores-chaves e ser um negociador inteligente.

Nunca negocie a ponto de não haver lucros para o seu fornecedor...

Seja rigoroso com os custos e os serviços...

29.13 Custos de fretes

É um dos itens também de grande preocupação na gestão de custos de uma companhia.

As empresas têm duas alternativas para transportar os produtos: transporte com veículos de carga próprio ou contratado de terceiros dentro do seu ramo de atividade.

Na maioria das vezes, as empresas, para não fugirem de sua atividade-fim, acabam contratando os serviços de fretes de terceiros ou, em algumas ocasiões, acabam deixando 30% de frota própria e os outros 70% terceirizados.

As empresas precisam de grande habilidade na contratação de empresas de transporte, a fim de reduzir os custos.

Encontramos uma situação atípica em uma empresa de caixas de papelão ondulado onde fizemos um "raio-X" do processo e não encontramos nenhuma divergência alarmante, pois ela mantinha de forma adequada todos os princípios da Qualidade Total, inclusive com auditorias frequentes em seus processos, todavia não sabia por que um "grande" cliente reclamava sempre e estava prestes a perdê-lo, especialmente por causa do problema de qualidade.

Depois da peregrinação que fizemos, com os consultores da Plantercost Consulting, acabamos detectando o problema, pois o responsável do *procurement*, engenheiro recém-formado, cumpria com uma Norma de Procedimentos antiga que fazia com que houvesse rodízio de fornecedores de serviços de fretes, além de toda vez fazer, no mínimo, três cotações de preços.

O problema da reclamação do cliente foi até que facilmente detectado, pois, além da variação constante desse fornecedor de frete, o pessoal da "Qualidade Total" nunca tinha feito nenhum tipo de treinamento e aplicado o princípio de parceria constante, também com os fornecedores de serviços de fretes, como faziam com os principais fornecedores de matéria-prima; no caso, de papelão ondulado.

Finalmente, o que acontecia era que os funcionários da transportadora simplesmente jogavam os fardos de caixas de embalagem literalmente dentro do caminhão e também faziam o mesmo quando descarregavam as aludidas embalagens. Os "cantos" das caixas ficavam danificados. Imagine você comprando uma caixa de biscoito qualquer e visualizando os seus cantos laterais danificados...

Como solução, foram selecionados os melhores transportadores, não pelo preço, além de treinamentos de como carregar e descarregar entregas de produtos com o devido cuidado em cada cliente...

29.14 Custo de marketing

Os custos de marketing são os mais complicados para serem analisados. Você precisa fazer os seguintes questionamentos:

- Você está gastando muito ou pouco?
- Por que você não corta 15%, por exemplo, em outro lugar? O negócio sofreria se você cortasse esse percentual?
- Ou por que não investe à frente dos concorrentes para assumir a dianteira e ter uma posição superior?
- Em princípio, temos que proteger os custos com marketing a fim de não destruir a marca da empresa.
- Você está gastando nos canais certos e utilizando a mídia certa para alcançar os segmentos de clientes certos?
- Você está gastando de maneira eficaz?

29.15 Um estudo de caso sobre redução de custos

Nossa equipe de consultores da Plantercost Consulting participou de um projeto de melhoria da qualidade e aumento de produtividade combinados com redução de custos.

Em uma grande corporação, com equipe de aproximadamente 20 consultores, iniciamos com um diagnóstico geral envolvendo papel celofane e outros produtos derivados de argila.

A companhia, nos anos 1990, início da era Collor de Melo, estava com resultados deficitários e preocupada com o futuro que estava por vir, embora, naquele momento, possuísse uma significativa participação de mercado.

Assim que o diagnóstico geral foi apresentado à diretoria, foi realizado planejamento com cronograma com etapas de ação, com definição de prioridades e treinamento.

Recordamos bem que aplicamos os treinamentos 5S, *housekeeping*, eliminação de desperdícios, limpeza geral e branqueamento das paredes, nos quais os funcionários trabalhavam reformas de banheiros (alguns esmurrados – talvez por insatisfação de alguns funcionários) e paralelamente redução radical do quadro de trabalhadores (priorizando os solteiros).

Depois de algum tempo, o quadro de funcionários sofreu redução de mais de 30%; consequentemente, os resultados positivos começaram a aparecer e a produtividade aumentar.

Hoje é um grupo dos mais sólidos, pois está ainda havendo reestruturação e focando ainda mais o negócio, além de ramificação em outros países do continente.

29.16 Custo da comissão de venda

Prestamos consultoria em uma empresa que tem algumas filiais espalhadas pelo Estado de São Paulo, e, por ocasião da análise do resultado de cada filial e consolidado geral, observamos que os descontos concedidos eram praticamente incontroláveis para não perder as vendas, especialmente nesses momentos difíceis que ainda se vive na economia brasileira.

No início, houve certa resistência por parte da equipe de venda, pois o que comandava a decisão era vender, vender. Em certo momento disse a eles que não poderiam pensar apenas no faturamento obtido, mas também na margem de contribuição necessária para cobrir os custos fixos e gerar lucro.

Abaixo, descrevemos uma situação simplificada e no final para contar as mudanças geradas, também, caro leitor, pode ser copiada e implementada em seu negócio em situações semelhantes. Então, vamos ao caso em que a sugestão era otimizar a margem de contribuição e o lucro operacional daquela divisão denominada filial, como segue, com dados meramente hipotéticos:

1ª SITUAÇÃO DE PAGAMENTO DE COMISSÃO SOBRE VENDAS
DRE (DEMONSTRAÇÃO DO RESULTADO DO EXERCÍCIO)

DRE – FILIAL DO VALE DO PARAÍBA (VP)		
MARK UP DE	2,00	Em R$ 1,00
VOLUME MÉDIO (MIX)	2000	
RECEITAS BRUTAS	**1000000**	**100,00%**
(–) TRIBUTOS SOBRE VENDAS		
ICMS/PIS/COFINS	–212500	–21,25%
RECEITAS LÍQUIDAS	**787500**	**78,75%**
CUSTOS VARIÁVEIS:		
CMV	–500000	–50,00%
COMISSÃO DOS VENDEDORES	–36800	–3,68%
COMISSÃO DO GERENTE DA LOJA	–500	–0,05%
OUTROS CUSTOS VARIÁVEIS	–50200	–5,02%
MARGEM DE CONTRIBUIÇÃO	**200000**	**20,00%**
(–) CUSTOS FIXOS		
SALÁRIO FIXO DO GERENTE DA LOJA	–4500	–0,45%
OUTROS CUSTOS FIXOS	–204500	–20,45%
LUCRO OPERACIONAL DA LOJA	**–9000**	**–0,90%**
PONTO DE EQUILÍBRIO (BREAK EVEN)	1045000	104,50%

Conclui-se dessa DRE que:

1. Os vendedores recebem a comissão sobre vendas no valor de R$ 36.800,00.
2. O gerente o valor de R$ 5.000,00 (R$ 4.500,00 fixo mais R$ 500,00) variável.
3. A referida empresa de móvel está operando com o prejuízo líquido de R$ 9.000,00 ou precisamente 0,90% da receita de venda do período.

Considerações Finais acerca de Estratégias de Redução de Custos e
Adequação de Preços

2ª SITUAÇÃO – COMISSÃO DE VENDAS PAGA SOBRE A MARGEM DE CONTRIBUIÇÃO PARA OS VENDEDORES E SOBRE O LUCRO DA LOJA PARA O GERENTE

DRE – FILIAL DO VALE DO PARAÍBA (VP)		
MARK UP DE	2,20	Em R$ 1,00
VOLUME (MIX MÉDIO)	1.900	
RECEITAS BRUTAS	950.000	100,00%
(–) TRIBUTOS SOBRE VENDAS		
ICMS/PIS/COFINS	–201.875	–21,25%
RECEITAS LÍQUIDAS	748.125	78,75%
CUSTOS VARIÁVEIS		
CMV	–431.818	–45,45%
OUTROS CUSTOS VARIÁVEIS	–47.800	–5,03%
MARGEM ANTES DO CÁLCULO COMISSÃO DE VENDEDORES	268.507	28,26%
DESP COMISSÃO DOS VENDEDORES (CV)	–40.480	–4,26%
<u>MARGEM DE CONTRIBUIÇÃO APÓS CV</u>	<u>228.027</u>	<u>24,00%</u>
(-) CUSTOS FIXOS		
SALÁRIO FIXO DO GERENTE DA LOJA (GL)	–4.500	–0,47%
OUTROS CUSTOS FIXOS	–164.500	–17,32%
LUCRO OPERACIONAL ANTES CL	59.027	30,22%
DESPESAS COM PARTICIPAÇÃO LUCRO GL	–1568	–0,17%
LUCRO OPERACIONAL APÓS PARTICIPAÇÃO GL	57.459	30,05%
PONTO DE EQUILÍBRIO (BREAK EVEN)	710.617	74,80%

Análise do resultado com o pagamento de comissão do vendedor com base na margem de contribuição e o gerente recebendo participação sobre o lucro da loja, como segue:

1. O vendedor aumentou a sua comissão em R$ 3.680,00 (de R$ 36.800,00 para R$ 40.480,00) com aumento significativo de 10%!
2. O gerente da loja, por sua vez, continuou ganhando os R$ 4.500,00 de comissão fixa, todavia o seu ganho variável passou de R$ 500,00 para R$ 1.568,00, ou seja, com aumento de 213,6%.
3. A empresa exemplificada passou de um prejuízo na primeira situação de R$ 9.000,00, representando 0,9% das vendas, para R$ 98.419,00 ou, mais precisamente, 10,36% sobre as vendas realizadas.
4. Vale ressaltar, na comparação das duas situações, o aumento do valor agregado em 11,11%, apesar da diminuição do volume, pois o valor agregado de cada item vendido permaneceu em R$ 500,00. É lógico que é uma situação meramente hipotética que deve ser adaptada a cada caso. Mas uma coisa eu digo para você, leitor: a ideia é totalmente válida, pois não tem cabimento pagar comissão sobre vendas sem que o seu vendedor e o seu gerente tenham a preocupação de gerar lucro para o negócio do qual eles dependem!
5. Bem, onde pode estar o "X" da questão? Os vendedores passaram a incentivar a venda dos produtos com maior valor agregado. Para você, leitor, poderá ser muito útil se adaptado às suas necessidades, pois, em plena turbulência econômico-financeira que estamos vivendo neste século XXI, não nos parece lógico pagar comissão sobre as vendas sem nos preocupar com o resultado do negócio. Nesse caso, ambos saem ganhando, os seus colaboradores, vendedores, gerente e a empresa, aumentando com isso o tempo de vida útil do negócio. Guardando as devidas proporções, seria o mesmo caso de você estar pagando horas extras extraordinárias a um departamento de montagem de peças, em uma indústria de máquinas, mas, de outro lado, sabe-se que a companhia está operando no todo com prejuízo.

29.17 Custo de filial

É muito importante você se preocupar com as ramificações de seu negócio, em suas micropartes, especialmente os "Centros de Lucros", que são intitulados no ramo comercial de filiais.

Vamos avaliar o resultado de três filiais, da empresa comercial JK, como poderia ser o "Centros de Lucros" de negócios estratégicos, do tipo, produção de encerados,

Considerações Finais acerca de Estratégias de Redução de Custos e Adequação de Preços

produção de cimento, produção de cal, produção siderúrgica etc. São Situações em um Grupo de Negócios, que podem ser chamados de Centro de Lucros.

Mas vamos voltar aos casos aqui exemplificados. Temos três filiais que apresentaram nos últimos meses (média) os seguintes faturamentos, custos operacionais/despesas e seus respectivos resultados operacionais, como seguem:

DRE DE FILIAIS E CONSOLIDADO DE GRUPO JK				R$ 1,00
FILIAIS (CENTRO DE LUCRO)	RECEITAS OPERACIONAIS	CUSTOS OPERACIONAIS	RESULTADO OPERACIONAL	ANÁLISE VERTICAL
1010	1000000	900000	100000	10,0%
1020	1000000	1050000	−50000	−5,0%
1030	1000000	950000	50000	5,0%
TOTAL CONSOLIDADO	3000000	2900000	100000	3,3%

Qual seria a sua decisão, a princípio, para maximizar o resultado desse grupo empresarial?

Se for tomada a decisão de cortar a filial 1020, o resultado consolidado será o seguinte:

FILIAIS (CENTRO DE LUCRO)	RECEITAS OPERACIONAIS	CUSTOS OPERACIONAIS	RESULTADO OPERACIONAL	ANÁLISE VERTICAL
1010	1000000	900000	100000	10,0%
1020	0	0	0	0,0%
1030	1000000	950000	50000	5,0%
TOTAL CONSOLIDADO	2000000	1850000	150000	7,5%

Essa decisão contribuiu para viabilizar o negócio com aumento do lucro em R$ 50.000,00, ou seja, o lucro de R$ 100.000,00 na situação anterior, passando a ser de R$ 150.000, com aumento de 50%.

Essa é a importância do "controle gerencial" em seu negócio!

29.18 O custo da compra centralizada

Vamos contar uma situação que aconteceu conosco, entre outras, em uma empresa siderúrgica nas proximidades do Estado do Rio de Janeiro, que tinha as suas compras centralizadas na cidade de São Paulo. Vamos ao caso:

1. As compras eram processadas e licitadas em São Paulo (entre três e cinco fornecedores, como mandavam as "normas de procedimento").
2. Foi constatado e comprovado que havia lote de mercadoria, com baixo valor agregado, que o custo da "burocracia" custava mais caro do que o valor do produto em si!
3. Havia documentos de aprovação com meia dúzia de assinaturas. (Quanto mais complexo o processo de compra, maior é a necessidade de valor investido em estoque, prejudicando assim o capital de giro do negócio, podendo resultar em pagamento de juros financeiros desnecessários!)
4. A decisão foi relativamente simples, depois de concluído o chamado "diagnóstico":
   a. As compras foram descentralizadas para as unidades dos municípios da siderúrgica. Quem tem que saber o que precisa de material de informática é o próprio departamento de TI. Quem precisa saber o que precisa no setor de Limpeza é o próprio setor. A seção de faturamento é que sabe o que precisa para imprimir, nos dias atuais, a nota fiscal eletrônica com papel sulfite, *toner* etc. E assim por diante.
   b. A economia de custos foi bastante significativa com as compras locais, inclusive pagando um pouco mais pelo preço de cada unidade adquirida. Os estoques precisam ficar nas lojas do comércio. Se precisar de um saco de cimento para fazer um reparo em uma calçada, tenho que buscar, a título de exemplo, na loja de material de construção da cidade local. Para os materiais de uso estratégico, como minério, carvão, sucata, temos, logicamente, de manter uma política específica que continuou, pois não eram adquiridos pelo escritório citado de São Paulo. Só sabemos que o pessoal dos departamentos locais ficou mais feliz, pois as dificuldades para requerer material, colher assinatura dos encarregados e gerentes, mesmo para itens de pouco valor agregado, eram muito grandes. Tudo foi simplificado, os custos foram significativamente reduzidos e principalmente os valores investidos em estoques do ativo, sem necessidade, além de ocuparem espaços preciosos.
   c. São essas situações, que chamamos de atividades, que podem deformar as pessoas, de forma respeitosa, pois executam atividades sem necessidades aparentes, que não agregam nenhum valor adicionado ao produto adquirido pelos clientes. Na outra ponta do negócio, o pessoal da área comercial tenta embutir todos esses custos no preço de venda e nada consegue e culpa o Governo, que nem sempre pode assumir pela falta de um melhor gerenciamento estratégico nos negócios da sua empresa.

29.19 Custo de abate de boi

Recentemente, em atividade de pescaria, encontrei-me com o meu amigo Afonso, que me disse que tinha uma fazenda de boi de engorda, abatido na cidade de Cuiabá, cujas peças de carne dianteira e traseira eram transferidas para seus açougues em cidades da região da grande São Paulo. Porém, ele achava o custo elevado e tinha dúvidas se comprar a carne de fornecedores tradicionais de São Paulo não seria mais vantajoso. Disse-me que o seu grande diferencial competitivo era que engordava o boi novo e tinha todo um rastreamento para ter uma espécie com qualidade comprovada, mas nos disse também que o custo da logística com o frete era muito elevado. Eu disse a ele: "Por que você não apenas abate o boi, mas deveria também desossar e transportar apenas a carne resfriada e/ou congelada, pois o custo de transporte poderia representar 50% do custo total". Além de baratear os custos, poderia vender a preços mais competitivos, não logicamente transferindo toda vantagem obtida com a redução do custo de transporte para o preço.

29.20 O custo do *mix*

Havia a empresa "Nossa Economia", que fabricava produtos diversos e não sabia o que fazer mais para reduzir custos. Fazia um "rastreamento" de todos os custos administrativos e industriais, reduzindo custo de limpeza, usava o verso da folha de papel de sulfite, substituía fornecedores com preços mais competitivos, reduzia comissão de vendas e começou a fazer vendas diretas aos principais clientes. Fazendo melhorias, notou, de certa forma, que os vendedores e alguns clientes "mandavam" em sua fábrica, pois esta produzia e entregava apenas o que eles queriam e nos preços que lhes conviessem mais.

Isso mostra a importância da presença do consultor, que inicialmente fez as demonstrações de resultado comprovando que realmente os prejuízos estavam corretos. Com a *expertise* do consultor, começou a fazer analogia com o *mix* de venda. Abaixo indicamos o resultado negativo obtido e na sequência um novo *mix* de venda, dentro da particularidade do ramo existente, conforme quadros abaixo:

Capítulo 29

a) Situação de Prejuízo

PRODUTOS	P01	AV	P02	AV	P04	AV	P06	AV	P07	AV	CAPACIDADE INSTALADA	A.V.
VOLUME (MIX)	5	%	20	%	100	%	45	%	30	%	200	%
PREÇO	R$ 25,00		R$ 20,00		R$ 40,00		R$ 45,00		R$ 20,00		R$ 10,00	
RECEITA	R$ 125,00	100,00%	R$ 400,00	100,00%	R$ 4.000,00	100,00%	R$ 2.025,00	100,00%	R$ 600,00	100,00%	R$ 7.150,00	100,00%
(−) CUSTO VARIÁVEL	− R$ 37,50	− 30,00%	− R$ 60,00	− 15,00%	− R$ 3.000,00	− 75,00%	− R$ 951,75	− 47,00%	− R$ 300,00	− 50,00%	− R$ 4.349,25	− 60,83%
LUCRO MARGINAL	R$ 87,50	70,00%	R$ 340,00	85,00%	R$ 1.000,	25,00%	R$ 1.073,25	53,00%	R$ 300,00	50,00%	R$ 2.800,75	39,17%
CUSTO FIXO TOTAL											− R$ 3.515,75	− 49,17%
RESULTADO OPERACIONAL											− R$ 715,00	− 10,00%
PONTO DE EQUILÍBRIO (BREAK EVEN)											R$ 8.975,31	206,36%

Na análise dessa Demonstração de Resultado do Exercício (DRE):

1. Foi constatado prejuízo operacional de R$ 715,00, representando 10% das vendas realizadas.
2. O ponto de equilíbrio (PE) foi de R$ 8.975,31 necessários de vendas para que a empresa exemplificada não incorresse em prejuízo.

Considerações Finais acerca de Estratégias de Redução de Custos e Adequação de Preços

b) Situação de Lucro

DEMONSTRAÇÃO DO RESULTADO DO EXERCÍCIO (DRE)

PRODUTOS	P01	AV	P02	AV	P04	AV	P06	AV	P07	AV	TOTAL	AV
LMU	15,50		16,00		10,00		23,85		10,00		17,99	
CVU	-7,50		-3,00		-30,00		-21,15		-10,00		-11,47	
VOLUME (MIX)	40		79		11		65		5		200	
PREÇO UNITÁRIO	R$ 23,00		R$ 19,00		R$ 40,00		R$ 45,00		R$ 20,00			
RECEITA	R$ 920,00	100,00%	R$ 1.501,00	100,00%	R$ 440,00	100,00%	R$ 2.925,00	100,00%	R$ 100,00	100,00%	R$ 5.891,00	100,00%
(-) CUSTO VARIÁVEL	-R$ 300,00	-32,61%	-R$ 237,00	-15,79%	-R$ 330,00	-75,00%	-R$ 1.374,75	-47,00%	-R$ 50,00	-50,00%	-R$ 2.293,95	-38,94%
LUCRO MARGINAL	R$ 620,00	67,39%	R$ 1.264,00	84,21%	-R$ 110,00	25,00%	R$ 1.550,25	53,00%	R$ 50,00	50,00%	R$ 3.597,05	61,06%
(-) CUSTO FIXO TOTAL											-R$ 3.515,75	-59,68%
RESULTADO OPERACIONAL											R$ 81,30	1,38%
PONTO DE EQUILÍBRIO (BREAK EVEN)											-R$ 5.757,86	-97,74%

A.V. – ANÁLISE VERTICAL   LMU – LUCRO MARGINAL UNITÁRIO   CVU-CUSTO VARIÁVEL UNITÁRIO

Análise dessa segunda Demonstração de Resultado do Exercício (DRE):

1. O ponto de equilíbrio, que era de até R$ 8.975,31 caiu em comparação a essa segunda DRE para R$ 5.606,36, ou seja, de R$ 3.368,95 (em 60%), podendo ser mais facilmente atingido em volume de vendas acumuladas nas condições exemplificadas. A mudança no mix contribuiu com o lucro de R$ 560,25.

2. Qual foi o "milagre"?

O milagre foi mudar o *mix* de vendas, pois em algumas empresas costumamos dizer que quem "manda" são os vendedores e os clientes (é lógico) e que dependemos deles; todavia, não podemos vender no volume e nos preços que querem. Aqui entra, mais uma vez, a importância de ter um bom PLANEJAMENTO do que se pretende, dentro do negócio.

E o segredo, é lógico, é que não basta apenas colocar no papel se o mercado não compra, mas não podemos desprezar o marketing. Em algumas empresas consultadas, além de enxugar os desperdícios e os custos, tivemos que mudar o *mix* de venda, logicamente levando em consideração os aspectos da logística de compra de matérias-primas e entregas dos produtos e situação da concorrência.

Apesar de simulado, tivemos, recentemente, um caso bastante semelhante, logicamente com um número maior de produtos, que foi a mudança para um *mix* rentável de venda.

Nessa situação do quadro anterior, para sair de uma situação de prejuízo para uma situação de lucro simplesmente mudamos o *mix* (composto de produtos), diminuindo o volume de produtos com baixo valor agregado e aumentando o volume de produtos com maior margem de contribuição, que no caso foram os produtos P01 e P02, além de reduzirmos os preços de vendas respectivamente para R$ 20,00 e R$ 18,00, a fim de propiciar maior incremento das vendas desses produtos em volume, respeitando em parte a lei da oferta e da procura.

29.21 Custo da concorrência e do preço

Se fôssemos donos sozinhos do mercado, não teríamos que nos preocupar com preços, mas sim com o volume. Mas isso é utópico. Agora vamos transitar, por exemplo, na Rodovia dos Bandeirantes, que liga várias cidades a partir de São Paulo ao Oeste: temos apenas uma concessionária para pagarmos o nosso pedágio quando passamos com o nosso automóvel. Cabe ao Governo tal fiscalização, a fim de evitar abusos...

Mas na maioria dos negócios, é muito salutar ter concorrentes, a fim de que cada empresa busque o seu nicho de mercado e procure melhorar a cada dia, não apenas fornecendo produto de qualidade, mas também um serviço de qualidade superior.

Considerações Finais acerca de Estratégias de Redução de Custos e Adequação de Preços

Se você vai abrir um negócio novo, inicialmente o mínimo que deve ser feito é conhecer o mercado em que vai atuar, não só local, mas internacional, montando o seu banco de dados dentro da concepção do BIGDATA, a fim de estabelecer as regras do seu jogo.

Vamos partir do pressuposto de que você já tenha pesquisado e descoberto com quais concorrentes disputará o mercado, por exemplo, brasileiro.

Você monta e estrutura sua fábrica e sua administração, com o cuidado de definir o Plano Estratégico, Tático e Operacional, mantendo um programa de educação continuada para você e toda a sua equipe de trabalho.

Mas no que queremos chegar é que inicialmente foi necessário entre capital fixo e de giro o montante de R$ 1.000.000,00, que denominaremos "Capital Operacional" para dar o *star up* no seu negócio. Esse dinheiro, aplicado nos dias atuais, vamos admitir que fosse remunerado à razão de 15% ao ano.

Bem, vamos agora montar o orçamento de vendas, partindo-se da Demonstração do Resultado do Exercício (DRE), com o foco de formar a margem de lucro e o respectivo preço de venda dos produtos.

Chamamos sua atenção, porque em toda formação de preço inicia-se o que chamamos de "baixo para cima" (*down up*) com o lucro operacional desejado, aí acrescentamos o "custo estrutural fixo", necessário para manter a capacidade instalada em condições de venda, produção e administração.

O orçamento inicial da DRE anual é o seguinte, com destaque para os preços individualizados retirados do "banco de dados" (BIGDATA) do concorrente.

Vamos admitir taxa anual de 15%, exclusive inflação e mais 5% anual por conta de risco natural da atividade industrial, totalizando o montante de 20% a ser aplicado sobre o "capital operacional investido" de R$ 1.000.000,00.

Definimos como estratégia inicial operar as vendas com preços em 10% a menor que os concorrentes como hipótese, buscando elevar esse preço ao longo do segundo ano, além de praticar qualidade superior dos serviços, dentro das características esperadas pelos novos clientes, além da "prática da excelência no atendimento", cujos detalhes do orçamento da DRE, preços priorizando-se os produtos com maior lucro (valor agregado) por hora/máquina, dentro das condições de mercado.

Inicialmente, vamos mostrar a Memória de Cálculo, com os pressupostos necessários para a montagem da DRE; no segundo quadro, a DRE propriamente dita, com as explicações que se fizerem necessárias, como segue:

Capítulo 29

EMPRESA: INDÚSTRIA AQUARELA DE MÁQUINAS LTDA. (INAM)

MEMÓRIA DE CÁLCULO PARA MONTAR A DEMONSTRAÇÃO DO LUCRO DO EXERCÍCIO – 1º ANO DE ATIVIDADE

LINHAS

	PRODUTOS	AQUA-01	AQUA-02	AQUA-03	AQUA-04	CONSOLIDADO	
						*MÉDIAS	TOTAIS
2	PREÇO CORRENTE DA CONCORRÊNCIA (EM REAIS)	11	15,00	20,00	27,50		
3	TOTAL CAPACIDADE INSTALADA (EM HORAS/MÁQUINAS)						31.500
4	TEMPO DE PRODUÇÃO UNITÁRIO (H/M)	1	2	3	4		
5	PREÇO DE VENDA UNITÁRIO LÍQUIDO	10,00	13,64	18,18	25,00	20,14	
		100%	100%	100%	100%		
6	CUSTO DO PRODUTO VENDIDO UNITÁRIO	–3,00	–5,00	–5,00	–5,00	–4,70	
		–30%	–37%	–28%	–20%		
7	DESPESAS OPERACIONAIS VARIÁVEIS UNITÁRIAS	–2,00	–1,00	–1,00	–1,00	–1,15	
		–20%	–7%	–6%	–4%		
8	LUCRO MARGINAL UNITÁRIO	5,00	7,64	12,18	19,00	14,29	
		50%	56%	67%	76%		
9	LUCRO MARGINAL POR HORA	5,00	3,82	4,06	4,75	4,54	
10	VOLUME PLANEJADO DE VENDAS	1.500	500	3.000	5.000		10.000
11	TEMPO TOTAL POR HORA/MÁQUINA (HM) PLANEJADO	1.500	1.000	9.000	20.000		31.500

* As médias foram calculadas com base no quadro seguinte.

Considerações Finais acerca de Estratégias de Redução de Custos e Adequação de Preços

Essa memória de cálculo necessário para elaborar a DRE, embora alguns itens fossem autoexplicativos, merece alguns comentários adicionais por linha, como segue:

1. Nome dos produtos exemplificados no modelo.
2. Preço médio obtido da concorrência com produto semelhante, embora o ideal fosse a quantificação do *mix* de volume, também.
3. Total em horas-máquina, fator restritivo, da capacidade instalada da empresa INAM.
4. Tempo de produção por hora/máquina por produto, também como fator restritivo do processo.
5. Preço de venda planejado de venda. O produto AQUA-04 teve uma redução de preço de venda em relação ao concorrente em 20%, a fim de ser incrementado volume maior de venda, em função de o valor da "margem de contribuição unitária" ser o melhor produto, pois apresenta o valor de R$ 4,75 por hora/máquina.
6. Custo do produto vendido é o planejado para a venda do produto, apenas os seus custos variáveis ou marginais, como matéria-prima, embalagens e demais insumos.
7. Como despesas variáveis, podemos destacar todos os gastos necessários para a venda do produto, tais como: fretes de entrega, comissão sobre vendas, deságio de cartão de crédito e juros de financiamentos embutidos nos preços.
8. Por lucro marginal (custeamento marginal), que é obtido pela diferença entre a receita líquida de vendas, deduzido dos custos/despesas variáveis totais.
9. Nesta linha, destacamos informação das mais relevantes, dentro do conceito de fatores de restrição do processo, sendo calculado pelo total de lucro marginal de cada produto, dividido pelo total de horas/máquina necessárias para a sua fabricação.
10. Volume planejado de venda de cada unidade, por tipo de produto.
11. Tempo total por hora-máquina planejado: volume multiplicado pelo tempo hora.

Observação importante: Destacamos que, desde as páginas iniciais desta obra, adotamos o conceito do "Custeamento Marginal", a fim de diferenciá-lo do método do "custeio por absorção" usado pela contabilidade de custo regida pela legislação do imposto de renda, que trata a mão de obra direta como custo variável, o que em nossa opinião é um conceito "errado", pois mão de obra, quando contratada pela CLT e normas sindicais, acaba sendo um dos custos mais fixos da empresa, pois são pagos independentemente se o trabalhador produzir mais, menos ou nada...

Capítulo 29

		EMPRESA: INDÚSTRIA AQUARELA DE MÁQUINAS LTDA. (INAM)								
		DEMONSTRAÇÃO DO RESULTADO DO EXERCÍCIO (R$) – ANUAL								
12	TOTAL DAS RECEITAS LÍQUIDAS DE VENDAS	15.000	100%	6.818	100%	54.545	100%	125.000	100%	201.368	100%
13	TOTAL DOS CUSTOS DOS PRODUTOS VENDIDOS	−4.500	−30%	−2.500	−37%	−15.000	−28%	−25.000	−20%	−47.001	−23,34%
14	TOTAL DAS DESPESAS OPERACIONAIS VARIÁVEIS	−3.000	−20%	−500	−7%	−3.000	−6%	5.000	−4%	−11.500	−5,71%
15	TOTAL DOS CUSTOS VARIÁVEIS	−7.500	−50%	−3.000	−44%	−18.000	−33%	−30.000	−24%	−58.502	−29,05%
16	TOTAL DO LUCRO MARGINAL	7.500	50%	3.818	56%	36.545	67%	95.000	76%	142.866	70,95%
17	TOTAL DOS CUSTOS ESTRUTURAIS FIXOS (CEF)									−42.866	−21,29%
18	TOTAL DO LUCRO OPERACIONAL DESEJADO									100.000	49,66%
19	PONTO DE EQUILÍBRIO									R$ 60.419	30,00%

Continuação da explicação do conteúdo de cada linha:

12. Total das receitas líquidas de vendas é oriundo da multiplicação do volume de vendas pelas quantidades também vendidas.
13. Total dos custos dos produtos vendidos é obtido pela multiplicação da quantidade vendida pelo custo unitário do produto planejado para ser vendido.
14. Total das despesas operacionais: variáveis que correspondem aos gastos variáveis necessários para realizar as vendas, tais como: comissão, fretes, deságios de cartões de crédito/débito, entre outros.
15. Total dos custos/despesas variáveis: trata-se da somatória dos valores das linhas 13 e 14.
16. Total do lucro marginal: é obtido pela dedução do total dos custos/despesas variáveis das receitas líquidas de vendas.

324

17. Total do custo estrutural fixo (CEF): esses gastos são necessários para manter a fábrica em estado de "prontidão" para administrar, produzir e vender. Está limitado ao volume da capacidade instalada que no caso exemplificado foi igual a 31.500 horas/máquina, conforme quadro anterior (total da linha 03). Evita-se fazer qualquer tipo de "rateio", a fim de não mascarar o resultado marginal de cada produto, pois esse CEF é do tipo de custo total do processo. Não basta apenas produzir, você precisa entregar o produto e ter um funcionário de cunho administrativo chamado de faturista, que emite uma nota fiscal eletrônica e gera uma DANFE para entrega do produto. Tem o pessoal do departamento fiscal, que faz a escrituração fiscal digital etc. Esses são exemplos que, se não forem praticados, impossibilitariam você de manter aberta sua empresa para atender ao mercado.
18. Total do lucro operacional desejado, antes do cálculo de tributos federais: esse lucro é o início do preço de baixo para cima (*down up*), pois você, no primeiro momento, precisa determinar um valor de taxa de juros operacionais mais juros de riscos inerentes à atividade empresarial, e a partir daí juntar ao valor do CEF que custará a sua fábrica, aí se chega ao Lucro Marginal necessário, que deverá ser obtido pela venda dos produtos. Vale aqui uma observação de que os chamados custos e despesas variáveis de vendas deveriam ser chamados de "valores reembolsáveis" apenas, imagina tudo terceirizado que você pagará apenas se vender o produto. Se houver venda, você os pagará. Se não houver venda, você não os pagará e assim sucessivamente, aumentando os valores a serem reembolsados à medida que aumenta o volume, o que é inteiramente lógico...
19. Ponto de equilíbrio: é outra informação de brutal importância na gestão de qualquer negócio, pois você apenas obterá lucro a partir do momento em que os lucros marginais acumulados cobrirem os custos totais do mês (as variáveis das vendas até aquele momento, mais os custos estruturais fixos do mês/ano, que são, em tese, conhecidos, pois são inteiramente controláveis). Para calcular o ponto de equilíbrio (*break even*), basta dividir o valor total do CEF pela porcentagem do lucro marginal obtido na DRE.

29.22 Custo do tributo sobre o lucro

Utilizando-se da demonstração de resultado do quadro anterior, o lucro, antes dos tributos, foi de R$ 100.000,00 ou 49,66% da Receita Líquida de Vendas que geraria IRPJ (Imposto de Renda da Pessoa Jurídica) e CSLL (Contribuição Social sobre o Lucro Líquido) de 15% de IRPJ, mais adicional de 10% de Lucro acima de R$ 20.000 mensal ou o total de R$ 240.000,00 anual (ou R$ 60.000,00 Trimestral) (cujo valor não tem qualquer correção desde a sua criação em 1995).

Último DRE anual com os respectivos tributos federais sobre o Lucro, para a obtenção do Lucro Líquido, tomando por base as regras regentes (RIR/99) da legislação do Imposto sobre a Renda – sistemática do lucro real, como segue:

Capítulo 29

a) Tributos calculados com base no "lucro real"

EMPRESA: INDÚSTRIA AQUARELA DE MÁQUINAS LTDA. (INAM)
DRE – LUCRO REAL (EM R$) – ANUAL

12	TOTAL DAS RECEITAS LÍQUIDAS DE VENDAS	15.000	100%	6.818	100%	54.545	100%	125.000	100%	201.368	100,00%
13	TOTAL DOS CUSTOS DOS PRODUTOS VENDIDOS	-4.500	-30%	-2.500	-37%	-15.000	-28%	-25.000	-20%	-47.001	-23,34%
14	TOTAL DAS DESPESAS OPERACIONAIS	-3.000	-20%	-500	-7%	-3.000	-6%	-5.000	-4%	-11.500	-5,71%
15	TOTAL DOS CUSTOS VARIÁVEIS	-7.500	-50%	-3.000	-44%	-18.000	-33%	-30.000	-24%	-58.502	-29,05%
16	TOTAL DO LUCRO MARGINAL	7.500	50%	3.818	56%	36.545	67%	95.000	76%	142.866	70,95%
17	TOTAL DOS CUSTOS ESTRUTURAIS FIXOS (CEF)									-42.866	-21,29%
18	TOTAL DO LUCRO OPERACIONAL DESEJADO									100.000	49,66%
19	IRPJ DE 15%									-15.000	-7,45%
20	ADICIONAL DE IRPJ DE 10% (ACIMA DE R$ 240.000 ANUAL)									0	0,00%
21	CSLL – CONTRIBUIÇÃO SOCIAL SOBRE O LUCRO LÍQUIDO									-9.000	-4,47%
22	LUCRO LÍQUIDO									76.000	37,74%

Nessa situação, a DRE apresenta um lucro líquido de R$ R$ 76.000,00, ou seja, 37,74% sobre as vendas líquidas planejadas e um total de tributos federais a recolher sobre o lucro de R$ 24.000,00 (R$ 15.000 de IRPJ e R$ 9.000,00 por conta da CSLL).

b) Tributos calculados com base no "lucro arbitrado"

Como o propósito deste capítulo é apresentar estratégias para reduzir o custo de uma corporação, não podemos nos omitir em apresentar a alternativa do "Lucro arbitrado" usando um pouco do princípio do "planejamento tributário", pois poderemos reduzir os tributos sobre o lucro, bastando para isso que a empresa "desqualifique sua contabilidade", segundo as leis comerciais, e em tese torne-se "imprestável para apurar o lucro real", embora tenha sido demonstrada no quadro seguinte, como segue:

326

Considerações Finais acerca de Estratégias de Redução de Custos e Adequação de Preços

EMPRESA: INDÚSTRIA AQUARELA DE MÁQUINAS LTDA. (INAM)
DRE – LUCRO ARBITRADO – BASE ANUAL

R$ 1,00

TOTAL DAS RECEITAS LÍQUIDAS DE VENDAS	15.000	100%	6.818	100%	54.545	100%	125.000	100%	201.368	100,00%
TOTAL DOS CUSTOS DOS PRODUTOS VENDIDOS	−4.500	−30%	−2.500	−37%	−15.000	−28%	−25.000	−20%	−47.0001	−23,34%
TOTAL DAS DESPESAS OPERACIONAIS	−3.000	−20%	−500	−7%	−3.000	−6%	−5.000	−4%	−11.500	−5,71%
TOTAL DOS CUSTOS VARIÁVEIS	−7.500	−50%	−3.000	−44%	−18.000	−33%	−30.000	−24%	−58.502	−29,05%
TOTAL DO LUCRO MARGINAL	7.500	50%	3.818	56%	36.545	67%	95.000	76%	142.866	70,95%
TOTAL DOS CUSTOS ESTRUTURAIS FIXOS (CEF)									−42.866	−21,29%
TOTAL DO LUCRO OPERACIONAL DESEJADO									100.000	49,66%
BASE DE CÁLCULO DE TRIBUTAÇÃO LUCRO ARBITRADO PARA CÁLCULO IRPJ DE 9,6%									19.331	
IRPJ DE 15% (LUCRO REAL)									−2.900	−1,44%
BASE DE CÁLCULO DO LUCRO ARBITRADO PARA CÁLCULO CSLL DE 12%									24.164	
ADICIONAL DE IRPJ DE 10% (ACIMA DE R$ 240.000 ANUAL)									0	0,00%
CSLL – CONTRIBUIÇÃO SOCIAL SOBRE O LUCRO LÍQUIDO									−2.175	−1,08%
LUCRO LÍQUIDO									94.925	47,14%

Essa situação do "lucro arbitrado" é muito interessante, pois o lucro, que era de R$ 76.000,00 ou o equivalente a 37,74% das vendas líquidas, passou a ser de R$ 94.925,00, aumentado, portanto, em aproximadamente 25%.

É importante lembrar que essas situações são meramente hipotéticas, no tocante aos valores. Você precisa simular e ponderar a situação da sua empresa, pois os valores apurados pela contabilidade regida pelos princípios contábeis e pela sistemática de apuração do lucro real, dentro do princípio da não cumulatividade, precisam ser avaliados, pois a maioria dos "insumos" utilizados no processo existe a possibilidade de crédito dos tributos anteriormente pagos e embutidos nos preços de compras. Mas tivemos situação em que foi compensadora. Também não podemos esquecer que nessa opção do "lucro arbitrado" pode ocorrer se, em determinado trimestre, o lucro estar "elevado", tendo a opção dentro do próximo trimestre de retornar à sistemática do "lucro real", bastando para isso que seja levantado um "balanço de abertura".

29.23 O custo do "lucro presumido"

Fomos chamados como consultores à Indústria EUGE, da Região do Grande ABC (região metropolitana de São Paulo), e percebemos pelas primeiras análises dos últimos balancetes contábeis parte da aflição gerencial da Dra. Eugênia, pois a empresa operava continuamente com prejuízo.

A mandatária da empresa nos alegou que já tinha demitido metade dos funcionários.

Nessa empresa exemplificada, ocorreu uma situação que nos chamou a atenção. Estavam desperdiçando recursos financeiros com pagamentos indevidos dos chamados tributos federais (IRPJ – Imposto de Renda da Pessoa Jurídica – e CSLL – Contribuição Social sobre o Lucro Líquido), pois estavam apurando a base de cálculo para pagamento desses tributos com base na sistemática, optativa, do chamado "lucro presumido", que parte de uma premissa de tributar o chamado "lucro por presunção" sobre o faturamento realizado da empresa.

Essa empresa, por despreparo gerencial e contábil, acabou sendo onerada indevidamente, pelo fato de seu contador não atentar para o detalhe de fazer anualmente um Planejamento Tributário, a fim de determinar qual é a melhor sistemática de tributação existente.

Somos defensores, até dentro de uma lógica segura, que o "melhor" sistema de tributação é a apuração da base de cálculo desses tributos através do chamado "lucro real", pois, se não há resultado positivo, nada é devido ao fisco Federal, pagando-se mais à medida que o lucro aumenta.

Reafirmamos que os contadores das empresas não deixem de fazer o Planejamento Fiscal, a fim de definir a melhor estratégia de tributação, a princípio, para implantar no início dos anos subsequentes.

Considerações Finais acerca de Estratégias de Redução de Custos e Adequação de Preços

Existem, no âmbito do Planejamento Tributário (o outro lado da moeda), empresas que obtêm, por exemplo, 20% de lucro sobre as vendas líquidas e que já operam pela sistemática do "lucro real", e optam, por exemplo, pela "presunção", todavia, pelo critério de "lucro arbitrado", segundo o qual, se for uma empresa comercial ou industrial, calcular-se-á 9,6% de presunção de lucro, aumentando assim 10,4% do seu resultado final, conforme legislação do imposto de renda em vigor.

CONCLUSÃO

Estamos vivendo em um mundo de grandes mudanças.

Sobreviverá nos negócios apenas o homem, e as suas empresas, dotado de informações, conhecimento, espírito empreendedor e focado em seu negócio.

Leia e rabisque à vontade, pois aqui poderá estar a contribuição de que os alunos necessitam para o aprendizado, em uma visão de modernidade e prosperidade, não apenas teórico mas também eminentemente prático de vivência em trabalhos de consultoria e também para os meus amigos contadores, gerentes e *controllers* e ao CEO do negócio para resolver a curto prazo os problemas que atingem o seu negócio.

Concluímos pedindo a Deus que nos dê coragem para realizar as mudanças que forem necessárias, serenidade para aceitar as coisas que não podemos mudar e sabedoria para distinguir umas das outras.

Esperamos ter contribuído para o seu sucesso.

Abraços

Prof. Ms. Joel José dos Santos
PLANTERCOST CONSULTING LTDA
joel@plantercost.com.br

God Bless you!

BIBLIOGRAFIA

ALBUQUERQUE, J. Celso Veloso de. *Tratado do ativo imobilizado*. São Paulo: Rumo, 1975.

_____. *Microempresa e empresa de pequeno porte*. 8. ed. São Paulo: Atlas, 1998.

BACKER, Norton; JACOBSEN, Lyle E. *Contabilidade de custos*. São Paulo: MacGraw Hill, 1977. v. 2.

CARDOSO NETO, Felicíssimo. *Contabilidade de custos*. São Paulo: Saraiva, 1982.

CASCARINI, Daniel C. *Teoria y practica de los sistemas de costos*. Edición 1. Buenos Aires La Ley. AR.

CATELLI, Armando. *Tese sobre sistema de contabilidade de custos standard*. São Paulo: FEA/USP.

CFC. Comunicado do Técnico 01/2003 – Contabilização do créditos PIS.

COOPER, R.; KAPLAN, R. S. *The design of cost management system*. Prentice-Hall International, 1989.

DEARDEN, John. Appraising profit center managers. *Business Review*, Harvard, May/June, 1968.

DEVINE, C. T. *Cost accounting and analysls*. New York: Macmillan, 1950.

FLORENTINO, Américo M. *Custos*: princípios, cálculo e contabilização. Editora da FGV, 1974.

GILLESPIE, C. *Costos standard y contabilidad marginal*. Bilbao: Deusto, 1969.

GLENN, A. Welsch. *Orçamento empresarial*: planejamento e controle do lucro. 4. ed. São Paulo: Atlas, 1983.

GOODMAN, Samm; REECE, James S. *Controller's handbook*. Homewood: Dow Jones, 1978.

HENDRIKSEN, Eldon S. *Accounting theory*. 3. ed. Homewood: Richard D. Irwin, 1977.

HICHS, Douglas T. *Activity based costing for small and mid-sized business and implantation guide*. New York: John Wiley, 1992.

HORNGREN, Charles T. *Contabilidade de custos*. São Paulo: Atlas, 1978.

IOB – Boletim 2/98.

IUDÍCIBUS, Sérgio de. *Contribuição à teoria dos ajustamentos contábeis.* São Paulo: FEA/ USP, 1966.

_____. *Contabilidade gerencial.* 6. ed. São Paulo: Atlas, 1998.

_____. *Teoria da contabilidade.* 5. ed. São Paulo: Atlas, 2010.

_____. *Aspectos de avaliação de estoques a preços correntes.* São Paulo: FEA/USP, 1968.

KANITZ, Stephen Charles. *Controladoria*: teoria e estudos de casos. São Paulo: Pioneira, 1976.

KARMEL, P. H.; POLASEK, M. *Estatísticas geral e aplicada à economia.* São Paulo: Atlas, 1970.

KIKKAWA, Hajima. Apostila sobre reflexos da nova COFINS. UNIP. 10-12-2004.

LEONE, George S. G. *Custos*: planejamento, implantação e controle. 3. ed. São Paulo: Atlas, 2009.

MALO, Carlos; JIMÉNEZ, Maria Ângela. *Contabilidad de costes.* Paseo de la Catellana, Madri, Espanha: Pirámide.

MARION, José Carlos. *Contabilidade empresarial.* 4. ed. São Paulo: Atlas, 1990.

MARTINS, Eliseu; ASSAF NETO, Alexandre. *Administração financeira.* São Paulo: Atlas, 1985.

_____. *Análise da correção monetária das demonstrações financeiras.* 2. ed. São Paulo: Atlas, 1985.

_____. *Contabilidade de custos.* 10. ed. São Paulo: Atlas, 2010.

MATZ, Adolph et al. *Contabilidade de custos.* São Paulo: Atlas, 1974.

MATZ, A; CURRY, O; FRANK, G. *Contabilidade de custos.* São Paulo: Atlas, 1974.

McCULLERS, Levis D.; SCHROEDER, Richard G. *Accounting theory.* USA: A Wiley Hamilton Publication, 1976.

MELLO, José Eduardo Soares de. *A não-cumulatividade tributária* (ICMS, IPI, ISS, PIS e COFINS). 2. ed. São Paulo: Dialética, 2004.

MICROEMPRESAS E EMPRESAS DE PEQUENO PORTE. 8. ed. São Paulo: Atlas, 1998. (Manuais de Legislação Atlas.)

MORETTIN, P.; BUSSAB, W. D. *Métodos quantitativos para economistas e administradores.* 2. ed. Rio de Janeiro: Livros Técnicos e Científicos, 1977.

NAKAGAWA, Massayuki. *Custeio baseado em atividades*. ABC Editora Atlas (complementar dados com edição e ano).

OLIVA, Francisco C. *A medida do lucro da empresa*. São Paulo: Pioneira, 1974.

OLIVEIRA, Aristeu de. *Previdência social*. 6. ed. São Paulo: Atlas, 2004.

OLIVEIRA, Juarez C. *ICMS, legislação e jurisprudência*. São Paulo: Éfeta, 1997.

OLIVEIRA, Waldemar. *Regulamento do imposto sobre produtos industrializados*. São Paulo: Resenha, 1998.

SANTOS, Joel J. *Formação de preços e do lucro*. São Paulo: Atlas, 1988.

_____. *Tratamento dos juros embutidos nos preços*. 1990. Dissertação (Mestrado) – Pontifícia Universidade Católica de São Paulo (PUC/SP), São Paulo.

_____. *Encantar o cliente dá lucro*. Rio de Janeiro: Campus, 1995.

_____. *Hacer al cliente feliz dá ganancia*. Buenos Aires: Osmar Buyatti – Libreria Editorial, 2009.

SHANK, John K. *A revolução dos custos*. 2. ed. Rio de Janeiro: Campus, 1997.

SILVA, Paulo Roberto. *Tese sobre a formação de preços de venda na indústria*. São Paulo: FEA/USP, 1981.

SKIGEN, Michael R.; SNYDER, Eugene K. *Cost accounting principles and procedures*. New York: Harper & Row, 1975.

WELSCH, Glenn A. *Orçamento empresarial*: planejamento e controle do lucro. 4. ed. São Paulo: Atlas, 1993.

WILEMAN, Andrew. *A gestão estratégica da redução de custos*. Rio de Janeiro: Campus, 2009.

YOUNG, Ernst. *Gestão total dos custos*. 12. ed. Rio de Janeiro: Record, 1994.

YOUNG, Lúcia Helene Briski. *I.R. e contribuições sociais*. Curitiba: Juruá, 2003.

Pré-impressão, impressão e acabamento

grafica@editorasantuario.com.br
www.editorasantuario.com.br

Aparecida-SP